2025年度版

徳島県の
社会科

過 去 問

協同教育研究会 編

協同出版

本書には，徳島県の教員採用試験の過去問題を
収録しています。各問題ごとに，以下のように5段
階表記で，難易度，頻出度を示しています。

難 易 度

非常に難しい　☆☆☆☆☆
やや難しい　☆☆☆☆
普通の難易度　☆☆☆
やや易しい　☆☆
非常に易しい　☆

頻 出 度

◎　　ほとんど出題されない
◎◎　　あまり出題されない
◎◎◎　普通の頻出度
◎◎◎◎　よく出題される
◎◎◎◎◎　非常によく出題される

はじめに〜「過去問」シリーズ利用に際して〜

　教育を取り巻く環境は変化しつつあり，日本の公教育そのものも，教員免許更新制の廃止やGIGAスクール構想の実現などの改革が進められています。また，現行の学習指導要領では「主体的・対話的で深い学び」を実現するため，指導方法や指導体制の工夫改善により，「個に応じた指導」の充実を図るとともに，コンピュータや情報通信ネットワーク等の情報手段を活用するために必要な環境を整えることが示されています。

　一方で，いじめや体罰，不登校，暴力行為など，教育現場の問題もあいかわらず取り沙汰されており，教員に求められるスキルは，今後さらに高いものになっていくことが予想されます。

　本書の基本構成としては，出題傾向と対策，過去5年間の出題傾向分析表，過去問題，解答および解説を掲載しています。各自治体や教科によって掲載年数をはじめ，「チェックテスト」や「問題演習」を掲載するなど，内容が異なります。

　また原則的には一般受験を対象としております。特別選考等については対応していない場合があります。なお，実際に配布された問題の順番や構成を，編集の都合上，変更している場合があります。あらかじめご了承ください。

　最後に，この「過去問」シリーズは，「参考書」シリーズとの併用を前提に編集されております。参考書で要点整理を行い，過去問で実力試しを行う，セットでの活用をおすすめいたします。

　みなさまが，この書籍を徹底的に活用し，教員採用試験の合格を勝ち取って，教壇に立っていただければ，それはわたくしたちにとって最上の喜びです。

協同教育研究会

C O N T E N T S

第1部

徳島県の
社会科
出題傾向分析

徳島県の社会科　傾向と対策

◆中学社会

　中学社会では，地理，歴史，公民の各分野の内容と，学習指導要領に関する問題が出題されている。出題形式はほとんどが記述式で，その中に選択式が混じる程度である。一部論述を求める問題もあるが，長文の解答が求められるものはみられない。2024年度は，60字程度で説明させたり，理由を述べさせたりする問題が2問，2023年度は50字程度のものが1問出題された。難易度は低めで，中高の定期テストのように基礎的な知識を問う問題が多いので，合格ラインは高めになると予想される。問題数は少なめなので，いかに取りこぼすことなく点数をとれるかが鍵となる。基礎的・基本的知識を確実にしておきたい。

　地理的分野は，基本的な問題がほとんどで，その中でも気候や地形，地図，産業等に関する出題が多い。2021年度から2024年度まで，世界地誌(2021年度は南北アメリカ大陸，2022年度はオーストラリア，2023年度はヨーロッパ，2024年度はアフリカの略地図から気候，国の位置，産業，貿易等々幅広く問う問題)と系統地理的問題(地形，気候，地図，産業など)が半々の割合で出題された。次年度に向けては，最近出題されていないアジアを特に念入りに見ておきたい。日本地誌からはここ3年間出題がない。また2023年度はメガロポリス，2024年度はアフリカの直線的な国境について50〜60字程度で説明させる問題も出題された。

　歴史的分野は，最近では，日本史の大問2つと世界史の大問1つが出題されている。さらに，日本史の大問1つは史料を使った問題であることがここ数年の傾向である。2020年度は倭の五王と明治の文学，2021年度は邪馬台国と江戸後期の社会思想，2022年度は班田収授法と南北朝時代，2023年度は隋書倭国伝，2024年度は正長の土一揆なので，使用される史料に時代の偏りはあるものの，対策を進める上では全時代を押さえる必要がある。現代史の出題頻度が低いのも特徴の一つだが，他の自治体では現代史は増加傾向である。基礎知識だけは押さえておこう。史料問題が多いので，史料問題用の問題集を使うなどの史料対策が有効である。

世界史に関する出題も大問1問を使って出題され，問題数は5〜6問，配点は150点満点中の15〜20点程度あるので侮れない。世界史の範囲は膨大なので，どのくらい準備するかは大問題である。2021年度は唐，元，朝鮮王朝など日本史と関わる領域，中学社会で扱う領域からの出題だった。しかし，2022年度はバラ戦争やアッバース朝など，2023年度はイスラム教の誕生やモンゴル帝国の成立，ダーウィンの進化論，2024年度は大航海時代〜ビスマルク時代に関するものなど，中学社会であまり扱われない領域からも広く薄く出題された。メリハリをつけ，まずは中学社会で扱う領域を重点的に学習し，それ以外については速習用のドリル等を利用して，あまり時間をかけずに広く薄く確認しておくのが有効だろう。

公民的分野の問題も難易度は高くない。ただし，憲法，政治機構，経済理論，財政・租税，地球環境問題と頻出領域が多岐にわたるため，歴史的分野同様に偏ることなく，基本的・基礎的知識をしっかり押さえておきたい。時事的問題は，2020年度には成年年齢の引き下げと「持続可能な開発目標」，2024年度はパリ協定について問われたが，2021〜2023年度は特に出題されておらず，出たり出なかったりという程度である。

学習指導要領に関する問題は例年必ず出題されている。2023年度，2024年度とも150満点中33点と2割強を占めており，準備は怠れない。学習指導要領本文からの空欄補充問題が多いが，選択式ではなく記述式なので，正確に覚えていないと得点できない。新学習指導要領になって分量が激増し，すべてを暗記しておくことは不可能に近いが，各分野の内容の取扱いなど細かいところからの出題もみられた。学習指導要領の穴埋め対策に時間をとられて教科内容の学習がおろそかになっては意味がない。満点は狙わず，教科の目標，各分野の目標と項目名，指導計画の作成と内容の取扱いなど特に頻出の箇所については空欄補充に対応できる状態にしておき，それ以外は各自が可能な範囲で読み込んでおくようにするのが現実的であろう。

◆高校地理歴史科

徳島県では，2024年度も各科目ではなく地理歴史科として募集が行わ

れ，地理，歴史，それぞれの専門分野について十分な知識を持っていることが求められている。中学社会よりも選択式の割合が大幅に多い。大問ごとに地理，日本史，世界史，そして最後に学習指導要領と続き，配点は150点満点中，地理40点，日本史42点，世界史38点，学習指導要領30点だった。【1】の地理分野は，東南アジアからの出題で，地誌に関する出題の中で系統地理に関する知識も問う形で，2020年度はオセアニア，2021年度は南アジア，2022年度はオーストラリア，2023年度はラテンアメリカ，2024年度東南アジアときているので，中国，西アジア，ヨーロッパ，北アメリカについては特に念入りに地図ともにしっかり見ておきたい。世界地誌は，ともかく地図とともに頭に入れておくことが効果的である。

　日本史分野は原始から現代まで，また政治史からも文化史からも幅広く出題されるが，江戸・明治時代は少なくともここ6年毎年出題されているので，特に取りこぼしのないよう念入りに見ておきたい。文化史等の出題には写真資料が使われているので，文字の暗記だけにならないよう資料集を活用して学習したい。また，2021年度以降出題されていないものの，2020年度には渋野丸山古墳と坂東俘虜収容所長の松江豊寿を答えさせるローカル問題が出題されたことがあるので，徳島県のホームページ等を利用してチェックしておこう。

　世界史分野も各時代，地域について幅広く出題されているが，中でもヨーロッパ史，中国史，西アジア史が頻出である。2024年度は，17世紀の世界と19世紀後半の世界について，地域横断的な問題が出題された。学習指導要領に関する問題については，2021年度は学習指導要領の本文の空欄補充に加えて，「内容」の大項目名の空欄補充，2022・2023年度はそれに加えて「内容」の中項目名の空欄補充も出題されたが，対策については中学社会と同様である。

◆高校公民科

　徳島県では2024年度も公民科として募集が行われ，高校地歴と同様，政経と倫理のそれぞれの専門分野に十分な知識を持っていることが求められ，難易度は高くないが，基本的知識を確実に身につけていることが

要求された。ここ数年の高校公民は，記述式が多く，その中に選択式が少々混じる程度であり，20 〜 60字程度の字数で用語の意味や目的について説明，論述させる問題もみられるという状況が続いている。大問ごとに，政治，倫理，経済・社会，学習指導要領について問われ，配点の割合は，概ね政治3.5割，経済・社会2.5割，倫理2割，学習指導要領2割だった。

　政治分野では，民主政治の基本的原理や日本国憲法，日本の政治機構，日本の選挙制度，国際政治などが頻出しているので，確実にかためておきたい。教科書や資料集などを活用して基礎的な知識をまんべんなく身につけてほしい。2020年度はPKO協力法における参加5原則や北朝鮮問題に関しての6か国協議のメンバーなどの安全保障に関わる問題，2021年度は日本国憲法と人権，差別，2022年度は日本における選挙の投票率の低下やアメリカ合衆国の政治制度，2023年度は自衛隊や日米安全保障条約の合憲性や国際法，2024年度は冷戦終了後の民族紛争・地域紛争に関する問題などが目を引いた。

　経済分野では，資本主義経済のしくみ，財政・租税，国際経済などが頻出だが，問題数のわりにまんべんなく出題されている。現代社会の諸課題といえるような，労働，福祉，差別，消費者問題，環境問題などについての問題も出題されており，2020年度は新しい労働形態やフェアトレード，2021年度はDV防止法，アファーマティブ・アクション，2022年度は変形労働時間制や派遣労働など働き方に関する問題，2023年度は失業問題，2024年度は所得格差・フィンテック・仮想通貨などについて出題されている。現代の諸課題に対しては，その動向や現状への関心を日頃から持ちながら対策を進めてほしい。

　倫理に関わる問題としては，古今東西の様々な思想について問われており，ギリシア哲学，中国の思想，西洋近代思想，日本の近世の思想，現代思想，青年期の特質と課題などが頻出している。有名思想家について，どのような思想に分類されるか，思想の特徴を示すキーワード，主著，有名な言葉など整理しておきたい。

　論述問題については長くても60字程度のものしか出ていないが，苦手な人は用語集や他県の類題などを活用して，論述問題に慣れる訓練をし

てほしい。決められた字数の中で，要点を取りこぼさずに記述すること
が重要である。2020年度は，世代間倫理や財政の硬直化など，2021年度
は，プログラム規程説やイエスの黄金律，公共財の特徴など，2022年度
は行政委員会が設置された目的，WTOとFTAの違いについて，2023年度
は「統治行為論」や孟子の「王道政治」，「フロー」と「ストック」，2024
年度は日本の経常収支黒字の要因の変化について記述させる問題などが
出されている。

　学習指導要領については学習指導要領の本文の空欄補充問題がほとん
どだが，空欄補充問題以外では，2020年度は，「政治・経済」の「目標」
に関して，身につけさせる技能を書かせる問題，2021年度は，「政治・経
済」の中の中項目の内容について着目する視点を挙げさせる問題，2022
年度は，「公共」の指導においてキャリア教育の観点から留意する点を挙
げさせる問題，2023年度は「公共」の「人間の尊厳と平等，個人の尊重」
の重要性，「政治・経済」の「望ましい政治の在り方及び主催者としての
政治参加の在り方」の指導の仕方について，2024年度は「公共」の指導
において，自立した主体となることに向け，どのような活動を通して指
導するとしているかなどが出された。対策については，中学社会と同様
である。

過去5年間の出題傾向分析

大分類	中分類（小分類）	主な出題事項	2020年度	2021年度	2022年度	2023年度	2024年度
中学地理	地図	縮尺, 図法, 地図の種類·利用, 地域調査	●	●	●	●	●
	地形	山地, 平野, 海岸, 特殊な地形, 海水·陸水	●		●	●	●
	気候	気候区分, 植生, 土壌, 日本の気候	●	●	●		●
	人口	人口分布, 人口構成, 人口問題, 過疎·過密					●
	産業·資源(農牧業)	農牧業の発達·条件, 生産, 世界の農牧業地域	●			●	
	産業·資源(林業·水産業)	林産資源の分布, 水産業の発達·形態, 世界の主要漁場		●	●		
	産業·資源(鉱工業)	資源の種類·開発, エネルギーの種類·利用, 輸出入					●
	産業·資源(第3次産業)	商業, サービス業など				●	
	貿易	貿易の動向, 貿易地域, 世界·日本の貿易		●			
	交通・通信	各交通の発達·状況, 情報·通信の発達					
	国家・民族	国家の領域, 国境問題, 人種, 民族, 宗教				●	●
	村落・都市	村落·都市の立地·形態, 都市計画, 都市問題	●		●	●	
	世界の地誌(アジア)	自然·産業·資源などの地域的特徴					
	世界の地誌(アフリカ)	自然·産業·資源などの地域的特徴					●
	世界の地誌(ヨーロッパ)	自然·産業·資源などの地域的特徴					
	世界の地誌(南北アメリカ)	自然·産業·資源などの地域的特徴	●			●	
	世界の地誌(オセアニア·南極)	自然·産業·資源などの地域的特徴			●		
	世界の地誌(その他)	自然·産業·資源などの地域的特徴					
	日本の地誌	地形, 気候, 人口, 産業, 資源, 地域開発	●	●			
	環境問題	自然環境, 社会環境, 災害, 環境保護					●
	その他	地域的経済統合, 世界のボーダレス化, 国際紛争			●	●	
	指導法	指導計画, 学習指導, 教科教育					
	学習指導要領	内容理解, 空欄補充, 正誤選択	●	●	●	●	●
中学歴史	原始	縄文時代, 弥生時代, 奴国, 邪馬台国			●		
	古代	大和時代, 飛鳥時代, 奈良時代, 平安時代	●		●	●	
	古代の文化	古墳文化, 飛鳥文化, 天平文化, 国風文化				●	
	中世	鎌倉時代, 室町時代, 戦国時代			●		●
	中世の文化	鎌倉文化, 鎌倉新仏教, 室町文化					
	近世	安土桃山時代, 江戸時代		●		●	
	近世の文化	桃山文化, 元禄文化, 化政文化		●			
	近代	明治時代, 大正時代, 昭和戦前期(~太平洋戦争)	●				●
	近代の文化	明治文化, 大正文化	●				

大分類	中分類（小分類）	主な出題事項	2020年度	2021年度	2022年度	2023年度	2024年度
中学歴史	現代	昭和戦後期, 平成時代, 昭和·平成の経済·文化					
	その他の日本の歴史	日本仏教史, 日本外交史, 日本の世界遺産					
	先史・四大文明	オリエント, インダス文明, 黄河文明			●		
	古代地中海世界	古代ギリシア, 古代ローマ, ヘレニズム世界		●			
	中国史	春秋戦国, 秦, 漢, 六朝, 隋, 唐, 宋, 元, 明, 清		●		●	
	中国以外のアジアの歴史	東南アジア, 南アジア, 西アジア, 中央アジア		●	●	●	
	ヨーロッパ史	古代·中世ヨーロッパ, 絶対主義, 市民革命	●	●	●	●	●
	南北アメリカ史	アメリカ古文明, アメリカ独立革命, ラテンアメリカ諸国			●		●
	二度の大戦	第一次世界大戦, 第二次世界大戦					
	現代史	冷戦, 中東問題, アジア・アフリカの独立, 軍縮問題					
	その他の世界の歴史	歴史上の人物, 民族史, 東西交渉史, 国際政治史					
	指導法	指導計画, 学習指導, 教科教育					
	学習指導要領	内容理解, 空欄補充, 正誤選択		●	●	●	
中学公民	政治の基本原理	民主政治の発達, 法の支配, 人権思想, 三権分立		●		●	
	日本国憲法	成立, 基本原理, 基本的人権, 平和主義, 新しい人権	●	●			●
	日本の政治機構	立法, 行政, 司法, 地方自治	●	●		●	
	日本の政治制度	選挙制度の仕組み·課題, 政党政治, 世論, 圧力団体		●	●		
	国際政治	国際法, 国際平和機構, 国際紛争, 戦後の国際政治	●	●			
	経済理論	経済学の学派·学説, 経済史, 資本主義経済	●		●		
	貨幣・金融	通貨制度, 中央銀行（日本銀行）, 金融政策		●			
	財政・租税	財政の仕組み, 租税の役割, 財政政策	●				
	労働	労働法, 労働運動, 労働者の権利, 雇用問題			●	●	
	戦後の日本経済	高度経済成長, 石油危機, バブル景気, 産業構造の変化					
	国際経済	為替相場, 貿易, 国際収支, グローバル化, 日本の役割	●				
	現代社会の特質と課題	高度情報化社会, 少子高齢化, 社会保障, 食料問題	●				●
	地球環境	温暖化問題, エネルギー·資源問題, 国際的な取り組み	●			●	●
	哲学と宗教	ギリシア·西洋·中国·日本の諸思想, 三大宗教と民族宗教					
	その他	最近の出来事, 消費者問題, 地域的経済統合, 生命倫理	●		●		
	指導法	指導計画, 学習指導, 教科教育					
	学習指導要領	内容理解, 空欄補充, 正誤選択		●	●	●	●
高校地理	地図	縮尺, 図法, 地図の種類·利用, 地域調査	●	●			
	地形	山地, 平野, 海岸, 特殊な地形, 海水·陸水	●	●			
	気候	気候区分, 植生, 土壌, 日本の気候	●	●	●	●	
	人口	人口分布, 人口構成, 人口問題, 過疎·過密					
	産業・資源（農牧業）	農牧業の発達·条件, 生産, 世界の農牧業地域				●	

大分類	中分類（小分類）	主な出題事項	2020年度	2021年度	2022年度	2023年度	2024年度
高校地理	産業・資源(林業・水産業)	林産資源の分布, 水産業の発達・形態, 世界の主要漁場	●				●
	産業・資源(鉱工業)	資源の種類・開発, エネルギーの種類・利用, 輸出入		●	●	●	●
	産業・資源(第3次産業)	商業, サービス業など					
	貿易	貿易の動向, 貿易地域, 世界・日本の貿易					
	交通・通信	各交通の発達・状況, 情報・通信の発達					
	国家・民族	国家の領域, 国境問題, 人種, 民族, 宗教		●	●	●	●
	村落・都市	村落・都市の立地・形態, 都市計画, 都市問題		●	●	●	
	世界の地誌(アジア)	自然・産業・資源などの地域的特徴		●	●		●
	世界の地誌(アフリカ)	自然・産業・資源などの地域的特徴					
	世界の地誌(ヨーロッパ)	自然・産業・資源などの地域的特徴			●		
	世界の地誌(南北アメリカ)	自然・産業・資源などの地域的特徴	●		●	●	
	世界の地誌(オセアニア・南極)	自然・産業・資源などの地域的特徴	●		●		
	世界の地誌(その他)	自然・産業・資源などの地域的特徴					
	日本の地誌	地形, 気候, 人口, 産業, 資源, 地域開発	●				
	環境問題	自然環境, 社会環境, 災害, 環境保護		●			●
	その他	地域の経済統合, 世界のボーダレス化, 国際紛争				●	●
	指導法	指導計画, 学習指導, 教科教育					
	学習指導要領	内容理解, 空欄補充, 正誤選択	●	●	●	●	●
高校日本史	原始	縄文時代, 弥生時代, 奴国, 邪馬台国	●		●	●	
	古代(大和時代)	大和政権, 倭の五王, 『宋書』倭国伝, 氏姓制度				●	
	古代(飛鳥時代)	推古朝と聖徳太子, 遣隋使, 大化改新, 皇親政治	●	●			●
	古代(奈良時代)	平城京, 聖武天皇, 律令制度, 土地制度	●		●		●
	古代(平安時代)	平安京, 摂関政治, 国風文化, 院政, 武士台頭			●		●
	古代の文化	古墳文化, 飛鳥文化, 白鳳文化, 天平文化, 国風文化	●		●		●
	中世(鎌倉時代)	鎌倉幕府, 御成敗式目, 元寇, 守護・地頭		●	●		
	中世(室町時代)	南北朝, 室町幕府, 勘合貿易, 惣村, 一揆	●			●	
	中世(戦国時代)	戦国大名, 分国法, 貫高制, 指出検地, 町の自治			●		
	中世の文化	鎌倉文化, 鎌倉新仏教, 室町文化, 能			●		●
	近世(安土桃山時代)	鉄砲伝来, 織豊政権, 楽市楽座, 太閤検地, 刀狩			●		
	近世(江戸時代)	江戸幕府, 幕藩体制, 鎖国, 三大改革, 尊王攘夷	●		●		●
	近世の文化	桃山文化, 元禄文化, 化政文化			●		
	近代(明治時代)	明治維新, 大日本帝国憲法, 日清・日露戦争, 条約改正			●		●
	近代(大正時代)	大正デモクラシー, 第一次世界大戦, 米騒動, 協調外交				●	●
	近代(昭和戦前期)	恐慌, 軍部台頭, 満州事変, 日中戦争, 太平洋戦争	●	●	●	●	
	近代の経済	地租改正, 殖産興業, 産業革命, 貿易, 金本位制		●	●		

大分類	中分類（小分類）	主な出題事項	2020年度	2021年度	2022年度	2023年度	2024年度
高校日本史	近代の文化	明治文化, 大正文化					
	現代	昭和戦後期, 平成時代	●				●
	現代の経済	高度経済成長, 為替相場, 石油危機, バブル景気					
	その他	地域史, 制度史, 仏教史, 外交史, 経済史	●				
	指導法	指導計画, 学習指導, 教科教育					
	学習指導要領	内容理解, 空欄補充, 正誤選択	●	●	●	●	●
高校世界史	先史・四大文明	オリエント, インダス文明, 黄河文明			●		
	古代地中海世界	古代ギリシア, 古代ローマ, ヘレニズム世界		●	●		
	中国史(周〜唐)	周, 春秋戦国, 諸子百家, 漢, 三国, 晋, 南北朝, 隋, 唐	●		●	●	
	中国史（五代〜元）	五代, 宋, 北方諸民族, モンゴル帝国, 元		●	●		
	中国史(明・清・中華民国)	明, 清, 列強の進出, 辛亥革命, 中華民国	●	●	●	●	
	東南アジア史	ヴェトナム, インドネシア, カンボジア, タイ, ミャンマー			●	●	
	南アジア史	インド諸王朝, ムガル帝国, インド帝国, 独立運動	●		●	●	
	西アジア史	イスラム諸王朝, オスマン=トルコ, 列強の進出	●	●		●	●
	東西交渉史	シルクロード, モンゴル帝国, 大航海時代					
	ヨーロッパ史 (中世・近世)	封建制度, 十字軍, 海外進出, 宗教改革, 絶対主義	●	●	●	●	●
	ヨーロッパ史　（近代）	市民革命, 産業革命, 帝国主義, ロシア革命	●	●	●	●	●
	南北アメリカ史	アメリカ古文明, アメリカ独立革命, ラテンアメリカ諸国	●	●	●	●	
	二度の大戦	第一次世界大戦, 第二次世界大戦	●	●	●	●	
	その他の地域の歴史	内陸アジア, 朝鮮, オセアニア, 両極, アフリカ	●	●	●	●	
	現代史	冷戦, 中東問題, アジア・アフリカの独立, 軍縮問題		●	●	●	
	宗教史	インドの諸宗教, キリスト教, イスラム教	●		●		
	文化史	古代ギリシア・ローマ文化, ルネサンス, 近代ヨーロッパ文化	●		●		
	その他	時代または地域を横断的に扱う問題, 交易の歴史, 経済史		●			
	指導法	指導計画, 学習指導, 教科教育					
	学習指導要領	内容理解, 空欄補充, 正誤選択	●	●	●	●	●
高校政経	政治の基本原理	民主政治の発達, 法の支配, 人権思想, 三権分立	●	●	●	●	●
	日本国憲法	成立, 基本原理, 基本的人権, 平和主義, 新しい人権	●	●	●	●	●
	立法	国会の仕組み・役割, 議会政治, 関係条文	●	●	●	●	●
	行政	内閣の仕組み・役割, 議院内閣制, 関係条文		●	●	●	
	司法	裁判所の仕組み・役割, 国民審査, 裁判員制度, 関係条文	●		●	●	
	地方自治	地方自治の意義, 直接請求権, 組織と権限, 地方分権			●	●	
	日本の政治制度	選挙制度の仕組み・課題, 政党政治, 世論, 圧力団体		●	●	●	
	国際政治	国際法, 国際連盟と国際連合, 核・軍縮問題, 国際紛争	●	●	●	●	
	戦後政治史	戦後日本の政治・外交の動き	●	●		●	

12

大分類	中分類（小分類）	主な出題事項	2020年度	2021年度	2022年度	2023年度	2024年度
高校政経	経済理論	経済学説, 経済史, 社会主義経済の特徴		●		●	
	資本主義経済	資本主義の仕組み, 市場機構, 企業活動	●	●	●	●	
	貨幣・金融	貨幣の役割, 金融と資金循環の仕組み, 金融政策		●		●	●
	財政・租税	財政の仕組み, 租税の役割, 財政政策	●	●	●		
	労働	労働法, 労働運動, 労働者の権利, 雇用問題	●		●		●
	国民経済	国民所得の諸概念, 経済成長, 景気の循環		●			
	戦後の日本経済	高度経済成長, 石油危機, バブル景気, 産業構造の変化	●				
	国際経済	為替相場, 貿易, 国際収支, グローバル化, 日本の役割	●			●	●
	地域的経済統合	各地域での経済統合の動向とその特徴				●	●
	その他	消費者問題, 公害問題, 環境問題	●			●	●
	指導法	指導計画, 学習指導, 教科教育					
	学習指導要領	内容理解, 空欄補充, 正誤選択	●	●	●	●	●
高校現社	青年期の意義と課題	青年期の特質, 精神分析, 自己実現	●				
	現代社会の特質	高度情報化社会, 消費者問題	●		●		
	人口問題	人口構造の変化, 少子高齢化とその対策					
	労働問題	労働運動, 労使関係, 労働問題の現状	●		●		
	福祉問題	社会保障の仕組みと課題, 年金制度		●			
	食糧問題	農業の課題, 食糧自給, 食品汚染					
	環境問題	公害, 地球環境, 地球温暖化, 日本の取り組み	●				
	その他	行政の民主化・効率化, 男女共同参画社会, 日本的経営			●		
	指導法	指導計画, 学習指導, 教科教育					
	学習指導要領	内容理解, 空欄補充, 正誤選択	●	●	●		
高校倫理	哲学と宗教	三大宗教, ユダヤ教, 宗教改革			●	●	●
	古代ギリシアの思想	古代ギリシアの諸思想, ヘレニズム哲学	●	●	●		●
	中国の思想	諸子百家, 儒教, 朱子学, 陽明学	●	●	●	●	
	ヨーロッパの思想（〜近代）	ルネサンス, 合理的精神, 啓蒙思想, 観念論	●	●		●	●
	日本人の思考様式	日本の風土と文化, 日本人の倫理観, 神道	●				
	日本の仏教思想	奈良仏教, 密教, 末法思想, 浄土信仰, 鎌倉仏教		●			
	日本の思想（近世）	日本の儒学, 国学, 心学, 民衆の思想, 洋学			●	●	●
	日本の思想（近代）	福沢諭吉, 中江兆民, 夏目漱石, 内村鑑三, 西田幾多郎			●	●	
	現代の思想	実存主義, プラグマティズム, 構造主義, ロールズ	●		●		●
	その他	青年期の特質と課題, 現代社会における倫理	●		●		
	指導法	指導計画, 学習指導, 教科教育					
	学習指導要領	内容理解, 空欄補充, 正誤選択	●	●	●	●	●

大分類	中分類（小分類）	主な出題事項	2020年度	2021年度	2022年度	2023年度	2024年度
高校公共	青年期の意義と課題	青年期の特質，精神分析，自己実現					
	現代社会の特質	高度情報化社会，消費者問題					
	人口問題	人口構造の変化，少子高齢化とその対策					●
	労働問題	労働運動，労使関係，労働問題の現状					
	福祉問題	社会保障の仕組みと課題，年金制度					●
	食糧問題	農業の課題，食糧自給，食品汚染					●
	環境問題	公害，地球環境，地球温暖化，日本の取り組み					●
	その他	行政の民主化・効率化，男女共同参画社会，日本的経営					
	指導法	指導計画，学習指導，教科教育					
	学習指導要領	内容理解，空欄補充，正誤選択				●	●

第2部

徳島県の
教員採用試験
実施問題

2024年度　実施問題

中 学 社 会

【1】次の[略地図]を見て，(1)〜(5)の問いに答えなさい。

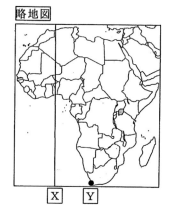

略地図

X　Y

(1)　略地図中のXは経度0度の経線である。この経線を何というか，漢字5字で書きなさい。

(2)　略地図中のYの都市はケープタウンである。ケープタウンの気候区はどれか，ア〜エから1つ選び，記号で書きなさい。

ア　熱帯雨林気候(Af)　　イ　サバナ気候(Aw)

ウ　地中海性気候(Cs)　　エ　西岸海洋性気候(Cfb)

(3)　略地図中のアフリカ州には，直線的な国境が多くみられるが，その理由を「植民地」という語句を用いて書きなさい。

(4)　略地図中のアフリカ州の北部に広がるサハラ砂漠から南ヨーロッパの地域では，低気圧が地中海を通り抜ける時，砂塵を伴う熱風が吹くことがある。この風を何というか，書きなさい。

(5)　次の[資料]は，エジプト，エチオピア，コンゴ民主共和国，南アフリカ共和国のいずれかの2021年の人口，2020年の国民総所得，

2019年の森林面積をそれぞれ示している。南アフリカ共和国を表しているのはどれか，ア～エから1つ選び，記号で書きなさい。

資料

	人 口 （千人）	国民総所得 （百万ドル）	森林面積 （千ha）
ア	109,262	357,760	45
イ	120,283	96,088	17,142
ウ	95,894	44,492	127,257
エ	59,392	296,479	17,086

「世界国勢図会 2022/23」より作成

(☆☆◎◎◎◎)

【2】次の(1)～(5)の問いに答えなさい。

(1) 防災をテーマにした地図のうち，地震や洪水，火山噴火などの自然災害の被害範囲や危険地域などを，過去のデータから予測して地図に表したものを何というか，書きなさい。

(2) 土砂の運搬量が少ない河川の河口部では，河川沿いの低地に海水が侵入し，ラッパ状の入り江となっている。この地形を何というか，書きなさい。

(3) 現在の世界では，発展途上国の中でも産油国などの資源国や経済成長著しい新興国と，最貧国との経済格差が広がっている。このことを何というか，書きなさい。

(4) 自国の資源は，自国のものであるから，自国の経済発展のためにそれを利用しようとする考えを何というか，書きなさい。

(5) 市街地の拡大が無秩序に進行し，郊外の農地や緑地が虫食い状に開発されていく現象を何というか，書きなさい。

(☆☆☆☆◎◎◎)

【3】日本国憲法の条文の一部である次の資料を読んで，(1)～(3)の問いに答えなさい。

> 第3条　①<u>天皇の国事に関するすべての行為</u>には，内閣の助言と承認を必要とし，内閣が，その責任を負ふ。
>
> 第22条　何人も，(a)に反しない限り，居住，移転及び職業選択の自由を有する。
>
> 第69条　内閣は，衆議院で不信任の決議案を可決し，又は信任の決議案を否決したときは，(b)以内に衆議院が解散されない限り，(c)をしなければならない。
>
> 第97条　この憲法が日本国民に保障する②<u>基本的人権</u>は，人類の多年にわたる自由獲得の努力の成果であって…以下略

(1)　下線部①に該当する行為を次のア～エからすべて選び，記号で書きなさい。

ア　法律を施行すること　　イ　国会を召集すること
ウ　栄典を授与すること　　エ　条約を締結すること

(2)　(a)～(c)にあてはまる語句を，それぞれ書きなさい。

(3)　下線部②について，新しい人権として環境権が主張されはじめたことから大規模開発を行う際に，事前に自然や環境にどのような影響を与えるかを調査・評価させることを定めた法律が1997年に制定された。この法律を何というか，書きなさい。

(☆☆◎◎)

【4】次の文を読んで，(1)～(4)の問いに答えなさい。

> A　商品の需要量が供給量より多いときには，価格が(a)なり，供給量が増えていく。逆に供給量が需要量より多いときには，価格は(b)なり，供給量は減っていく。こうした過程を経て，最終的に①<u>需要量と供給量は一致</u>する。

> B 国民の生活を安定させるために，国や地方公共団体が許可し
> たり，規制したりする価格を②公共料金という。

(1) Aの文の(a)・(b)にあてはまる語句を，それぞれ書きなさ
い。

(2) 下線部①の価格を何というか，漢字4字で書きなさい。

(3) Aの文を「見えざる手」という用語で説明した人物は誰か，書き
なさい。

(4) 下線部②の公共料金にあてはまらないものを，次のア～エから1
つ選び，記号で書きなさい。
ア 水道料金　　イ 公立学校授業料　　ウ 国内航空運賃
エ 新聞料金

(☆☆◎◎◎)

【5】次の(1)～(3)の問いに答えなさい。
(1) 食料の生産地から消費地までの距離に，輸送される重量をかけた
値を何というか，書きなさい。

(2) 気候変動枠組み条約第21回締約国会議(COP21)で採択された2020
年以降の法的枠組みを何というか，書きなさい。

(3) 1994年に制定された製造物責任法(PL法)はどのような法律か，
「過失」という語句を用いて，書きなさい。

(☆☆☆◎◎◎)

【6】次の史料を読んで，(1)～(4)の問いに答えなさい。

> ①正長元年九月 日，一天下の(②)蜂起す。徳政と号し，
> ③酒屋，土倉，寺院等を破却せしめ，雑物等恣にこれを取
> り，借銭等悉これを破る。管領これを成敗す。凡そ亡国の
> 基，これに過ぐべからず。日本開白以来，(②)蜂起是れ初
> めなり。　　　　【『大乗院日記目録』より作成】

19

(1) 下線部①の「正長元年」は西暦何年か，書きなさい。

(2) （ ② ）にあてはまる語句を書きなさい。

(3) 下線部③が行われた理由は何か，当時の酒屋，土倉，寺院に共通する業種を明確にして書きなさい。

(4) 次の文は，この頃の将軍権力の弱まりからおこった出来事である。
（ a ）・（ b ）にあてはまる人物名を，それぞれ書きなさい。

> 　8代将軍足利義政の時代には，政治・社会が混乱するなかで，管領の(a)と四職の一人(b)が幕府の実権をにぎろうとして争い，両者の対立に将軍家や管領家のあとつぎ問題がからみ，応仁の乱がおこった。

(☆☆○○○○○)

【7】次の文を読んで，(1)〜(5)の問いに答えなさい。

> A　ルターが宗教改革の口火を切った。
> B　バスコ＝ダ＝ガマがアジアへの航路を開いた。
> C　シャクシャインが松前藩と対立し，戦った。
> D　ワシントンを最高司令官としてアメリカ独立戦争がはじまった。
> E　ビスマルクの下でドイツ帝国が誕生した。

(1) Aについて，ローマ教皇が大聖堂建築の資金を集めるために販売した札を何というか，書きなさい。

(2) 次の文は，Bの大航海時代について述べた文である。（ ① ）・
（ ② ）にあてはまる国名を，それぞれ書きなさい。

> 　スペイン人のコルテスはメキシコに侵入し，（ ① ）を滅ぼした。続いてピサロはペルーに侵入し，（ ② ）を滅ぼした。

(3) Dについてアメリカ独立宣言の起草者は誰か，書きなさい。

(4) 次のア〜エはEと同時代に活躍した人物とその人物の発明や著書の組み合わせである。その組み合わせとして正しいものを，ア〜エから1つ選び，記号で書きなさい。

　ア　ノーベル・放射線　　イ　ドストエフスキー・戦争と平和

　ウ　ベル・電話　　　　　　エ　モールス・有人動力飛行機

(5)　A〜Eを，年代の古い順に並び替えなさい。

(☆☆◎◎◎)

【8】次の年表は明治時代初期の日本の外交政策をまとめたものである。年表をみて(1)〜(4)の問いに答えなさい。

１８７１年	清国と相互対等の（　①　）を締結した。
１８７５年	ロシアと②樺太・千島交換条約を締結した。
１８７６年	１８７５年の（　③　）を機に，朝鮮に開国を強くせまり，朝鮮と日朝修好条規を締結した。

(1)　（　①　）にあてはまる条約は何か，書きなさい。

(2)　下線部②の条約の内容を日本とロシアが得た領土を明らかにして書きなさい。

(3)　（　③　）にあてはまる出来事は何か，書きなさい。

(4)　近代化をすすめる明治政府の政策に対して人々の不満はしだいに高まった。この頃におきた出来事で正しいものを次のア〜エから1つ選んで，記号で答えなさい。

　ア　征韓論争に敗れ，参議を辞職した江藤新平は秋月の乱をおこした。

　イ　西郷隆盛は板垣退助とともに西南戦争をおこし，政府軍と戦い敗れた。

　ウ　地租改正反対一揆後，政府は地租率を地価の3％から2％に引き下げた。

　エ　1873年の徴兵令により，血税一揆がおこった。

(☆☆◎◎◎◎)

【9】中学校学習指導要領「第2章　各教科」「第2節　社会」について，(1)〜(3)の問いに答えなさい。

(1)　次の文は，「第1　目標」の一部である。（　①　）〜（　③　）にあ

21

てはまる語句を書きなさい。

> (2)　社会的事象の(　①　)，特色や相互の関連を多面的・多
> 角的に考慮したり，社会に見られる課題の解決に向けて
> (　②　)・判断したりする力，思考・判断したことを説明し
> たり，それらを基に(　③　)したりする力を養う。

(2)　次の文は，「第2　各分野の目標及び内容」〔公民的分野〕「1　目
標」の一部である。(　①　)～(　④　)にあてはまる語句を書きな
さい。

> (1)　個人の尊厳と(　①　)の意義，特に自由・権利と責任・
> 義務との関係を広い視野から正しく認識し，民主主義，民
> 主政治の意義，国民の生活の向上と(　②　)との関わり，現
> 代の社会生活及び(　③　)などについて，(　④　)との関わ
> りを中心に理解を深めるとともに，諸資料から現代の社会
> 的事象に関する情報を効果的に調べまとめる技能を身に付
> けるようにする。

(3)　次の文は，「第3　指導計画の作成と内容の取扱い」の一部である。
(　①　)～(　④　)にあてはまる語句を書きなさい。

> 2　第2の内容の取扱いについては，次の事項に配慮するもの
> とする。
> 　(3)　調査や諸資料から，社会的事象に関する様々な情報を
> 　　(　①　)し，読み取り，まとめる技能を身に付ける学習
> 　　活動を重視するとともに，(　②　)的で具体的な体験を
> 　　伴う学習の充実を図るようにすること。その際，地図や
> 　　年表を読んだり作成したり，現代社会の諸課題を捉え，
> 　　多面的・多角的に考察，構想するに当たっては，関連す
> 　　る(　③　)，読み物，統計その他の資料に平素から親し
> 　　み適切に活用したり，観察や調査などの(　④　)を整理
> 　　し報告書にまとめ，発表したりするなどの活動を取り入

れるようにすること。

(☆☆☆☆○○○○○)

地 理 ・ 歴 史

【 1 】東南アジアに関する以下の(1)～(17)の問いに答えなさい。

図1

(1)　図1中のA〜Dの経線のうち，東経120度の経線はどれか，正しいものをA〜Dから1つ選びなさい。ただし，図1中の経線の間隔は10度である。

(2)　図1中の①国と③国，および，②国と③国の国境の一部となっている自然的国境として正しいものを，ア〜エから1つ選びなさい。

　　ア　メコン川　　イ　バイカル湖　　ウ　トンレサップ湖
　　エ　アムール川

(3)　アジアには，モンスーンの影響を強く受けることからモンスーンアジアと呼ばれる地域があり，東南アジアはモンスーンアジアの典型的な地域である。モンスーンはおよそ半年ごとに風向きがほぼ反対になるが，5月から10月にかけて①国で卓越するモンスーンの風向きとして最も適切なものはどれか，ア〜エから1つ選びなさい。

　　ア　北東　　イ　北西　　ウ　南東　　エ　南西

(4)　次の説明文は，図1中の⑤〜⑧の国のうち，どの国について説明したものか，ア〜エから1つ選びなさい。

> 　マレー系住民・インド系住民・中国系住民など複数の民族が混じり合う典型的な多民族国家として知られる。イギリスからの独立後，マレー系住民と中国系住民の対立が生じたことから，マレー系住民の利益を守るブミプトラ政策がとられるようになった。1980年代の初め頃，日本や韓国の経済的成功をモデルにルックイースト政策を提唱し，輸出指向型の工業化を推進した。

　　ア　⑤国　　イ　⑥国　　ウ　⑦国　　エ　⑧国

(5)　図1中の②・⑥・⑦などの国では，華僑，華人と呼ばれる中国からの移民が多く暮らしているが，華僑と華人はどのような違いがあるか，「国籍」という語句を用いて簡潔に説明しなさい。

(6)　東南アジアの多くの国々では，工業化を進める上で有効な手段となる輸出加工区が設置されている。輸出加工区がなぜ工業化を進めるうえで有効な手段となるのか，「外国資本」という語句を用いて

説明しなさい。

(7) 次の資料1は，12世紀前半の王，スールヤヴァルマン2世が自身の墓及び寺院として造営したクメール建築の代表的遺跡である。この遺跡がある国を図1中の①〜⑩から選びなさい。また，遺跡の名称を書きなさい。

資料 1

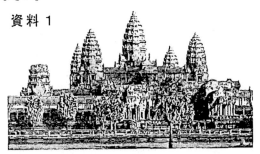

(8) 次の資料2は，東南アジアで生産が盛んな，天然ゴム，パーム油，コーヒー豆，バナナの世界生産量の上位5カ国を表したものである。このうち，天然ゴムの生産を表したものはどれか，A〜Dから1つ選びなさい。

資料2

品目 統計年	1 位	2 位	3 位	4 位	5 位
A　2019	インドネシア	マレーシア	タイ	コロンビア	ナイジェリア
B　2020	インド	中国	インドネシア	ブラジル	エクアドル
C　2020	タイ	インドネシア	ベトナム	インド	コートジボワール
D　2020	ブラジル	ベトナム	コロンビア	インドネシア	エチオピア

(『データブックオブ・ザ・ワールド2023』より作成)

(9) 次の資料3のア〜エは，図1中②・⑥・⑧・⑩の国の宗教別人口構成を示したものである。⑧国を示すものをア〜エから1つ選びなさい。

資料３

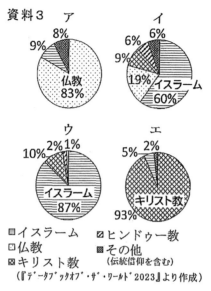

アー
8%
9%
仏教
83%

イ
6% 6%
9%
19% イスラーム
60%

ウ
10% 2%1%
イスラーム
87%

エ
5% 2%
キリスト教
93%

▤ イスラーム　　▨ ヒンドゥー教
▢ 仏教　　　　　▩ その他
▨ キリスト教　　（伝統信仰を含む）

（『データブックオブ・ザ・ワールド2023』より作成）

(10) 　次の資料4は，図1中の⑧の国で撮影された伝統的な家屋の写真である。このように屋根が急傾斜になっている理由と，高床式になっている理由を説明しなさい。

資料４

（『新編 地理資料2022』東京法令出版より作成）

(11) 　次の資料5中のア〜エは，図1中の④・⑤・⑦・⑨の国について，人口，1人当たりGNI，およびこれらの国からの日本の輸入額および輸入額上位品目を示したものである。⑤国に該当するものを，資料5中のア〜エから1つ選びなさい。

資料5

	人口 （千人）	1人当たり GNI（ドル）	日本の 輸入額（億円）	日本の輸入額上位品目
ア	445	31,510	2,574	液化天然ガス，揮発油，原油
イ	16,589	1,510	1,918	衣類，履物，バッグ類
ウ	97,468	3,390	25,245	電気機器，衣類，一般機械
エ	5,941	55,010	9,720	一般機械，電気機器，医薬品

（1人当たりGNIは2020年，その他は2021年。『データブックオブ・ザ・ワールド2023』より作成）

(12) 次の文は，東南アジアなどの急速に都市化が進む地域で見られる都市問題について述べたものである。正しい文になるように，文中の（　①　）・（　②　）にあてはまる正しい語句を，ア・イからそれぞれ選びなさい。

> 発展途上国で進んだ急速な都市化により，深刻な問題が発生している。低所得者層が密集して居住する不良住宅街である①(ア　CBD　　イ　スラム)が各地に生まれ，劣悪な住環境が広がる都市も多い。この背景には様々な要因が考えられるが，このような発展途上国における急速な都市への人口流入は，②(ア　プッシュ型　　イ　プル型)の要因によって引き起こされることが多い。

(13) 図1中の国々に渡航するために，江戸幕府が海外渡航を許可した貿易船を何というか，書きなさい。

(14) 東南アジアにおける環境問題について述べた次の文の下線部①〜④のうち，適切でないものを1つ選んで答えなさい。

> 東南アジアでは，①焼畑農業の拡大や輸出用の木材伐採によって森林破壊が進んでいる。近年は，経済的価値の高いゴムや②なつめやしの植林のための伐採も激しく，多種多様な動植物を育んできた熱帯雨林は危機的状況にある。
> また，1990年代には，③えびの養殖が大きな経済的利益を生んだことから，海岸部の④マングローブが次々と伐採され，

養殖池に代えられるようになった。

(15)　次の文は，図2中のア～エのうちのいずれかの島について説明したものである。この文で説明される島はどれか，ア～エから1つ選びなさい。

　　環太平洋造山帯の一部を形成し，島の西側には1991年に大規模噴火を引き起こしたピナトゥボ山があるなど，火山活動も活発である。島内では米の二期作がみられるほか，ココヤシ・タバコ・サトウキビなどが栽培されている。

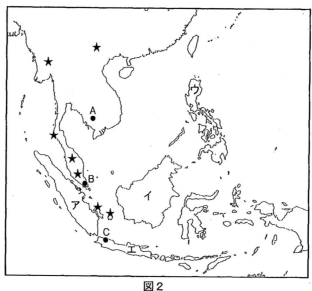

図2

(16)　図2中の★は，東南アジアで産出が多い鉱産資源の主な産地を示したものである。その鉱産資源は工業原料としてどのような用途に用いられているか。資源名と主な用途の例の組み合わせとして正しいものを，次の①～④から1つ選びなさい。

	①	②	③	④
資源名	ボーキサイト	ボーキサイト	すず	すず
主な用途の例	アルミニウム合金	ブリキやはんだ	アルミニウム合金	ブリキやはんだ

(17) 次の資料6は，図2中のA〜Cのいずれかの都市の雨温図である。資料6で示される都市のケッペンの気候区と都市の組み合わせとして正しいものを①〜⑥から1つ選びなさい。ただし，Aはプノンペン，Bはジョホールバール，Cはジャカルタである。

資料6

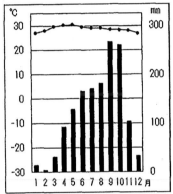

（気象庁1991年〜2020年の平均値より作成）

	①	②	③	④	⑤	⑥
気候区	Af	Aw	Af	Aw	Af	Aw
都市	A	A	B	B	C	C

(☆☆☆◎◎)

【2】高校生のはるさんとかなさんは，授業中に発表するためのスライドを作成した。次のスライドを見て，(1)〜(13)の問いに答えなさい。
【はるさんが作成したスライド「日本の文化」】

【東大寺の大仏】

ₐ近江の紫香楽宮で聖武天皇により♭大仏造立の詔が発せられ，752年に大仏の開眼供養の儀式が盛大に行われました。この頃の文化は唐の影響を強く受けています。

【平等院鳳凰堂】

1052年に（　c　）が宇治の別荘を寺としたのが平等院です。本尊の阿弥陀如来像は，d定朝によってつくられました。

【ₑ慈照寺銀閣】

足利義政が応仁の乱後，京都の東山に山荘をつくり，祖父の足利義満にならってf銀閣を建てました。同じ山荘内にある東求堂とともに，当時の建物が現存しています。

【聚楽第】

g豊臣秀吉がₕ九州平定後，本拠を大坂城から移した城で，周囲には大名や家臣の屋敷，町家がつくられました。

【かなさんが作成したスライド「日本の民衆運動」】

あ

自由民権運動に対する言論弾圧

い

米騒動

う

新安保条約反対のデモ

え

第1次護憲運動

(1)　下線部aは，古代の行政区画である七道のうち何道に属するか。ア～エから1つ選びなさい。

　　ア　東海道　　イ　東山道　　ウ　北陸道　　エ　南海道

(2) 下線部bと同じ年に出された法令を，ア〜エから1つ選びなさい。

ア	一に曰く，和を以て貴しとなし，忤ふること無きを宗とせよ。二に曰く，篤く三宝を敬へ。
イ	「…其の新たに溝池を造り，開墾を営む者らば，多少を限らず，給ひて三世に伝へしめん。若し旧き溝池を逐はば，其の一身に給せん」と。
ウ	其の一に曰く，昔在の天皇等の立てたまへる子代の民，処々の屯倉，及び，別には臣・連・伴造・国造・村首の所有る部曲の民，処々の田荘を罷めよ。
エ	…墾田は養老七年の格に依りて，限満つる後，例に依りて収授す。…今より以後，任に私財と為し，三世一身を論ずること無く，咸悉くに永年取る莫れ。

(3) （ c ）に入る，3天皇の50年にわたって摂政・関白をつとめた人物の名前を，漢字で書きなさい。

(4) 下線部dは，末法思想を背景とする仏像の大量需要にこたえるため，仏像の身体をいくつかの部分に分けて別々に分担して彫り，これを合わせてつくる効率的な手法を完成させた。この手法を何というか，書きなさい。

(5) 下線部eにある建物について説明した次の文の空欄（ ① ）・（ ② ）に入る適切な語句の組み合わせとして正しいものはどれか，ア〜エから1つ選びなさい。

> 銀閣は2層からなる仏殿で，その初層は住宅風の様式で，2層目は（ ① ）である。同じ敷地内にある東求堂同仁斎には，違い棚や明障子，畳敷きなど，近代の和風住宅の原型となった（ ② ）の様式が見られる。

ア ①−和様　　②−書院造　　イ ①−和様　　②−寝殿造
ウ ①−禅宗様　②−書院造　　エ ①−禅宗様　②−寝殿造

(6) 下線部fが南北朝の合体を実現した同じ年に，高麗を倒し朝鮮を

建国した人物は誰か，ア～エから1つ選びなさい。

　ア　李鴻章　　イ　李舜臣　　ウ　李承晩　　エ　李成桂

(7)　戦国大名と下線部gが行った検地の違いについて，次の文に続く形で書きなさい。

> 戦国大名は申告方式による指出検地だったが，秀吉は（　　　　）。

(8)　下線部hの後，豊臣秀吉が1587年に出した，宣教師に国外退去を命じる法令を何というか，書きなさい。

(9)　スライド あ は，フランス人のビゴーが描いたもので，警察官が民権論をとなえる新聞人を取り締まっている様子が描かれている。このことについて，(a)・(b)に答えなさい。

　(a)　自由民権運動に関するX・Yの出来事と，それに対して政府が出したa～dの法令の組み合わせとして正しいものを，ア～エから1つ選びなさい。

　　X　国会期成同盟が結成される。

　　Y　三大事件建白運動が起こる。

　　a　集会条例　　b　新聞紙条例　　c　讒謗律　　d　保安条例

　　ア　X－a　　Y－c　　イ　X－a　　Y－d

　　ウ　X－b　　Y－c　　エ　X－b　　Y－d

　(b)　国会開設の勅諭が出された後，大日本帝国憲法が発布されるまでの間に，政府はどのような準備を進めたか。「ヨーロッパ」，「内閣制度」という語句を用いて書きなさい。

(10)　いのスライドは，米騒動絵巻の一部で，米屋を襲撃する群衆を，騎兵と抜刀した警官隊が追い散らしている様子が描かれている。(a)・(b)について答えなさい。

　(a)　米騒動が起こった原因について，ロシア革命に干渉する派兵の名称を明らかにしながら，「買占め」という語句を用いて書きなさい。

　(b)　米騒動の責任を追及されて，総辞職した内閣総理大臣は誰か。ア～エから1つ選びなさい。

　　ア　山県有朋　　イ　桂太郎　　ウ　山本権兵衛

　　エ　寺内正毅

(11)　う のスライドは，政府・与党が警官隊を導入した衆議院で条約批准の採決を強行した後，約1か月続いた抗議行動の様子である。この写真が撮影された時期よりも後に起こった出来事を，ア～エから2つ選びなさい。

　　ア　日ソ共同宣言に調印する。

　　イ　日韓基本条約を結ぶ。

　　ウ　日中共同声明を発表する。

　　エ　サンフランシスコ平和条約を結ぶ。

(12)　え のスライドは，当時の内閣に対する内閣不信任決議案が議会に提出されたことをうけ，それを支持する民衆が帝国議会を包囲している様子である。このことについて，(a)・(b)に答えなさい。

　(a)　「閥族打破・憲政擁護」を掲げ，この運動の中心となった人物を，ア～エからすべて選びなさい。

　　ア　犬養毅　　イ　尾崎行雄　　ウ　加藤高明　　エ　高橋是清

　(b)　え のスライドのような状況をうけ，当時の内閣は在職50日余りで退陣した。この出来事を何というか，漢字4字で書きなさい。

(13)　あ～え のスライドを，年代の古いものから順に並べ替え，記号で答えなさい。

(☆☆☆◎◎◎)

【3】17世紀と19世紀後半の世界の様子について述べた次の文章を読んで，(1)～(14)の問いに答えなさい。

【17世紀の世界】

　ヨーロッパでは人口・経済が停滞していた。この a「17世紀の危機」を克服し，bオランダが世界の商業覇権を握り繁栄したが，17世紀後半になるとその覇権は動揺した。cイギリスやdフランスが政治体制を再編し，重商主義を推進し，競い合ってインドに進出した。両国は e北米やカリブ海地域にも進出し，植民地経営をめざして対立した。

一方，ユーラシアの四帝国は変容の時期を迎えた。インドではムガル帝国が領域を拡大し，都市と経済が発展したが，度重なる戦争や_fジズヤの復活などにより支配が揺らいだ。イランではサファヴィー朝が_gアッバース1世のもとで繁栄したが，彼の死後衰えた。オスマン帝国は_hカルロヴィッツ条約によりはじめて領土が縮小された。東アジアでは，_i明が滅亡し，_j清が支配を固め，一時，海禁を強化する政策をとった。

【19世紀後半の世界】

　欧米諸国では_k国民国家が確立し，産業資本主義のもとで経済力を充実させた。原料や市場を求めて対外進出策をとり，_l植民地獲得と勢力圏の拡大をめぐって世界各地で対立を激化させた。一方，清やオスマン帝国などの諸帝国は，多民族を含む広い領域を支配したが，支配のゆるみや社会不安がみられた。帝国内で改革がはじまったが，_m近代化を目指す動きと伝統を守る動きの間で揺れ動き，_n西アジアではヨーロッパ諸国への従属や保護国化が，インドでは植民地統治が，東南アジアでは植民地化が進行した。東アジアは欧米諸国から開港をせまられ，不平等条約を結ばされ，一体化する世界に組み込まれた。こうしたなか，日本は欧米にならう近代化政策を推進した。

(1)　下線部aに関連して，ドイツでは三十年戦争の終結した1648年にウェストファリア条約が締結された。この条約の歴史的意義について説明した次の文の（　ア　）に適切な国名を，（　イ　）に適切な語句をそれぞれ答えなさい。ただし，同じ記号には同じ国名や語句が入るものとする。

> 　この条約により，（　ア　）内の約300の領邦にほぼ完全な（　イ　）が認められ，（　ア　）は名目のみの存在となった。これは，ヨーロッパに（　イ　）国家体制が確立したことを意味しており，この国際条約が締結されたウェストファリア会議は，近代国際会議のはじまりに位置づけられる。

(2)　下線部bに関連して，オランダが進出した次のⅠ・Ⅱの地の名称

をア～エからそれぞれ選びなさい。

Ⅰ　アンボイナ事件でイギリス勢力を駆逐し，香辛料交易の拠点と
した地。

Ⅱ　アジアへの中継地となる南アフリカの地で，植民者の子孫はブ
ール人と呼ばれた。

　　ア　ゼーランディア　　　イ　バタヴィア　　　ウ　ケープ植民地

　　エ　ケベック植民地

(3)　下線部cに関連して，イギリス革命において議会派を指導し，
1649年に国王チャールズ1世を処刑して，共和政を開始した人物の
名前を答えなさい。

(4)　下線部dでは絶対王政が確立し，国王ルイ14世が「ナントの王令」
を廃止した。このことがフランス経済に与えた影響として考えられ
ることを，「ユグノー」の語を用いて簡潔に説明しなさい。

(5)　下線部eは第二次英仏百年戦争とも呼ばれ，両国はヨーロッパと
北米，インド等で対立を続けた。次の表は，英仏が参戦したヨーロ
ッパと北米の戦争，及びその講和条約を示している。（　ア　）・
（　イ　）に入る適切な語句を答えなさい。

ヨーロッパでの戦争	北米での戦争	両戦争の講和条約
ファルツ戦争	ウィリアム王戦争	ライスワイク条約（1697年）
スペイン継承戦争	アン女王戦争	（　ア　）条約（1713年）
オーストリア継承戦争	ジョージ王戦争	アーヘン和約（1748年）
（　イ　）戦争	フレンチ=インディアン戦争	パリ条約（1763年）

(6)　下線部fを行った皇帝とその影響の組み合わせとして適切なもの
をア～エから1つ選びなさい。

皇帝　X　アクバル　　　Y　アウラングゼーブ

影響　a　ヒンドゥー教徒のマラーター王国やシク教徒が反発した。

　　　b　イスラム教徒のマラーター王国やヒンドゥー教徒が反発
した。

　ア　皇帝－X　　影響－a　　イ　皇帝－X　　影響－b

　ウ　皇帝－Y　　影響－a　　エ　皇帝－Y　　影響－b

(7)　下線部gがイラン中部に遷都し，イマームのモスクなどが造営され，「世界の半分」と称されて繁栄した都市の名称として適切なものをア～エから1つ選びなさい。

　　ア　イスタンブル　　イ　カイロ　　ウ　イスファハーン
　　エ　サマルカンド

(8)　次のア～ウは，下線部h以降にオスマン帝国が失った領土である。失った年代の古いものから順に並べ替え，記号で答えなさい。

　　ア　ギリシア　　イ　ハンガリー　　ウ　クリミア半島

(9)　下線部iに関連して，明末の農民反乱の指導者で，西安を根拠地にして明と戦い，北京を攻略して明を滅ぼした人物をア～エから1つ選びなさい。

　　ア　呉三桂　　イ　李自成　　ウ　洪秀全　　エ　鄭成功

(10)　下線部jに関連して，清が直轄地とした領土をア～エから1つ選びなさい。

　　ア　新疆　　イ　台湾　　ウ　朝鮮　　エ　チベット

(11)　下線部kに関連して，フランスの国民国家形成はフランス革命を原点として進められた。次の項目のうち，フランス革命が勃発した1789～91年頃の出来事として適切でないものをア～エから1つ選びなさい。

　　ア　三部会を離脱した議員らが，国民議会の開催を宣言した。
　　イ　人権宣言が出され，国民の主権と私有財産の不可侵が公示された。
　　ウ　ギルドが廃止され，国民の経済活動が自由化された。
　　エ　パリ＝コミューンが樹立され，国民の自治政府として認められた。

(12)　下線部lに関連して，1884～85年にヨーロッパ列強によるベルリン＝コンゴ会議を開き，アフリカ植民地化の原則を定めたドイツ宰相の名前を答えなさい。

(13)　下線部mに関連して，アロー戦争に敗北した後の清朝で，漢人官僚らが推進した洋務運動で進められた改革の特徴について，「体

制」「ヨーロッパ」の2語を用いて説明しなさい。

(14) 下線部nに関連して，イランでは国王がイギリスの会社にタバコの独占利権を譲渡した。これに反対し19世紀末に起こった国民的なタバコ＝ボイコット運動の説明として適切でないものをア～エから1つ選びなさい。

ア　各地のウラマーが喫煙禁止の宗教命令を出した。

イ　パン＝イスラーム主義を説くアフガーニーの影響を受けていた。

ウ　イラン人の民族意識が高まり，立憲運動へと発展した。

エ　ホメイニが帰国し，イラン＝イスラーム共和国を打ちたてた。

(☆☆◎◎◎)

【4】高等学校学習指導要領「地理歴史」について，(1)～(4)の問いに答えなさい。

(1) 次の文は，「第1　地理総合」「2　内容」「B　国際理解と国際協力(2)　ア　(イ)」である。(　①　)～(　④　)にあてはまる語句を書きなさい。

> 世界各地で見られる地球環境問題，資源・(　①　)問題，人口・(　②　)問題及び居住・(　③　)問題などを基に，地球的課題の解決には(　④　)な社会の実現を目指した各国の取組や国際協力が必要であることなどについて理解すること。

(2) 次の文は，「第3　歴史総合」「2　内容」「C　国際秩序の変化や大衆化と私たち　(2)　ア　(イ)」である。(　①　)～(　④　)にあてはまる語句を書きなさい。

> 大衆の政治参加と(　①　)の地位向上，大正デモクラシーと(　②　)政治，大量消費社会と大衆文化，(　③　)の普及とマスメディアの発達などを基に，大衆社会の形成と(　④　)の広がりを理解すること。

(3)　次の文は,「第5　世界史探究」「2　内容」「D　諸地域の結合・変容　(2)　イ　(ア)」である。(　①　)～(　③　)にあてはまる語句を書きなさい。

> 　大西洋両岸諸地域の動向に関わる諸事象の背景や原因,結果や影響,事象相互の関連,諸地域相互のつながりなどに着目し,(　①　)を設定し,諸資料を比較したり関連付けたりして読み解き,産業革命や(　②　)革命の意味や意義,自由主義と(　③　)の特徴,南北アメリカ大陸の変容などを多面的・多角的に考察し,表現すること。

(4)　次の文は,「第3款　各科目にわたる指導計画の作成と内容の取扱い　1　(1)」である。(　①　)～(　④　)にあてはまる語句を書きなさい。

> 　単元など内容や時間の(　①　)を見通して,その中で育む(　②　)の育成に向けて,生徒の主体的・対話的で深い学びの実現を図るようにすること。その際,科目の特質に応じた(　③　)を働かせ,社会的事象の意味や意義などを考察し,(　④　)などに関する知識を獲得したり,社会との関わりを意識した課題を追究したり解決したりする活動の充実を図ること。

(☆☆☆☆◎◎◎◎◎)

公　民　科

【1】次の(1)～(9)の問いに答えなさい。

(1)　次の文は,日本国憲法の第13条である。(　ア　)～(　ウ　)にあてはまる語句を,漢字を適切に用いて答えなさい。

　　すべて国民は,個人として尊重される。生命,自由及び(　ア　)に対する国民の権利については,(　イ　)に反しない限り,立法そ

の他の(ウ)の上で，最大の尊重を必要とする。

(2) 次の文は，ある資料の一部を抜粋したものである。この資料に該当するものとして正しいものを，次のア～エから1つ選び，記号で答えなさい。

経済生活の秩序は，すべての者に人間たるに値する生活を保障する目的をもつ正義の原則に適合しなければならない。この限界内で，個人の経済的自由は，確保されなければならない。

ア　権利章典　　イ　アメリカ独立宣言　　ウ　ワイマール憲法
エ　世界人権宣言

(3) 民主政治の成立に関して述べた文として正しいものを，次のア～エから1つ選び，記号で答えなさい。

ア　ホッブズは，「万人の万人に対する闘争」を避けるため，国家に自然権を信託すべきであると主張した。

イ　ロックは，政府が自然権を侵害するようなことがあれば，人々はこれに抵抗して政府を変更することができると主張した。

ウ　ルソーは，国民の代表者による間接民主制に基づいて主権は行使されるべきであると主張した。

エ　モンテスキューは，国民国家の建設を進めるために，国の権力を一つの合議体に集約するべきであると主張した。

(4) 日本では，重大な刑事事件の審理において，裁判員制度が設けられている。アメリカの陪審制との違いを踏まえて，この制度の仕組みについて，50～60字で説明しなさい。なお，句読点は字数に含む。

(5) 日本の現在の防衛政策について述べた文として最も正しいものを，次のア～エから1つ選び，記号で答えなさい。

ア　日米安全保障条約に基づいてアメリカ軍の駐留を認めるとともに基地を提供しているが，駐留にかかる経費は負担していない。

イ　国防上の重要事項の決定権を自衛官以外の文民がもつ，シビリアン・コントロールが機能している。

ウ　核兵器について非核三原則を掲げており，他国への武器の輸出も禁止されている。

エ　日本国憲法の下で認められる自衛権は，個別的自衛権に限定されると解釈されており，集団的自衛権の行使は一切認められていない。

(6)　最高裁判所は，なぜ「憲法の番人」と呼ばれるのか。その理由について，裁判所のもつ機能を踏まえて50〜60字で説明しなさい。なお，句読点は字数に含む。

(7)　次の文を読み，①・②の問いに答えなさい。

産業革命以後，財産をもたない労働者が増加し，イギリスでは民衆が政治に参加する権利などを求める(　ア　)運動が起こった。

参政権拡大の結果，今日では，一定の年齢に達した国民すべてに選挙権，被選挙権を認める(　イ　)選挙，選挙人の投票の価値を平等に扱う平等選挙，各人の投票の秘密を守る秘密投票などが，選挙の原則となっている。

選挙制度は，投票の方法と選挙区制によっていくつかの形態に分かれる。

①　(　ア　)・(　イ　)に適する語句を答えなさい。

②　下線部について，日本の衆議院議員選挙の選挙制度について述べた文として正しいものを，次のア〜エから1つ選び，記号で答えなさい。

ア　選挙権は満20歳以上，被選挙権は満25歳以上のものが有している。

イ　規模の小さい政党に所属する候補者に有利な大選挙区制が採用されている。

ウ　比例代表による政党への得票は，アダムズ方式により議席が配分される。

エ　重複立候補制が採用されており，選挙区で落選しても比例区で復活当選ができる場合がある。

(8)　次の①〜⑤の文の(　ア　)〜(　オ　)にあてはまる数字を答えなさい。

①　2007年，日本は老年人口の割合が総人口の(　ア　)％をこえる

　　　超高齢社会となった。

②　通常国会は，毎年1回，1月中に召集され，会期は国会法で（　イ　）日と定められている。

③　第一次世界大戦後，アメリカのウィルソン大統領が提唱した「（　ウ　）か条の平和原則」に基づいて国際連盟が創設された。

④　本源的預金100億円，預金準備率を10％としたとき，銀行が預金の受け入れと貸出を繰り返すことで，理論上，（　エ　）億円の預金通貨を新たに生み出すことができる。

⑤　第二次世界大戦後，朝鮮半島は北緯（　オ　）度を境に，ソ連とアメリカによって分断統治され，朝鮮戦争後もこの付近に軍事境界線が引かれている。

(9)　次の文を読み，①・②の問いに答えなさい。

　　　冷戦の終結によって，新たな地域紛争や民族紛争が起こった。連邦国家が解体する過程で，旧（　ア　）のボスニア，コソボなどでは武力紛争が発生した。また，2001年のアメリカ同時多発テロ事件後，アメリカはテロ組織の拠点のあるアフガニスタンに武力攻撃を行った。さらにアメリカは，2003年に当時の安保理決議を根拠として（　イ　）戦争に突入した。

　　　2010年末には（　ウ　）ではじまり，エジプトやリビアなどに連鎖した「アラブの春」と呼ばれる反政府運動が起こり，独裁政権が打倒された。

①　（　ア　）～（　ウ　）に適する国名を答えなさい。

②　下線部に関して，なぜ冷戦の終結によって，世界各地で新たな地域紛争や民族紛争が発生したのか。その理由について簡潔に説明しなさい。

(☆☆☆○○○)

【2】次の(1)～(7)の問いに答えなさい。

(1)　青年期について，（　ア　）～（　エ　）に適する語句や人物名を答えなさい。

　　アメリカの心理学者(　ア　)によれば，青年期は，一人前の人格に成長するために，おとなとしての社会的責任や義務を猶予，または免除されている「心理社会的(　イ　)」の期間であるとした。また，人の人生を8つに区分し，各段階で達成すべき課題[(　ウ　)]を解決しながら，人は生涯，成長していくと主張した。そして，青年期を，「(　エ　)[自我同一性]の確立」を達成すべき段階ととらえた。

(2)　古代ギリシアの思想について述べた文として正しいものを，次のア～エから1つ選び，記号で答えなさい。

　ア　プラトンは，生まれながらの心がそのまま天理である「心即理」と考えた。

　イ　ソクラテスは，徳が何であるかを知ることなく徳を備えることはできないとし，その意味で「徳は知」であると考えた。

　ウ　アリストテレスは，理性によってのみとらえられる，変わることのない，普遍的な「ものそのもの」をイデアとよんだ。

　エ　プロタゴラスは，習性的徳のなかでもとくに正義と友愛[フィリア]を重視した。

(3)　老荘思想について，(　ア　)～(　エ　)に適する語句を答えなさい。

　　老子は，人間としての正しいあり方は，この世界に人為的にはたらきかけることをやめ，自然に身をゆだねる(　ア　)であることと考えた。そして，自給自足の村落共同体のような，わずかな人々からなる小国家である(　イ　)こそが理想社会であると説いた。荘子は老子の考えをさらに深め，万物は本来，平等一体[(　ウ　)]であり，おのずから調和していると考えた。人間は知恵や執着を捨て，調和的世界と一体化することで絶対自由の境地である(　エ　)に達することができるとし，こうした人間を真人とよんだ。

(4)　江戸期の日本思想について述べた文として正しいものを，次のア～エから1つ選び，記号で答えなさい。

　ア　安藤昌益は，すべての人がみな直接田を耕し[万人直耕]，生活するという平等社会である自然世を理想とした。

イ　石田梅岩は，世の中を治め民を救う[経世済民]という，社会全体を視野に入れその秩序をいかに守るかといった，政治的・制度的な道を求めた。

ウ　二宮尊徳は，神道・儒教・仏教，さらには老荘の教えも取り入れながら，独自の処世哲学である心学を創始した。

エ　佐久間象山は，はげしく仏教や儒教を排撃し，日本にのみ伝わるとする古道の復活を説いた「復古神道」を展開し，幕末の尊皇攘夷思想に大きな影響を与えた。

(5)　デカルトの唱えた「演繹法」について，「理性」という語を用いて30〜40字で説明しなさい。なお，句読点は字数に含む。

(6)　「第一に人はみな平等に自由であるべきで，第二に不平等があるにしても，それは公正な機会の均等が保証されたうえで，最も不遇な人々の生活を改善するものでなければならない」という原理により，「公正としての正義」を主張した人物は誰か，答えなさい。

(7)　和辻哲郎の述べた「間柄的存在」とはどういったものか，30〜40字で答えなさい。なお，句読点は字数に含む。

(☆☆☆◎◎◎)

【3】次の(1)〜(6)の問いに答えなさい。

(1)　財政のしくみについて，（　ア　）〜（　ウ　）に適する語句を答えなさい。ただし，同じ記号には同じ答えが入るものとする。

　　財政には，大きく3つの機能がある。1つは公共財の供給を行う「資源配分の調整」。もう1つは所得税への（　ア　）の導入や，社会保障制度などにより格差を是正する「所得の再分配」。そして，（　イ　）により景気を意図的・政策的に調整したり，（　ア　）や社会保障制度があることで一定の景気調整が図られる（　ウ　）などの「景気の安定化」といった機能である。

(2)　次のグラフは，所得の低い世帯から高い世帯の順に並べた場合の，世帯数の累積比率と所得の累積比率の関係を示すもので，所得の格差を示す「ローレンツ曲線」とよばれるものである。所得格差が拡

大すると，ローレンツ曲線はどのように変化するか，答えなさい。

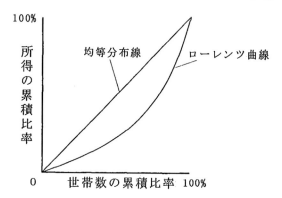

(3) 新しい金融の動向に関し，「金融」と「技術」を組み合わせた造語で，スマートフォンのアプリによる決済サービスなど，革新的な金融サービスをさすものを何というか，答えなさい。

(4) 仮想通貨(暗号資産)を支える情報技術で，支払い帳簿を特定の管理者ではなく，複数の参加者が共有する形で管理することを可能にした分散型の帳簿管理技術を何というか，次のア～エから1つ選び，記号で答えなさい。

　　ア　DX　　イ　ブックキーピング　　ウ　コールオプション
　　エ　ブロックチェーン

(5) 激化した労働争議を調整するため，労働関係調整法が定める3つの手段を，それぞれ漢字で答えなさい。

(6) 日本の農業政策に関して，次のア～エを，古い順に並べ，記号で答えなさい。

　　ア　食糧法制定　　　　　　　　　イ　米の減反政策開始
　　ウ　食料・農業・農村基本法制定　　エ　食糧管理法制定

(☆☆☆◎◎◎)

【4】次の(1)・(2)の問いに答えなさい。

(1) 国際収支に関する次の会話文を読み，①・②の問いに答えなさい。

生徒A：　最近，新聞を見ていたら，2022年の日本の貿易赤字が過去最大とあったので心配になったよ。

先　生：　特定期間に行われた一国の国際的な経済取引を，貨幣額で表示したものを国際収支といい，国際収支の中でも，Aのいう貿易収支など，財やサービスなどの取引を示すものを経常収支といったね。日本における経常収支の近年の動向を示す図を見ながらみんなで考えてみよう。

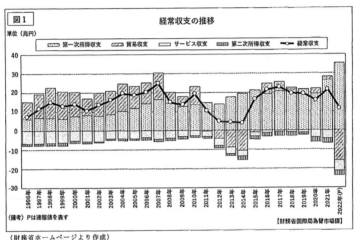

（財務省ホームページより作成）

先　生：　経常収支全体の動向を示すのは，図中の折線グラフだね。

生徒B：　この表の期間では，経常収支は常にプラスの領域，つまり黒字を示すね。

生徒A：　そうか，経常収支そのものが赤字となっているわけではないのか。

生徒C：　でも，経常収支が黒字でも，その内訳がずいぶん変化してきているね。

先　生：　いいところに気がついたね。日本の経常収支の黒字を支えているものが，貿易収支から第一次所得収支に変化していて，国内外の経済状況の変化が推測されるね。一国の経済状況を理解するためには，様々な資料を分析することが

必要だね。

① 図では一貫して赤字であるサービス収支について，日本のサービス収支にとって収入となるのはどのような経済活動が行われた場合か，具体的に答えなさい。

② 会話文にもある日本の経常収支黒字の要因の変化について，第一次所得収支の内容にも触れながら，40〜50字で説明しなさい。なお，句読点は字数に含む。

(2) 資源・エネルギーの効率的利用に関して，天然ガス，石油，LPガス等を燃料として発電する際に生じる廃熱を，暖房や給湯などに活用するシステムを何というか答えなさい。

(☆☆☆◎◎◎)

【5】高等学校学習指導要領「公民」について，(1)〜(6)の問いに答えなさい。

(1) 次の文は，「第1　公共」の「2　内容　A　(2)　イ　(ア)」である。（　①　）〜（　③　）にあてはまる語句を答えなさい。

　　倫理的価値の判断において，行為の結果である個人や（　①　）を重視する考え方と，行為の動機となる公正などの（　②　）を重視する考え方などを活用し，自らも他者も共に納得できる解決方法を見いだすことに向け，（　③　）など概念的な枠組みを用いて考察する活動を通して，人間としての在り方生き方を多面的・多角的に考察し，表現すること。

(2) 次の文は，「第2　倫理」の「3　内容の取扱い　(3)　ア」である。（　①　）〜（　③　）にあてはまる語句を答えなさい。

　　倫理的諸価値に関する（　①　）の先哲の思想を取り上げるに当たっては，原典の日本語訳，口語訳なども活用し，内容と関連が深く（　②　）や学習の段階に適した代表的な先哲の言説などを扱うこと。また，生徒自らが人生観，世界観などを確立するための（　③　）を得ることができるよう学習指導の展開を工夫すること。

(3) 次の文は，「第3　政治・経済」の「1　目標　(2)」である。

（　①　）～（　③　）にあてはまる語句を答えなさい。

　国家及び社会の形成者として必要な（　①　）・判断の基準となる考え方や政治・経済に関する概念や理論などを活用して，現実社会に見られる複雑な課題を把握し，説明するとともに，身に付けた判断基準を根拠に構想する力や，構想したことの妥当性や効果，（　②　）などを指標にして議論し公正に判断して，合意形成や（　③　）に向かう力を養う。

(4)　次の文は，「第3款　各科目にわたる指導計画の作成と内容の取扱い　1　(1)」である。（　①　）～（　③　）にあてはまる語句を答えなさい。

　単元など内容や時間のまとまりを（　①　）て，その中で育む資質・能力の育成に向けて，生徒の主体的・対話的で（　②　）の実現を図るようにすること。その際，（　③　）に応じた見方・考え方を働かせ，社会的事象等の意味や意義などを考察し，概念などに関する知識を獲得したり，社会との関わりを意識した課題を追究したり解決したりする活動の充実を図ること。

(5)　「第1　公共」の「2　内容　C」において，持続可能な地域，国家・社会及び国際社会づくりに向けた役割を担う，公共の精神をもった自立した主体となることに向け，どのような活動を通して指導するとしているか，答えなさい。

(6)　「第3　政治・経済」の「3　内容の取扱い　(2)　ウ　(キ)」において，「市場経済の機能と限界」については，市場経済の効率性とともに，市場の失敗の補完の観点から，どのような事柄や問題を扱うこととしているか，答えなさい。

（☆☆☆◎◎◎◎）

解答・解説

中 学 社 会

【1】(1)　本初子午線　　(2)　ウ　　(3)　かつてアフリカ州を「植民地」にしたヨーロッパの国々が緯線や経線を使って引いた境界線を，今も国境として使っているから。　　(4)　シロッコ　　(5)　エ

〈解説〉(1)　本初子午線は経度0度であり，旧グリニッジ天文台を基準としていたが，現在は旧グリニッジ天文台のやや東を通っている。ほぼ近しいため同義とされることが多い。　　(2)　ケープタウンはオーストラリアのパース，チリのサンディアゴとともに南半球のCfb気候区である。　　(3)　かつてアフリカ州を「植民地」にしたヨーロッパの国々が緯線や経線を使って引いた境界線を，今も国境として使っており，人為国境と呼ばれる。　　(4)　サハラ砂漠から南ヨーロッパに吹き付ける局地風をシロッコと呼び，局地風はほかにフェーン現象の語源となったアルプス山脈の北側に吹くフェーン，東北地方太平洋沖のコメの不作の原因となるやませなどがある。　　(5)　ア　森林面積が狭く，人口が1億人を超えており，4ヵ国で最もGDPが高いためサハラ砂漠上にあるエジプトである。　　イ　4ヵ国で人口が最も多いためエチオピア。　　ウ　森林面積が4ヵ国で最も多いため気候区分でAfからAw上に位置するコンゴ。　　エ　4ヵ国で最も人口が少ないが工業化が進んでいるためGDPが高い南アフリカである。

【2】(1)　ハザードマップ　　(2)　エスチュアリ　　(3)　南南問題　　(4)　資源ナショナリズム　　(5)　スプロール(現象)

〈解説〉(1)　地震や洪水，火山噴火などの自然災害の被害範囲や危険地域などを過去のデータから予測し，GISを用いて被害予測や避難場所を記したものをハザードマップという。　　(2)　土砂の運搬量が少ないヨーロッパの河川の河口部にできるラッパ状の入り江をエスチュアリ

という。エスチュアリの後背地は広く平坦であるため大都市が形成されやすく，テムズ川のエスチュアリ上に存在するロンドンがその例である。　(3)　主に北側に位置する工業先進国と南側に位置する発展途上国の格差を南北問題と呼ぶ。その発展途上国側である南の中でも産油国などの資源国や経済成長著しい新興国と，そうでない最貧国の格差が広がっていることを南南問題と呼ぶ。　(4)　自国の資源を旧宗主国に不当な価格で使われていたことに対抗して，自国の資源は自国のものであるから，自国の経済発展のために利用しようとする考えを資源ナショナリズムという。　(5)　市街地の拡大が無秩序に進行し，郊外の農地や緑地が虫食い状に開発されていくこと。これにより，上下水道や学校といった行政サービスのカバーする範囲が広くなり，無駄が広がってしまう。

【3】(1)　イ，ウ　　(2)　a　公共の福祉　　b　10日　　c　総辞職
(3)　環境アセスメント(法)
〈解説〉(1)　①は国事行為のことだが，イ，ウはいずれも日本国憲法第7条に示されている天皇の国事行為。アとエはいずれも内閣の職務である。ただし，天皇は国事行為として憲法改正，法律，政令，条約を公布する。　(2)　a　日本国憲法における人権の制約原理。　b　ただし，衆議院の解散は内閣の「助言と承認」に基づく天皇の国事行為の一つであるため，内閣不信任決議の有無に関係なく，内閣は衆議院をいつでも解散できる実質的権限がある。　c　内閣は国会に対して連帯責任を負う。　(3)　環境影響評価法は，通称で環境アセスメント法とも呼ばれているが，13事業を対象に環境アセスメントの実施を義務づけた法律である。なお，環境アセスメントについては国の立法化に先がけて，地方自治体で独自に条例を制定し，導入する動きが見られた。

【4】(1)　a　高く　　b　安く　　(2)　均衡価格　　(3)　アダム＝スミス　　(4)　エ
〈解説〉(1)　a　需要量が供給量を上回る状態を超過需要という。つまり

品不足の状態であり，この場合は価格が上昇することで，超過需要は解消される。　ｂ　供給量が需要量を上回る状態を超過供給という。つまり売れ残りが発生する状態であり，この場合は価格が低下することで，超過需要は解消される。　(2)　均衡価格とは，需要曲線と供給曲線の交点における価格である。市場経済では，おのずと均衡価格で価格は落ち着き，需給量が一致することで，効率的な資源配分が実現される。これを「価格の自動調整機能」という。　(3)　アダム＝スミスは古典派経済学の祖とされる経済思想家。『諸国民の富(国富論)』を著し，個人の私欲に基づく行為であっても，神の「見えざる手」を通じて社会的調和は実現されるとし，自由放任主義(レッセフェール)を唱えた。　(4)　公共料金とは，国や地方自治体の規制下に置かれている料金のこと。公共交通機関の運賃など，公益性の高い財・サービスに対して設定される。新聞料金は，各新聞社が設定しており，新聞によって違いがある。

【5】(1)　フードマイレージ　　(2)　パリ協定　　(3)　製造物の欠陥により他人の生命，身体または財産を侵害したとき，企業は「過失」の有無にかかわらず損害賠償責任を負うと規定した法律。

〈解説〉(1)　フードマイレージが大きいほど，食料流通の環境に与えている負荷が大きいことを示す。食料を輸入に大きく依存するわが国のフードマイレージは，相対的に高い。このフードマイレージを小さくする取り組みとして，地産池消がある。　(2)　パリ協定は，京都議定書の後継として締結された，地球温暖化問題対策の国際的枠組み。産業革命前からの世界平均気温上昇を2℃より十分低く，できれば1.5℃に抑えることを目標とし，各国に温室効果ガスの排出削減目標の作成と提出を義務づけている。　(3)　民法には過失責任の原則があり，損害賠償を求めるには，原則的には故意または過失の立証を要する。だが，製品の欠陥につき，消費者が製造業者の過失を立証するのは困難であることから，欠陥製品による被害であることさえ立証できれば，責任を問えることとした。

【6】(1) 1428年　(2) 土民　(3) 高利貸し業者として利益を得ていたため。　(4) a 細川勝元　b 山名持豊

〈解説〉(1)　史料は1428年に起きた正長の徳政一揆についての内容である。この一揆は馬借の蜂起を契機に，山城から畿内一帯に波及した土一揆で，6代将軍義教の代始めに起きた。　(2)　土民は惣村の結合をもとにした農民勢力を指す。　(3)　当時の社会には都市・農村を問わず，土倉などの高利貸資本が深く浸透していた。借入者から担保として預かった質草を保管するための土蔵をもつ土倉や，広大な敷地と財力をもつ醸造業者＝酒屋には土倉役や酒屋役といった税が課された。(4)　細川氏は6代将軍足利義教の家督介入を回避し，畿内・四国・山陽に8ヵ国の守護分国をもち，管領として実権を握っていた。一方，明徳の乱で一時期，勢力を削がれていた山名氏は山名持豊が嘉吉の変鎮定で播磨など3ヵ国を得て，計8ヵ国の守護分国を有し，侍所頭人をつとめるなど勝元と幕政の主導権を争うようになった。

【7】(1) 免罪符　(2) ① アステカ王国　② インカ帝国
(3) ジェファソン　(4) ウ　(5) B→A→C→D→E

〈解説〉(1)　贖宥状とも呼ばれ，ローマ＝カトリック教会が発行した贖罪を免除する証明書である。宗教改革のきっかけとなった免罪符は，メディチ家出身の教皇レオ10世がサン＝ピエトロ聖堂の改修費捻出のために販売に踏み切った。人類の罪はキリストの死によって贖われ，この功績が宝として教会を通じて分与されて人々の魂を救済すると考えられた。　(2)　①　14世紀にメシーカと自称するアステカ人がメキシコ高原に進出して建てた国家である。テスココ湖上に都テノチティトランを建てた。自治を認めた諸都市から構成されていたが，1521年にコルテスによって征服された。　②　クスコを都にして15世紀以降にコロンビア南部からチリに至る領土を4地域に分けて支配した。そのため4地方を意味するタワンティン＝スウユが自国名であった。文字を所有せず，キープと呼ばれる縄の結び目を使って情報を交換した。1533年にピサロによって征服された。　(3)　ジェファソンは独立宣言

を起草し，フランクリンとジョン＝アダムズによって補筆・修正された後，1776年7月4日にフィラデルフィアで開催された第2回大陸会議で採択・発表された。政治家としては反連邦派であり，1801年に第3代アメリカ合衆国大統領に就任した。自営農中心の民主主義を理想とし，1803年にミシシッピ川以西のルイジアナをフランスから購入した。

(4)　ア　ノーベルはダイナマイトの発明者である。放射線であるX線の発見者はレントゲンである。　イ　戦争と平和はトルストイの作品である。ドストエフスキーの代表作は『罪と罰』・『カラマーゾフの兄弟』・『白痴』・『悪霊』などである。　エ　モールスは電信機の発明者である。有人動力飛行機を初飛行させたのはライト兄弟である。

(5)　A　ルターによる宗教改革の開始は1517年である。　B　バスコ＝ダ＝ガマによるインド航路開拓は1498年である。　C　シャクシャインの戦いは1669年である。　D　アメリカ独立戦争の開始は1775年である。　E　ドイツ帝国の誕生は1871年である。

【8】(1)　日清修好条規　　(2)　樺太全島をロシア領，千島全島を日本領とする条約。　　(3)　江華島事件　　(4)　エ

〈解説〉(1)　日清修好条規は相互に領事裁判権と領事の駐在を認めた対等条約であった。日本が朝鮮の宗主国清と対等な条約を結んだことで，日本は朝鮮に対し優位な立場にたった。　　(2)　日本は1854年の日露和親条約で択捉島と得撫島の間に境界を設け，樺太を両国の雑居地としていた。しかし，明治に入り樺太へのロシア人の流入が急増，暴行や窃盗が頻発，殺人事件も起きた。樺太の日本人居留地を守るため国境線策定は喫緊の課題であった。　　(3)　江華島事件は日本の軍艦雲揚が首都漢城近くの江華島で朝鮮側を挑発して戦闘に発展した事件。

(4)　ア　江藤新平は，郷里の佐賀の不平士族に迎えられて，政府に対して反乱を起こした。これは秋月の乱ではなく佐賀の乱である。
イ　西南戦争には板垣退助は加わっていない。板垣退助は愛国公党を設立，民撰議院設立の建白書を提出し，自由民権運動の口火をきった。
ウ　地租改正の反対一揆によって，1877年に地租は2.5%に引き下げら

れた。

【9】(1) ① 意味や意義　② 選択　③ 議論　(2) ① 人権の尊重　② 経済活動　③ 国際関係　④ 個人と社会
(3) ① 効果的に収集　② 作業　③ 新聞　④ 過程と結果
〈解説〉(1)　今回の改訂では，すべての教科等の目標及び内容が，「知能及び技能」「思考力，判断力，表現力等」の3つの柱で再整理されている。教科全体や各分野の目標についても，まず全体的な目標が柱書で示され，次に3つの柱に関わる目標が示される形式となっている。本問の文章は(2)から始まるため，「思考力，判断力，表現力等」に沿った目標を示したものである。　(2)「民主主義，民主政治の意義，〜中略〜理解を深める」の部分については，公民的分野の具体的な学習が，「民主政治の意義」，「国民生活の向上と経済活動の関り」，「国際関係」等々の政治に関する学習，経済に関する学習，社会生活に関する学習及び国際関係に関する学習であることを示している。　(3)「技能」を身に付けることに関しては，各分野とも，「効果的に調べまとめる技能を身に付けるようにする」との記述になっている。また，今回の改訂では，「作業的で具体的な体験を伴う学習」が重視されている。

地 理・歴 史

【1】(1) C　(2) ア　(3) エ　(4) イ　(5) 華僑は中国以外の国に仮住まいする中国系の人。華人は中国以外の国に定住して，その国の国籍を得た中国系住民のこと。　(6) 税制優遇措置を行うことで，外国資本を積極的に導入できるから。　(7) 国…④　遺跡名…アンコール＝ワット　(8) C　(9) ウ　(10) 屋根が急傾斜なのは雨水を流れ落ちやすくするためで，床が高いのは，風通しを良くして湿気をおさえ，浸水や害獣・害虫に対応するため。
(11) ウ　(12) ① イ　② ア　(13) 朱印船(奉書船)

(14)　②　　(15)　ウ　　(16)　④　　(17)　②

〈解説〉(1)　日本の標準時は兵庫県の明石を通る東経135度線であるから，Dが東経130度であるとわかる。よって東経120度線はCである。

(2)　①はミャンマー，②はタイ，③はラオスであり，それらの国の自然国境を形成しているのはアジア7番目の大河であるメコン川である。　イ　ロシアにある世界で最も深い湖である。　ウ　カンボジアにある雨季と乾季の水位差が大きいことで有名な湖である。　エ　ロシアと中国の自然国境を成す川である。　(3)　季節風は①の国の5〜10月は暖まりやすい陸から暖まりにくい海へ吹くため，南西方向へ吹く。

(4)　⑤はベトナム，⑥はマレーシア，⑦はシンガポール，⑧はインドネシアである。ブミプトラとは「土地の子」という意味である。

(5)　華僑は中国以外の国に仮住まいする中国国籍を持った人で，華人は中国以外の国に定住して，その国の国籍を得た中国系住民のことであり，華僑と華人をまとめて華裔とよぶ。　(6)　税制優遇措置を行い，安価な労働力を求める外国資本の工場を建ててもらうことで，自国に工業化のノウハウや技術力を植え付けることができる。　(7)　アンコールワットはカンボジアの国旗にも載っている。　(8)　コーヒーの原産国であるエチオピアやドイモイ政策によって生産量が急増したベトナムが上位を占めるDがコーヒー。パーム油はインドネシアが世界シェアの6割を占めており，2位のマレーシアと合わせて8割以上のシェアを誇るためA。天然ゴムは多雨が栽培の条件であるため，赤道付近のタイ，インドネシアの二か国で世界シェアの6割を占める。バナナは人口が多いインド，中国がシェア上位を占めるためB。　(9)　②のタイは東南アジアで植民地支配を唯一受けなかったため，仏教徒が多い。よってア。タイの仏教は日本の大乗仏教と異なり上座部仏教である。⑥のマレーシアはマレー系がイスラーム教徒，中華系がキリスト教徒か仏教徒，インド系がヒンドゥー教徒であるため，民族割合からイ。③のインドネシアはイスラーム教徒の数が世界最多であるためウ。④のフィリピンは宗主国がスペインであったことからキリスト教徒が多いためエ。　(10)　インドネシアは赤道直下に位置しAf気候で年中

高温多湿である。屋根は雨水を流れ落ちやすくするため急傾斜で，風通しを良くして湿気をおさえ，浸水や害獣・害虫に対応するため床が高くなっている。　(11)　④　カンボジアはポルポト政権による市民の虐殺により工業化が遅れ，衣類などの軽工業が中心であるためイ。
⑤　ベトナムは軽工業中心から輸出指向型に推移していったことと，東南アジアで3番目の人口であるためウ。　⑦　シンガポールはアジアNIEsの一つに数えられ，いち早く工業化が進んだため，重化学工業や高付加価値工業が盛んなエ。　⑨　ブルネイは産油国であり，一次資源のモノカルチャー経済であるためア。　(12)　①　CBDは中心業務地区のことで，官庁や企業が集中する地域のことである。スラムは低所得者が密集して居住する不良住宅街のことであるためイ。
②　発展途上国の都市化は人口爆発が起きた農村から職を求めて都市に流れ込むプル型の人口移動で起こったのに対し，先進国では経済成長に伴う労働需要の増加で人口が流入するプッシュ型の人口移動で起こったためア。　(13)　鎖国を敷いていた江戸幕府が，東南アジアのシャムやルソンといった東南アジアとの都市と交易を行っていた際の渡航許可証を朱印状といい，その許可証を携えた船を朱印船と呼ぶ。
(14)　なつめやしはその実であるデーツを保存食として用いるものでエジプト，サウジアラビアといった乾燥地域で栽培されるため誤り。油やしが正しい。　(15)　アはスマトラ島，エのジャワ島はアルプスヒマラヤ造山帯に含まれるスンダ列島であるため外れる。世界三位の面積を誇るイのカリマンタン島(ボルネオ島)の東にあるKの形をしたスラウェシ島の形状は両造山帯がクロスする地点に当たるためイのカリマンタン島もアルプスヒマラヤ造山帯に含まれると考えられる。よって環太平洋造山帯はフィリピンの中心であるウのルソン島。火山灰が降下して，気温の低下や航空機の飛行など世界的に影響を及ぼした20世紀の陸上最大の噴火を起こしたピナトゥボ火山がフィリピンのルソン島にあることを知っていれば一発で答えにたどり着く。
(16)　ミャンマーで採れる鉱物資源はすずであり，マレー半島は世界有数の産地である。ボーキサイトの産地は東南アジアではベトナムや

インドネシアに分布している。ボーキサイトはアルミニウムの原料であり，すずはブリキやはんだとして用いられる。　(17)　Aのプノンペンは雨季と乾季があるためAw気候である。Bのジョホールバル，Cのジャカルタは赤道直下であるためAf気候である。この雨温図は年中高温で雨季と乾季がはっきりしているためAw気候である。

【2】(1)　イ　　　(2)　エ　　　(3)　藤原頼通　　　(4)　寄木造　　　(5)　ウ
(6)　エ　　　(7)　検地奉行による実測検地を行った。　　　(8)　バテレン追放令　　　(9)　(a)　イ　　　(b)　伊藤博文らをヨーロッパに派遣して憲法調査に当たらせ，帰国後，太政官制を廃して内閣制度を制定した。
(10)　(a)　シベリア出兵を当て込んだ米の投機的買占めが横行して米価が急騰したから。　　　(b)　エ　　　(11)　イ，ウ
(12)　(a)　ア，イ　　　(b)　大正政変　　　(13)　あ→え→い→う

〈解説〉(1)　近江から東北にかけての近江・美濃・飛騨・信濃・上野・下野・陸奥・出羽は東山道である。　　　(2)　ア　十七条の憲法で604年。イ　三世一身法で723年。　ウ　改新の詔で646年。　エ　墾田永年私財法で743年。　　　(3)　藤原頼通は藤原道長の子で，後一条以下3代の天皇の外戚として約50年間摂政・関白を務め，道長とともに摂関政治の全盛期を現出した。当時は末法思想の浸透によって，来世での極楽浄土を願う浄土教信仰が貴族から庶民まで広く流行しており，頼通も阿弥陀堂建築の平等院鳳凰堂を建立した。　　　(4)　寄木造は一木造に対する語で，多くの工人で部分を製作し，全体をまとめる技法である。平等院鳳凰堂の阿弥陀如来像が有名である。　　　(5)　①　慈照寺銀閣は，初層は書院造で二層目は禅宗様である。禅宗様は宋から導入された建築様式で，鎌倉時代の円覚寺舎利殿が有名である。室町幕府の最盛期だった足利義満の時代に栄えた金閣寺に代表される文化は北町文化，応仁の乱が始まり幕府の権威が凋落する足利義政の頃の銀閣に代表される文化は東山文化と呼ばれる。　　　②　書院造は東山文化を代表する室町後期に成立した建築様式であり，同仁斎はその典型例である。
(6)　足利義満が南北朝の合体を実現させたのは1392年であり，その年

に朝鮮を建国したのは李成桂である。　ア　李鴻章は清末の政治家で，洋務運動を主導し，下関条約の全権を務めた。　イ　李舜臣は豊臣秀吉の朝鮮侵攻の際に活躍し，日本軍を破った朝鮮の武将。　ウ　李承晩は大韓民国の初代大統領。　(7)　指出検地は，戦国大名が領国内の土地収穫高を把握するために，武士・寺社・村落などに田畑の面積・収量・作人などを報告させたものだが，申告方式だったために過少申告も多く，基準も統一されていなかった。　(8)　信長はキリスト教を保護し，秀吉も当初キリスト教を黙認していたが，九州に出陣し島津氏を降伏させた1587年，大村純忠が長崎を教会領として寄進するなど教会キリシタン大名を通じて力を持ち始めていることを警戒し，宣教師(バテレン)に国外退去を命じるバテレン追放令を出した。

(9)　(a)　新聞紙条例と讒謗律は1875年である。1870年に最初の日刊新聞として「横浜毎日新聞」が発行され，雑誌の刊行も増加し，75年頃から民権派が新聞や雑誌で政府を激しく攻撃するようになったため，大久保利通は75年に新聞紙条例と讒謗律を出して言論統制を行った。国会期成同盟の成立・集会条例の制定は1880年，三大事件建白運動・保安条例の施行は1887年である。　(b)　伊藤博文は，イギリスの議会政治を遠い将来の目標としながらも，遅れた日本の現状から，ヨーロッパ諸国の中でも議会の権限が弱く君主権の強いドイツ憲法を日本のモデルとし，ベルリン大学のグナイスト，ウィーン大学のシュタインについてドイツ憲法を研究して帰国した。　(10)　(a)　第一次世界大戦中の1917年にロシア革命が起きると，英・仏・米・日などの連合国は革命を妨害するために1918年にシベリアに出兵し，アメリカはただちに撤兵したが，日本は1922年まで撤兵せず，多くの犠牲や費用を払った。　(b)　寺内正毅は長州出身で寺内内閣は官僚超然内閣。シベリア出兵を強行し，米騒動により総辞職した。米騒動は自然発生的なものだったが，参加人員約70万人に達する日本史上最大の民衆運動となり，大衆行動の効果を示し，以後の社会運動を活発にした。寺内内閣崩壊後は初の本格的政党内閣の原敬内閣が成立した。　(11)　岸信介内閣による新安保条約締結は1960年である。エのサンフランシスコ平

和条約締結は1951年，アの日ソ共同宣言調印は1956年，イの日韓基本条約締結は1965年，ウの日中共同声明発表は1972年である。

(12)　(a)　第2次西園寺内閣が財政難のため陸軍の2個師団増設要求を拒絶すると，陸軍は陸相を辞任させて公認を出さず，第2次西園寺内閣は総辞職に追い込まれた。その後勅語によって桂太郎が首相となると，その藩閥・陸軍の動きに対し，「閥族打破・憲政擁護」のスローガンを掲げた第一次護憲運動が都市部を中心に全国的に展開し，立憲国民党の犬養毅や立憲政友会の尾崎幸雄が先頭に立った。　(b)　尾崎行雄が「彼等ハ玉座ヲ以テ胸壁トナシ，詔勅ヲ以テ弾丸ニ代ヘテ政敵ヲ倒サントスルモノデハナイカ」と非難した桂内閣弾劾演説は有名である。数万の民衆が議会を包囲する中で桂内閣は総辞職した。

(13)　あ　自由民権運動・明治時代前期(1874～89年)　→　え　第一次護憲運動により桂内閣総辞職・1913年　→　い　米騒動・1918年　→　う　新安保条約締結・1960年。

【3】(1)　ア　神聖ローマ帝国　　イ　主権　　(2)　Ⅰ…イ　Ⅱ…ウ　
(3)　クロムウェル　　(4)　ユグノーに多かった商工業者が国外に多数流出し，経済成長が阻害された。　　(5)　ア　ユトレヒト(条約)
イ　七年(戦争)　(6)　ウ　(7)　ウ　(8)　イ→ウ→ア　(9)　イ
(10)　イ　　(11)　エ　　(12)　ビスマルク　　(13)　伝統的な体制や文化を保持しながら，ヨーロッパの技術を導入しようとしたこと。
(14)　エ

〈解説〉(1)　ア　962年のオットー1世の戴冠によって成立したが，国名自体は13世紀以降に用いられた。11世紀後半からの叙任権闘争で教皇と対立する一方，イタリア政策を推進して国内政治を放置した。結果，国内諸侯の台頭を招き，1356年の金印勅書で7選帝侯が定められた。1648年のウェストファリア条約で帝国は有名無実と化した。
イ　ウェストファリア条約の第8条第2項において，領邦に「相互ならびに外国と同盟を結ぶ権利」が与えられた様に，排他的な国家主権が約300の領邦国家にほぼ認められた。神聖ローマ帝国は事実上諸領邦

国家に分裂し，ウェストファリア条約は「神聖ローマ帝国の死亡診断書」と揶揄された。ただし領邦国家の同盟は皇帝や帝国に反しない限りという条件が付されることで，神聖ローマ帝国という枠組みは維持された。　(2)　Ⅰ　アンボイナ事件は，1623年にアンボイナのイギリス商館を襲撃し，オランダが日本人を含むイギリス商館員を虐殺した事件である。オランダがバタヴィアを中心に東南アジアの交易独占を図ったことが，事件の背景にある。　Ⅱ　1617年以降，オランダはインド洋において南緯36〜42度の間を直航して東南アジアに到達する航路を利用していたが，補給のためにアフリカに基地を必要とするようになった。そのため1652年にケープ植民地がリーベクによって建設された。アのゼーランディアは台湾におけるオランダの拠点，エのケベック植民地は北米におけるフランスの拠点である。　(3)　クロムウェルは鉄騎隊を指揮してイギリス革命(ピューリタン革命)を成功させ，1649年に国王チャールズ1世を処刑して共和政を開始した，ジェントリ出身の政治家である。1649年にアイルランド征服を実施し，1651年に航海法の制定に尽力した。1652年から第1次イギリス＝オランダ(英蘭)戦争を行う一方，1653年には護国卿に就任して独裁政治をしき，1655年にジャマイカを征服した。　(4)　ユグノーはフランスにおけるカルヴァン派の名称であり，蓄財を肯定したユグノーには商工業者が多かった。1598年のナントの王令(勅令)でカユグノーには信仰の自由が認められた。しかし1685年にルイ14世がフォンテーヌブローの勅令でナントの王令を廃止したため，弾圧を恐れたユグノーの商工業者が大量に国外に亡命した。結果，フランス国内産業の発展は阻害された。(5)　ア　スペイン継承戦争の結果，1713年にフランス・スペインがイギリス・オランダ・プロイセンとの間に締結した一連の条約の総称である。フェリペ5世の王位継承を認める代わりに，イギリスはフランスからニューファンドランドやハドソン湾地方など，スペインからジブラルタルやアシエント(奴隷供給請負契約)などを獲得した。
イ　1756年にオーストリアがフランス・ロシアと結んで，プロイセン(プロシア)に対しておこした戦争である。イギリスは植民地支配をめ

ぐってフランスと対立し，七年戦争と並行して北米でフレンチ＝イン
ディアン戦争，インドで第3次カーナティック戦争を戦った。1763年
のパリ条約で戦勝国イギリスはミシシッピ川以東のルイジアナとカナ
ダをフランスから獲得した。　(6)　X　アクバルはジズヤの復活では
なく廃止を行ったので誤り。1564年にヒンドゥー教徒などの非ムスリ
ムに課せられていた人頭税であるジズヤを廃止した。　b　マラータ
ー王国はイスラム教徒ではなくヒンドゥー教徒であるので誤り。マラ
ーターは，インド中西部で上層カーストを形成した諸侯集団で，ムガ
ル帝国のアウラングゼーブ帝によるジズヤ復活などのイスラム強化政
策に反発した。1674年にシヴァージーが，インド西部にマラーター王
国を建国した。　(7)　ア　イスタンブルはバルカン半島東南部に位置
する。オスマン帝国の都である。　イ　カイロはエジプト北部に位置
する。ファーティマ朝，アイユーブ朝やマムルーク朝の都である。
エ　サマルカンドは中央アジアに位置する。ティムール朝の都である。
(8)　ア　ギリシアは1829年のアドリアノープル条約でオスマン帝国か
ら独立した。　イ　ハンガリーは1699年のカルロヴィッツ条約でオス
マン帝国からオーストリアに割譲された。　ウ　クリミア半島は1774
年のキュチュク＝カイナルジャ条約でクリム＝ハン国の独立をオスマ
ン帝国が承認した。　(9)　ア　呉三桂は明の武将である。明滅亡後に
清に帰順して藩王に封じられた。　ウ　洪秀全は清末の反乱指導者で
ある。1851年に太平天国の乱を起こした。　エ　鄭成功は復明運動の
指導者である。1661年に台湾を占領して鄭氏台湾を築いた。

(10)　ア　新疆は藩部である。　ウ　朝鮮は朝貢国である。　エ　チ
ベットは藩部である。　(11)　パリ＝コミューンは1871年3月にパリで
樹立された自治政府である。公務員選挙や労働者による自主管理など
を打ち出した。5月21日からの「血の週間」で，ドイツ軍の支援を受
けた臨時政府軍によって徹底的に弾圧された。　(12)　ビスマルクは
ユンカー出身で，1862年にプロイセン首相に就任し，ドイツ統一後の
ドイツ帝国初代宰相となった。フランスを孤立させて，列強の勢力均
衡に基づくビスマルク体制を築いた。アフリカ分割を巡る列強の利害

対立の調整を図るために，1884年にベルリン会議(ベルリン＝コンゴ会議)を主催した。コンゴ自由国の承認や先占権などのアフリカ分割の原則などを決定された。　(13)　洋務運動の中心的なイデオロギーである「中体西用」について説明すれば良い。中体西用とは，「中学為体，西学為用」の略称である。中国の教えを中核として，ヨーロッパの学問・技術を道具として活用するという意味である。1860年代から漢人官僚を中心に富国強兵を目指す洋務運動が実施されたが，中国の伝統的な儒教道徳を維持しつつ，進んだヨーロッパの軍事技術を用いて，専制的な国家体制を維持・強化することが図られた。　(14)　イラン＝イスラーム共和国の建国はイラン革命の説明である。イラン革命によって1979年1月にパフレヴィー2世が亡命してパフレヴィー朝は崩壊した。2月にホメイニがパリから帰国し，4月にイラン＝イスラーム共和国を建てた。

【4】(1)　①　エネルギー　　②　食料　　③　都市　　④　持続可能

(2)　①　女性　　②　政党　　③　教育　　④　社会運動

(3)　①　主題　　②　環大西洋　　③　ナショナリズム

(4)　①　まとまり　　②　資質・能力　　③　見方・考え方

④　概念

〈解説〉(1)　「地理総合」の「内容」の大項目B「国際理解と国際協力」の中項目(2)は「地球的課題と国際協力」である。今回の改訂では，「内容」について，まず「ア」で「次のような知識を身に付けること」を記し，次に「イ」で「次のような思考力，判断力，表現力等を身に付けること」をきす形式となっている。本問の文章は(イ)とあることから，後者について述べたものである。　(2)「歴史総合」の「内容」の大項目C「国際秩序の変化や大衆化と私たち」の中項目(2)は「第一次世界大戦と大衆社会」である。ここでは，第一次世界大戦の社会の変容と社会運動の関連などを考察したり表現したりして，大衆社会の形成と社会運動の広がりを理解できるようにすることをねらいとしている。　(3)「世界史探求」の「内容」の大項目D「諸地域の結合・変

容」の中項目(2)は「世界市場の形成と諸地域の連合」である。本問は
「イの(ア)」とあることから，「次のような思考力，判断力，表現力等
を身に付けること」について述べたものである。　(4)　この事項は，
生徒の主体的・対話的で深い学びの実現を図るために効果的な学習が
展開できるよう配慮すべき内容を示したものである。特に「深い学び」
の視点に関して，学びの深まりの鍵となるのが「見方・考え方」であ
り，つまり，各教科等の特質に応じた物事を捉える視点や考え方であ
る。

公 民 科

【1】(1)　ア　幸福追求　　イ　公共の福祉　　ウ　国政　　(2)　ウ
(3)　イ　　　(4)　裁判員制度は，有権者から抽選で選ばれた裁判員と裁
判官が，有罪か無罪かを判断し，有罪ならば量刑判断を行う。(52字)
(5)　イ　　　(6)　国会が制定する法律や内閣が定める命令・規則などが
憲法に違反していないかの判断を，最終的に確定する権限をもってい
るため。(59字)　　(7)　①　ア　チャーチスト　　イ　普通
②　エ　(8)　ア　21　　イ　150　　ウ　14　　エ　900　　オ　38
(9)　①　ア　ユーゴスラビア　　イ　イラク　　ウ　チュニジア
②　超大国の関与がなくなったことで，独立，自治，少数民族の権利
などをめぐり対立が生じたため。
〈解説〉(1)　ア　幸福追求権が保障されている。なお，憲法第13条は憲
法によって明文で保障されていない，いわゆる「新しい人権」の法的
根拠となっている。　　イ　公共の福祉は，日本国憲法における人権の
制約原理。　　ウ　解説参照。　　(2)　ワイマール憲法は，革命によって
共和制に移行したドイツで1919年に制定された憲法。社会権を保障し
たほか，国民主権や男女普通選挙も定めた。　　ア　イギリスで名誉革
命後に制定された。　　イ　アメリカ独立戦争の最中に発布された。
エ　第3回国連総会で採択された。　　(3)　ロックは社会契約説の論者

だが，社会契約に反した政府に対する人民の抵抗権(革命権)を認めた。ア　信託ではなく移譲。　ウ ルソーは主権は不可譲とし，直接民主制を唱えた。　エ モンテスキューは三権分立を論じた。　(4) アメリカの陪審制でも，陪審員が裁判ごとに有権者から抽選で選ばれる。この点では，裁判員制度と同じ。だが，陪審員は有罪か無罪かの判定のみを行い，量刑は裁判官が行う。対して，裁判員制度ではいずれも裁判員と裁判官の合議体によって行われる。　(5)　シビリアン・コントロール(文民統制)のために，内閣総理大臣や国務大臣は文民とされ，自衛隊の最高指揮監督権者は内閣総理大臣とされている。　ア　費用の一部を「思いやり予算」として負担している。　ウ　限定的ながら，武器輸出は行われている。　エ　集団的自衛権の限定的行使が解禁されている。　(6)　違憲法令審査は下級裁判所も行っているが，最高裁にはこれを終審として行う権限がある。なお，わが国では，違憲法令審査は具体的事件の審理に付随する形で，適用される法令の憲法適合性を審査する形で行われる。　(7)　①　ア　チャーチストという名称は，運動家らが選挙法の改正を要求した人民憲章(ピープルズチャーター)に由来する。　イ　普通選挙に対して，納税額などによって選挙権・被選挙権が制限された選挙のことを，制限選挙という。　②　重複立候補制は衆議院選挙にのみ導入されている。　ア　選挙権は満18歳以上。　イ　小選挙区比例代表並立制が導入されている。小選挙区制は大政党に有利な制度である。　ウ ドント方式による。アダムズ方式は各都道府県の小選挙区数の計算に用いられている。

(8)　ア　老年人口が7％超で高齢化社会，14％超で高齢社会と呼ばれる。　イ　1回に限り，会期延長が可能。　ウ 「14か条の平和原則」はアメリカのウィルソン大統領によるが，アメリカは議会の反対により，国際連盟には参加しなかった。　エ　100億円÷0.1＝100億円で計算される。　オ 停戦協定が締結された板門店も軍事境界線上にある。

(9)　①　ア　ユーゴスラビアは多民族による社会主義国家だったが，冷戦終結後，連邦構成国の独立の動きが進み，連邦は解体された。イ　イラク戦争はアメリカなどが大量破壊兵器の保有疑惑のあったイ

ラクを武力侵攻した戦争だが，イラクに大量破壊兵器は存在しなかっ
た。　ウ　チュニジアの独裁政権が打倒された。　②　冷戦は1989年
に米ソ首脳により終結宣言が行われ，さらにソ連が解体に至った。そ
の一方，1990年代には地域紛争や民族紛争が多発するようになり，国
連平和維持活動(PKO)の実施も増加し，文民警察や選挙監視など，そ
の活動内容も多様化した。

【2】(1)　ア　エリクソン　　イ　モラトリアム　　ウ　発達課題
エ　アイデンティティ　　(2)　イ　(3)　ア　無為自然　イ　小
国寡民　ウ　万物斉同　エ　逍遙遊　(4)　ア　(5)　理性に
より見出した確実な真理から出発し，論理的に具体的な結論を導き出
す方法。(38字)　(6)　ロールズ　(7)　孤立した個人ではなく，人
と人との関係において生きている存在のこと。(33字)
〈解説〉(1)　イ　モラトリアムは，金融用語としては支払猶予を意味す
る。　ウ　人生の各段階において達成すべき発達課題があるとする理
論を，ライフサイクル説という。　エ　アイデンティティが拡散する
危機にあって，それを確立することを青年期の発達課題とした。
(2)　ソクラテスは知徳合一を唱えた。　ア　心即理は儒学の一派であ
る陽明学で説かれる。　ウ　イデア論を唱えたのはプラトン。　エ
習性的徳を唱えたのはアリストテレス。プロタゴラスはソフィストと
して「人間は万物の尺度」とする相対主義を唱えた。　(3)　ア　老子
は儒家が説く人為的な道徳ではなく，宇宙の根本原理としての道(タ
オ)に従うことを唱えた。　イ　老子は小国寡民を理想とした。
ウ　善悪や美醜などの価値は人間がつくり出したものに過ぎないとし
た。　エ　無為自然を体現した生き方といえる。　(4)　安藤昌益は社
会主義の先駆けといえる思想を唱えた。　イ　経世済民を唱えたのは
荻生徂徠。　ウ　心学を唱えたのは石田梅岩。二宮尊徳は報徳仕法に
よる農村復興に取り組んだ農政家。　エ　復興神道を唱えたのは平田
篤胤。佐久間象山は「東洋道徳，西洋芸術」を唱えた。　(5)「人間は
死ぬ。ソクラテスは人間である。よって，ソクラテスも死ぬ」が演繹

法的思考法の例。なお，大陸合理論のデカルトが演繹法を唱えたのに
対し，イギリス経験論のベーコンは経験や観察の積み重ねから確実な
真理を見出す帰納法を唱えた。　(6)　ロールズは，各自が自分の能力
や境遇などがわからない「無知のヴェール」に覆われた原初状態で，
同意せざるを得ない正義の2原理を唱えた。第1原理は平等な基本的諸
自由の原理，第2原理は経済的・社会的不平等に関する原理で，機会
均等の原理と格差原理からなる。　(7)　和辻哲郎は，『人間の学とし
ての倫理学』を著し，個人主義に陥りがちな西洋思想を批判し，人間
を間柄的存在として，人間関係の学としての倫理学を唱えた。また，
自然環境と人間精神の関係を論じる風土論を唱えた。

【3】(1)　ア　累進課税制度　　イ　裁量的財政政策　　ウ　自動安定
化装置　　(2)　均等分布線に対し，ローレンツ曲線の弧が下側に膨ら
む。　　(3)　フィンテック　　(4)　エ　　(5)　斡旋，調停，仲裁
(6)　エ→イ→ア→ウ

〈解説〉(1)　ア　高所得者に対してより高い税率で課税する制度のこと。
対義語は逆進課税という。　　イ　例えば，不況時には公共投資の増額
や減税によって，需要を拡大しようとする。　　ウ　ビルトインスタビ
ライザーでも正解。累進課税や社会保障給付により，景気変動に伴う
可処分所得の増減が緩和される。　　(2)　所得が完全に平等に分配され
ている場合，ローレンツ曲線は均等分布線に等しいが，所得格差が拡
大するにつれ，均衡分布線から乖離する。このローレンツ曲線と均衡
分布線に囲まれた部分の面積から計算されるのが，所得格差を示す経
済指標であるジニ係数である。　　(3)　financeとtechnologyを組み合わ
せて，fintechという。すべての人が金融サービスを利用できる状態を
金融包摂といい，SDGsでもその実現が課題とされているが，フィンテ
ックは金融包摂にも資すると考えられている。　　(4)　ブロックチェー
ンは分散型台帳技術と訳される。また，この技術によって実現する，
次世代型のインターネットのことをWeb3という。　　ア　デジタルトラ
ンスフォーメーションの略。　　イ　簿記のこと。　　ウ　金融における

オプション取引の一種。　(5)　労働争議においては，労働委員会において斡旋，調停，仲裁が行われる。斡旋は当事者間での自主的解決のために仲介する制度であり，調停では調停委員会が当事者間に介入する。仲裁では紛争解決が仲裁委員に委ねられる。　(6)　エ　1942年の出来事。この法律により，長らくコメの流通が規制された。1995年に廃止された。　イ　1970年の出来事。2018年に廃止された。ア　1995年の出来事。食糧管理法に代わり，制定された。　ウ　1999年の出来事。農業基本法に代わり制定されたので，新・農業基本法と呼ばれている。

【4】(1)　①　訪日外国人からの日本のホテルへの宿泊費の支払い。②　日本の経常収支黒字の主要因が，輸出から海外への投資の結果支払われる利子・配当などに変化してきた。(48字)　(2)　コージェネレーション

〈解説〉(1)　①　サービス収支とは，サービスの取引を計上する収支。貿易収支と合わせて貿易・サービス収支という。輸出が貿易収支の黒字として計上されるのと同様，我が国の宿泊業者が提供したサービスの対価として訪日外国人旅行客から受け取った料金は，サービス収支の黒字として計上される。　②　第一次所得収支には，海外投資による利益などが計上される。生産拠点の海外移転や2011年の福島第一原発事故と原発の稼働停止に伴う天然ガスの輸入増加などにより，近年は年間の貿易収支が赤字となることもあるものの，第一次所得収支の莫大な黒字のために経常収支は黒字を維持している。　(2)　英語でcogenerationのco－とは「一緒に」という意味の接頭辞であり，generationとはエネルギーの発生を意味する言葉。日本語では「熱電併給」とも呼ばれる。一般家庭向けのコジェネレーションシステムも販売されている。

【5】(1)　①　社会全体の幸福　②　義務　③　思考実験
(2)　①　古今東西　②　生徒の発達　③　手掛かり

(3)　①　選択　　②　実現可能性　　③　社会参画　　(4)　①　見通し　　②　深い学び　　③　科目の特質　　(5)　現代の諸課題を探究する活動　　(6)　公害防止と環境保全，消費者に関する問題

〈解説〉(1)「第1　公共」の大項目Aは「公共の扉」で，中項目(2)は「公共的な空間における人間としての在り方生き方」である。本問はその「イ」とあるので，「イ　次のような思考力，判断力，表現力等を身に付けること」について述べたものである。　(2)「倫理的価値に関する古今東西の〜中略〜言説などを扱うこと」については，先哲による思索の表現に直接触れることが戴せてウであることを述べたものである。　(3)　本問の文章は「目標」の(2)とあることから，「第3　政治・経済」の学習を通して育成される資質・能力のうち，「思考力，判断力，表現力等」に関するねらいを示したものである。　(4)「第3款　各科目にわたる指導計画の作成と内容の取扱い」の「1」は指導計画の作成に当たっての配慮事項が3点あげられているところであり，その「(1)」は，生徒の主体的・対話的で深い学びの実現を目指した授業改善をすすめるために，公民科の特質に応じて効果的学習が展開できるように配慮すべき内容を示したものである。　(5)「第1　公共」の大項目Cは「持続可能な社会づくりの主体となる私たち」である。現代的な諸課題の探究に当たっては，具体的には，地域の安全を目指した公共的な場づくりや地域の活性化などの課題を探求することなどが考えられる。　(6)　市場の失敗とは市場の限界ともいい，例えば公害などの環境破壊は市場によって調整することが困難であることや，市場が寡占化して市場メカニズムが働かないことなど，市場メカニズムが十分機能しないことを指す言葉である。

2023年度　実施問題

中　学　社　会

【1】次の[略地図]を見て，(1)〜(5)の問いに答えなさい。

[略地図]

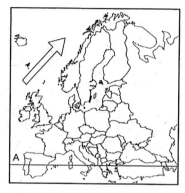

(1)　略地図中のAの緯線の緯度はどれか，ア〜エから最も近い緯度を1
つ選び，記号で書きなさい。

ア　北緯30度　　イ　北緯40度　　ウ　北緯50度

エ　北緯60度

(2)　略地図中の地域では，1993年に発効した条約により，域内の人や
物の移動の自由化や通貨の統合などが実現した。この条約を何とい
うか，書きなさい。

(3)　略地図中の地域には，ライン川やドナウ川などの国際河川が流れ
ている。国際河川とはどのような河川か，「領域」・「航行」の2語を
使って書きなさい。

(4)　略地図中の⇨は，西ヨーロッパ諸国の気候に影響を及ぼす海流
である。この海流名を書きなさい。

(5)　次の[資料]のⅠ〜Ⅳは，2018年の小麦，ぶどう，オリーブ，牛乳

の上位5位までの主要生産国の割合を，それぞれ示している。Ⅰ～Ⅳにあてはまる農産物は，どれか，ア～エから1つ選び，記号で書きなさい。

[資料]

単位：%

Ⅰ		Ⅱ		Ⅲ		Ⅳ	
アメリカ合衆国	14.4	中国	16.9	中国	17.9	スペイン	46.6
インド	13.1	イタリア	10.8	インド	13.6	イタリア	8.9
ブラジル	5.0	アメリカ合衆国	8.7	ロシア	9.8	モロッコ	7.4
ドイツ	4.8	スペイン	8.4	アメリカ合衆国	7.0	トルコ	7.1
中国	4.5	フランス	7.8	フランス	4.9	ギリシャ	5.1
合計 683百万t		合計 79.1百万t		合計 7.34億t		合計 21.1百万t	

ア　Ⅰ－牛乳　　　　Ⅱ－ぶどう　　　Ⅲ－小麦
　　Ⅳ－オリーブ

イ　Ⅰ－ぶどう　　　Ⅱ－牛乳　　　　Ⅲ－オリーブ
　　Ⅳ－小麦

ウ　Ⅰ－小麦　　　　Ⅱ－オリーブ　　Ⅲ－牛乳
　　Ⅳ－ぶどう

エ　Ⅰ－オリーブ　　Ⅱ－小麦　　　　Ⅲ－ぶどう
　　Ⅳ－牛乳

(☆☆☆○○○)

【2】次の(1)～(5)の問いに答えなさい。

(1)　三陸海岸やエーゲ海の沿岸などには，山地が海に沈んで生まれた海岸地形がみられる。このような地形を何というか，書きなさい。

(2)　数年に一度発生し，太平洋の中部から東部にかけての赤道付近の海面水温が，平年に比べて高くなる現象を何というか，書きなさい。

(3)　熱帯・亜熱帯地域の広大な農地に大量の資本を投入し，大規模工場生産の方式を取り入れ，安価な労働力を使って単一の商品作物を栽培する農業を何というか，書きなさい。

(4)　コスタリカは，「地域の自然環境や歴史文化を体験・学習し，保全につなげる観光スタイル」の発祥の国として知られている。このような観光スタイルを何というか，カタカナで書きなさい。

(5)　アメリカのボストンから続く，ニューヨーク・フィラデルフィア・ボルチモア・ワシントンD.C.までの都市圏は「メガロポリス」と呼ばれる。「メガロポリス」とは，どのような地域なのか，「大都市」という語句を使って，書きなさい。

(☆☆☆◎◎◎)

【３】次の文を読んで，(1)～(5)の問いに答えなさい。

> 裁判には民事裁判と刑事裁判がある。①民事裁判では，訴えた側の原告と，訴えられた側の被告それぞれが自分の考えを主張し，裁判所が法律に基づき判決を下す。また裁判は，事件の内容によって，②3つの裁判所のいずれかで行われる(第一審)。③第一審の判決に不服があれば，上級の裁判所へ(a)し，その判決に不服があれば，さらに(b)することができる。裁判官は，その身分が保障されており，心身の故障か，(c)による弾劾裁判での罷免や国民審査で罷免とされた場合を除いては，辞めさせられることはない。

(1)　下線部①はどのようなことを解決する裁判か，「個人」という語句を使って書きなさい。

(2)　下線部②のうち，全国に設置している数が最も多い裁判所の種類を，書きなさい。

(3)　(a)・(b)にあてはまる語句を，それぞれ書きなさい。

(4)　下線部③のような制度を何というか，書きなさい。また，なぜそのような制度を日本は採用しているのか，その理由を書きなさい。

(5)　(c)にあてはまる語句を，ア～エから1つ選び，記号で書きなさい。

　　ア　内閣　　イ　世論　　ウ　政党　　エ　国会

(☆☆◎◎◎)

【4】 次の文を読んで, (1)～(3)の問いに答えなさい。

> 戦前の日本では, ①【A 直接　B 間接】税が国税の60%
> 強を占めていた。しかし戦後は1949年の(　　)勧告によって
> ②【A 直接　B 間接】税中心の税制がしかれた。1989年に
> は消費税の導入と所得税の減税により, 租税に占める直接税と
> 間接税の比率が大きく変わった。アメリカは③【A 直接
> B 間接】税中心の構成となっている。イギリスやドイツ, フラ
> ンスなどの国々は, アメリカに比べて④【A 直接　B 間接】
> 税の割合が大きい。

(1)　上の文が適切な文になるように, 下線部①～④の解答の組み合わ
せとして正しいものはどれか, ア～エから1つ選び, 記号で書きな
さい。

　　ア　①－A　　②－B　　③－A　　④－B
　　イ　①－A　　②－B　　③－B　　④－A
　　ウ　①－B　　②－A　　③－A　　④－B
　　エ　①－B　　②－A　　③－B　　④－A

(2)　(　　)にあてはまる人物名を書きなさい。

(3)　租税の公平性という観点から, 消費税にはどのような課題がある
か, 「所得」という語句を使って, 書きなさい。

(☆☆◎◎◎)

【5】 次の(1)～(3)の問いに答えなさい。

(1)　政府が国民の権利を侵害した場合は抵抗権(革命権)を認め, 間接
民主主義による法の下での統治と, 個人の自由の両立を説いた人物
とその内容が記されている書物の名前について, それぞれ書きなさい。

(2)　1972年, スウェーデンのストックホルムで地球環境問題の国際的
な解決をはかるための会議が開かれた際に, 人間環境宣言を実施す
るために設立され, 環境条約の立案や地球環境監視システムの構築
などに従事している国連の機関を何というか, 書きなさい。

(3)　人間的な生活をするための余暇時間を増やしたり，雇用機会を増やしたりすることによって失業を減らす効果が期待されているワークシェアリングとはどのようなしくみか，「労働時間」，「仕事」という語句を使って書きなさい。

(☆☆◎◎◎)

【6】次の史料を読んで，(1)～(4)の問いに答えなさい。

> 大業三年，其の王多利思比孤，①使を遣して朝貢す。使者曰く，「聞くならく，海西の菩薩天子，重ねて仏法を興すと。故，遣して朝拝せしめ，兼ねて沙門数十人，来りて仏法を学ぶ」と。其の国書に曰く，「日出づる処の天子，書を日没する処の天子に致す。恙無きや，云云」と。②帝，之を覧て悦ばず，鴻臚卿に謂ひて曰く，「蛮夷の書，無礼なる有らば，復た以て聞する勿れ」と。　　　　　　　　　　【「（　　）」倭国伝より作成】

(1)　この史料は，日本から当時の中国へ使者を送った内容を記したものである。当時の中国では蘇因高(そいんこう)と呼ばれた下線部①の人物名を，書きなさい。

(2)　下線部②のように帝がなったのは，どのようなことがあったからか，その部分を抜き出し，それを踏まえて，説明しなさい。

(3)　（　　）にあてはまる語句を，漢字で書きなさい。

(4)　次の文は，この頃の文化について書かれた内容である。正しい文になるように，（ a ）・（ b ）にあてはまる語句を，漢字2字でそれぞれ書きなさい。

> 日本で最初の（ a ）文化であり，法隆寺や百済大寺などの寺院が建立された。寺院は（ b ）にかわって豪族の権威を示すものとなった。

(☆☆☆◎◎◎)

【7】次の文を読んで，(1)～(5)の問いに答えなさい。

> A　コロンブスは大西洋を横断してカリブ海のサンサルバドル島
> に到達した。
> B　ムハンマドは啓示を受け預言者となったことを自覚しイスラ
> ム教を唱えた。
> C　ナポレオンが(　　)によりフランスで皇帝に即位した。
> D　チンギス＝ハンがクリルタイでハン位につきモンゴルを統一
> した。
> E　イギリスのダーウィンが「種の起源」の中で進化論を提唱し
> た。

(1)　Aのコロンブスはサンサルバドル島を含むカリブ海の諸島をアジ
アの一部だと思い込んでいた。その諸島を何というか，書きなさい。

(2)　次の文は，Bについて述べた文である。(　①　)・(　②　)にあて
はまる地名を，それぞれ書きなさい。(同じ番号には，同じ語句が
入るものとする。)

> 　イスラム教は，厳格な一神教であった。ムハンマドは(　①　)
> で布教したが，大商人による迫害を受け，622年に(　②　)に
> 移住した。ここに，イスラームにもとづく新しい国家をつく
> った。これをヒジュラという。630年，ムハンマドは無血のう
> ちに(　①　)に入り，アラビア半島を統一していった。

(3)　Cの(　　)にあてはまる語句を，漢字4字で書きなさい。

(4)　次のア～エはEと同様に，近代諸科学の発展に貢献した人物とそ
の人物の功績の組み合わせである。その組み合わせとして誤ってい
るものを，ア～エから1つ選び，記号で書きなさい。

　ア　マルクス，史的唯物論　　　イ　ヘーゲル，弁証法哲学
　ウ　ベンサム，生命倫理学　　　エ　マルサス，古典派経済学

(5)　A～Eを，年代の古い順に並べ替えなさい。

(☆☆☆◎◎◎)

【8】次の文を読んで，(1)〜(4)の問いに答えなさい。

> 　豊臣秀吉は，土地の面積表示を新しい基準のもとに定めた町・段・畝・歩に統一するとともに，それまでまちまちであった枡の容量も京枡に統一し，土地一区画ごとに田畑の面積・等級を調査してその(　　)を定めた。

(1) 上の文は，豊臣秀吉が行った代表的な政策の一つである。何という政策か，漢字4字で書きなさい。

(2) (　　)に当てはまる語句を書きなさい。

(3) 上の文の政策により，一つの土地に何人もの権利が重なりあっていた状態を整理し，実際に耕作している農民の田畑と屋敷地を登録するようになった。このことを何というか，書きなさい。

(4) 次の豊臣秀吉の全国統一にかかわる事柄のうち，全国統一の完成を示す事柄を，ア〜エから1つ選び，記号で書きなさい。

　ア　明智光秀をやぶった山崎の戦い

　イ　北条氏政・氏直をやぶった小田原攻め

　ウ　長宗我部元親をやぶった四国平定

　エ　柴田勝家をやぶった賤ヶ岳の戦い

(☆☆☆◎◎◎)

【9】中学校学習指導要領「第2章　各教科」「第2節　社会」について，(1)〜(3)の問いに答えなさい。

(1) 次の文は，「第1　目標」の一部である。(　①　)〜(　③　)にあてはまる語句を書きなさい。

> 　社会的な見方・考え方を働かせ，課題を追究したり解決したりする活動を通して，(　①　)に立ち，グローバル化する国際社会に(　②　)に生きる平和で民主的な国家及び社会の形成者に必要な(　③　)としての資質・能力の基礎を次のとおり育成することを目指す。

(2) 次の文は,「第2 各分野の目標及び内容」〔地理的分野〕「3 内容の取扱い」の一部である。(①)～(④)にあてはまる語句を書きなさい。

> 3 内容の取扱い
> (2) 内容の取扱いについては,次の事項に配慮するものとする。
> エ 地域の(①)を捉えるに当たっては,歴史的分野との(②)を踏まえ,(③)に留意して地域的特色を追究するよう工夫するとともに,公民的分野との(④)にも配慮すること。

(3) 次の文は,「第3 指導計画の作成と内容の取扱い」の一部である。(①)～(④)にあてはまる語句を書きなさい。

> 2 第2の内容の取扱いについては,次の事項に配慮するものとする。
> (4) 社会的事象については,(①)が深まるよう様々な見解を提示するよう配慮し,多様な見解のある事柄,未確定な事柄を取り上げる場合には,有益適切な教材に基づいて指導するとともに,特定の事柄を(②)し過ぎたり,(③)な見解を十分な配慮なく取り上げたりするなどの偏った取扱いにより,生徒が多面的・多角的に考察したり,事実を(④)に捉え,公正に判断したりすることを妨げることのないよう留意すること。

(☆☆☆◎◎◎)

地 理・歴 史

【1】ラテンアメリカの一部を示した次の略地図を見て，(1)～(16)の問い
に答えなさい。

(1)　地図中の直線Xは何度の緯線を示しているか，正しいものをア～
エから1つ選びなさい。

　　ア　北緯10度　　イ　赤道　　ウ　南緯10度　　エ　南緯20度

(2)　地図中のYの地域に見られる草原の名称として正しいものを，ア
～エから1つ選びなさい。

　　ア　リャノ　　イ　セルバ　　ウ　グランチャコ　　エ　パンパ

(3)　地図中のZは16世紀半ばにスペイン人により発見されたポトシ銀
山である。ポトシ銀山やメキシコで産出された銀が世界にもたらし
た影響について述べた(a)・(b)の文章の(　ア　)・(　イ　)に適する
語句を答えなさい。

　(a)　ヨーロッパでは，大量の銀の流入で(　ア　)革命が起こり，地
　　代に依存していた領主階級の没落が進み，封建社会の崩壊が早め
　　られた。

　(b)　中国では，新税制の一条鞭法が実施され，さらなる銀の流通を背景に人頭税を地代に組み込み銀納する(イ)制へ発展した。

(4)　地図中のアタカマ砂漠は，中・低緯度の大陸西岸に見られる海岸砂漠の例である。このような海岸砂漠が形成される理由を，付近を流れる海流との関係性に触れながら説明しなさい。

(5)　地図中のラプラタ川の河口には，特徴的な海岸地形が見られる。河口付近が沈水することによってできたラッパ状の入り江を何と呼ぶか，答えなさい。

(6)　地図中のブラジリアは，ブラジルの首都であり，内陸開発の拠点として建設された計画都市である。世界の他の国において，ブラジリアのように20世紀に計画的に建設された首都の例として適切なものを，ア～エから2つ選びなさい。
　　　ア　イスラマバード　　イ　テヘラン　　　ウ　アブジャ
　　　エ　カイロ

(7)　地図中のアマゾン川は，流域面積，長さともに世界有数の河川である。次の資料1は世界と日本の主な河川の河口からの距離と標高の関係を表したものである。資料中のア～エのうち，アマゾン川に該当するものを1つ選びなさい。ただし，ア～エは，メコン川，ナイル川，アマゾン川，コロラド川のいずれかである。

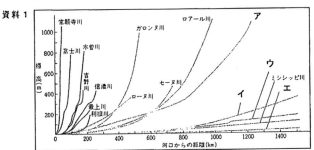

資料1

河口からの距離は1500km以上を省略してある。(『日本の自然3～日本の川～』岩波書店より作成)

(8)　ブラジルの公用語とアルゼンチンの公用語として正しい組み合わせはどれか，次の①～⑥から1つ選びなさい。

	①	②	③	④	⑤	⑥
ブラジル	ポルトガル語	スペイン語	イタリア語	ポルトガル語	スペイン語	イタリア語
アルゼンチン	イタリア語	ポルトガル語	スペイン語	スペイン語	イタリア語	ポルトガル語

(9)　次の文は，ブラジルの土壌について述べたものである。正しい文になるように，文中の①・②にあてはまる正しい語句を，ア・イからそれぞれ選びなさい。

> この土壌は，ブラジル高原を中心とする地域に広く分布し，玄武岩や輝緑岩が風化した赤紫色の土壌で，①(ア　テラローシャ　イ　ラトソル)と呼ばれている。水はけが良く，コーヒー栽培に適する肥沃な土壌であり，②(ア　成帯土壌　イ　間帯土壌)に分類される。

(10)　ラテンアメリカについて述べた次のア〜エの文のうち，下線部が誤っているものを1つ選びなさい。また，誤りの箇所を正しい語句に直しなさい。

ア　南アメリカ大陸の太平洋岸に沿った海域では，偏西風が弱くなることで赤道反流が異常に南下し，海水温が平年よりも上昇するエルニーニョ現象が数年に1度起こる。

イ　1970年代以降，アマゾン川の流域では熱帯雨林の伐採が大規模に進められるようになり，アマゾン横断道路や鉄道などが次々と建設された。

ウ　アンデス山脈では標高別に栽培作物が異なり，標高が高い高地の冷涼地帯では，主としてジャガイモが栽培されている。

エ　ラテンアメリカの大土地所有制による大農園は，ブラジルではファゼンダ，アルゼンチンではエスタンシアと呼ばれている。

(11)　次の資料2の①〜③は，地図中のブラジル，アルゼンチン，ペルーにおける人種構成を表したものである。①〜③の国名の組み合わせとして正しいものはどれか，以下のア〜エから1つ選びなさい。

資料2　　　　　　　　　　　　　　　（2011年, 『詳解現代地図』二宮書店より作成）

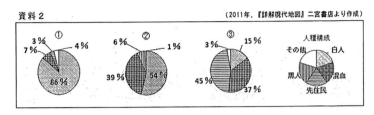

ア　①　アルゼンチン　　②　ブラジル　　③　ペルー

イ　①　ブラジル　　　　②　ペルー　　　③　アルゼンチン

ウ　①　ペルー　　　　　②　ブラジル　　③　アルゼンチン

エ　①　アルゼンチン　　②　ペルー　　　③　ブラジル

(12)　次の資料3は, 2019年におけるトウモロコシ, 大豆, さとうきび, コーヒー豆の世界生産量の上位5カ国を表したものである。このうち, 大豆にあてはまるものはどれか, A～Dから1つ選びなさい。

資料3　　　　　　　　　　（『データブック オブ・ザ・ワールド 2022』より作成）

品目	統計年	1位	2位	3位	4位	5位
A	2019	ブラジル	ベトナム	コロンビア	インドネシア	エチオピア
B	2019	ブラジル	インド	タイ	中国	パキスタン
C	2019	アメリカ	中国	ブラジル	アルゼンチン	ウクライナ
D	2019	ブラジル	アメリカ	アルゼンチン	中国	インド

(13)　次の資料4は, 石炭の可採埋蔵量の地域別構成比率を表したものである。中南米の比率が低いのはなぜか, その理由を, 世界の大地形(地帯構造)との関係に触れながら書きなさい。

資料4　　世界の石炭可採埋蔵量 (2020年末時点)

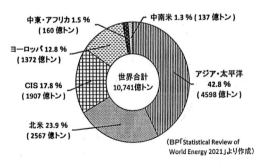

(BP「Statistical Review of World Energy 2021」より作成)

(14)　次の資料5は, 地図中の①～④のうち, どの都市のハイサーグラ

フであるか，①～④から1つ選びなさい。ただし，①はペルーの首都リマ，②はボリビアの首都ラパス，③はチリの首都サンティアゴ，④はアルゼンチンの首都ブエノスアイレスである。

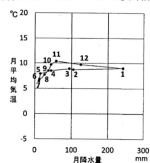

資料5（『データブック オブ・ザ・ワールド 2022』より作成）

(15)　次のうち，南アメリカ大陸が原産地とされ，新大陸農耕文化に該当する作物はどれか，ア～エから1つ選びなさい。
　　　ア　ゴマ　　イ　トマト　　ウ　バナナ　　エ　えんどう

(16)　南アメリカ地域において，経済の活性化をはかることを目的とし，1995年に正式発足した地域経済統合の名称として正しいものを，次のア～エから1つ選びなさい。
　　　ア　WTO　　イ　USMCA　　ウ　MERCOSUR　　エ　IMF
　　　　　　　　　　　　　　　　　　　　　　　（☆☆☆◎◎◎）

【2】次の文は，高校生のAさんとBさんが「日本と他国との関係」をテーマに，これまで学んだことを発表した内容である。文章を読んで，(1)～(17)の問いに答えなさい。

　　【Aさんの発表】
　　　私は主に「海外から伝来した文物」について発表します。
　　　日本は古来から海外の影響を受けて社会や文化を発展させてきました。a『後漢書』東夷伝にも日本の使者が後漢へ派遣されたことが書かれています。b5世紀になると多くの渡来人が多様

80

な技術や文化を日本に伝えました。なかでも_c6世紀に百済から伝えられたとされる仏教は，_d遣唐使の往来と，_e聖武天皇が行った仏教の保護政策を受けて発展し，_f天平文化では優れた芸術作品が数多くつくられました。

　遣唐使が廃止になった後も，日宋貿易や_g日明貿易などを通じて中国からの文物は日本に輸入され，日本の社会や文化に大きな影響を与えました。しかし16世紀半ばには大内氏の滅亡とともに日明貿易は断絶します。ちょうど同じ頃，九州南部にポルトガル人やスペイン人が来航します。_h戦国時代と呼ばれるなか，日本の社会が大きく変化するときに，日本は西洋の文物の影響も受けるようになりました。

(1)　下線部aについて，『後漢書』東夷伝に記された印綬と考えられる金印が福岡市志賀島から発見されたが，この金印に刻まれている文字を，漢字5字で答えなさい。

(2)　下線部bの時期の中国において華北を統一した北魏で始まり，隋・唐で整備され，租庸調制，府兵制とともに律令制国家の基幹となった土地制度を答えなさい。

(3)　下線部cについて，仏教公伝とされる時の，百済の王と日本の天皇を漢字で答えなさい。

(4)　下線部dとして派遣された人物で誤っているものを，ア〜エから1つ選びなさい。

　　ア　行基　　イ　空海　　ウ　吉備真備　　エ　山上憶良

(5)　下線部eについて，聖武天皇はある思想にもとづいた仏教保護政策をおこなったが，この思想の名称を明らかにしながら，具体的な政策について説明しなさい。

(6)　下線部fについて，この時期の作品として適切なものを，次の写真ア〜エからすべて選びなさい。

ア	イ	ウ	エ
鳥毛立女屏風(部分)	鑑真像	両界曼荼羅(部分)	阿弥陀如来像

(7) 下線部gについて, この貿易の特徴を「冊封」,「朝貢」,「勘合」の3つの語句を用いて説明しなさい。

(8) 下線部hについて, 次の戦国大名と城下町の組み合わせで, 正しいものはどれか, ア～エから1つ選びなさい。
ア　上杉氏－春日山　　イ　北条氏－一乗谷　　ウ　今川氏－岡豊
エ　朝倉氏－小田原

【Bさんの発表】

　私は近世から近代の外交についてまとめてみました。

　徳川幕府は, 豊臣秀吉の朝鮮出兵以降とだえていた朝鮮との関係を正常化し, オランダやイギリス, スペインや_iポルトガルとも交易を行いました。また西国の大名や商人に海外渡航を許可する朱印状を与え, 海外渡航を推進しました。_j幕藩体制が固まるにつれて日本人の海外渡航や貿易に制限が加えられましたが, 1641年にはオランダ商館を長崎の出島に移し, 幕末までオランダ商館や中国の民間商船, _k朝鮮や琉球王国, アイヌ民族と交易を続けました。

　18世紀後半から19世紀にかけて, ロシア, イギリス, アメリカが日本近海に接近し, 江戸幕府は1854年に日米和親条約を結びました。そして, 1858年に結ばれた_l安政の五カ国条約にもとづき, 不平等な条件のもと諸外国との貿易が始まりました。

　明治になると政府は外交の近代化を進めます。_m条約の締結や国境の画定を行い, _n長年にわたる条約改正交渉や, 日清・日

露の戦争を経て，1911年に条約上は列強と対等になりました。一方，ₒ中国・朝鮮・満州に対しては，経済的・軍事的に進出していきます。

　第一次世界大戦後の日本は国際連盟の常任理事国として_p協調外交を進めましたが，_q度重なる恐慌の影響や軍部の台頭などにより協調外交は挫折し，1931年の満州事変から約15年間にわたる戦争の時代に突入していきます。

(9)　下線部iについて，(a)・(b)に答えなさい。

(a)　幕府は特定の商人らに輸入生糸を一括購入させ，ポルトガル商人らの利益独占を排除した。この制度を何というか，漢字で答えなさい。

(b)　アジアに進出したポルトガル人が居留した都市で，1887年に正式にポルトガルへ割譲された後，1999年に中国に返還された都市名を答えなさい。

(10)　下線部jについて，次のア〜ウは江戸幕府が出した禁令の一部である。年代の古いものから順に並べ替えなさい。

ア

> 一，異国え日本の船を遣はすの儀，堅く停止の事。
> 一，日本人異国え遣はし申す間敷候。若し忍び候て乗り渡る者之有るに於てハ，其の者ハ死罪，其の船船主共ニ留め置き，言上仕るべき事。

イ

> 一，日本国御制禁成され候切支丹宗門の儀，其の趣を存じ乍ら，彼の宗を弘むるの者，今ニ密密差し渡るの事。
> …自今以後，かれうた渡海の儀，これを停止せられ畢ぬ。此の上若し差し渡るニおゐては，其の船を破却し，…(略)…仰せ出さるる所也。

ウ

> 一，異国え奉書船の外，舟遣はし候儀，堅く停止の事。
> 一，奉書船の外ニ，日本人異国え遣はし申す間敷候。若し忍び候て乗まいり候もの之有るに於てハ，其のものハ死罪，其の船ならびに船主共ニ留め置き，言上仕るべきの事。

〔「徳川禁令考」より〕

(11)　下線部kについて，これらの国や民族と，その窓口となった大名との組み合わせとして正しいものはどれか，ア～カから1つ選びなさい。

ア	朝鮮－島津氏	琉球－宗氏	アイヌ－松前氏
イ	朝鮮－島津氏	琉球－松前氏	アイヌ－宗氏
ウ	朝鮮－宗氏	琉球－島津氏	アイヌ－松前氏
エ	朝鮮－宗氏	琉球－松前氏	アイヌ－島津氏
オ	朝鮮－松前氏	琉球－宗氏	アイヌ－島津氏
カ	朝鮮－松前氏	琉球－島津氏	アイヌ－宗氏

(12)　下線部lについて，(a)・(b)に答えなさい。

(a)　これらの条約を結んだ時の江戸幕府の大老は誰か，答えなさい。

(b)　アメリカは通商条約の締結を強く求め，最初に条約を締結したにも関わらず，幕末における日本の最大の貿易相手国はイギリスだった。この理由を1860年代にアメリカ国内で起こった出来事に触れて答えなさい。

(13)　下線部mについて述べた文のうち，誤っているものをア～エから1つ選びなさい。

ア　清に対しては，相互開港や領事裁判権を認めあう対等の条約である日清修好条規を締結した。

イ　琉球に対しては，台湾出兵とイギリスによる調停を経て，琉球王国の廃止と沖縄県の設置を行った。

ウ　朝鮮に対しては，江華島事件を機に，不平等条約である日朝修好条規を結び，開国させた。

エ　ロシアに対しては，樺太・千島交換条約を結び，樺太を日本と
ロシアの雑居地とし，日本は千島全島を領有した。

(14)　下線部nについて，条約改正について述べた次のX・Yの文と，
それに該当する人物a～dとの組み合わせとして正しいものを，ア～
エから1つ選びなさい。

X　この人物が外務大臣のときにノルマントン号事件が起こった。

Y　この人物が外務大臣のときに領事裁判権の撤廃を定めた条約に
調印した。

a　寺島宗則　　b　井上馨　　c　大隈重信　　d　陸奥宗光

ア　X－a　　Y－c　　イ　X－a　　Y－d　　ウ　X－b　　Y－c

エ　X－b　　Y－d

(15)　下線部oについて，次のア～エの出来事を年代の古いものから順
に並べ替えなさい。

ア　韓国併合　　イ　南満州鉄道株式会社の設立

ウ　山東出兵　　エ　二十一カ条の要求の提出

(16)　下線部pについて，加藤高明内閣以降，外務大臣として憲政会や
立憲民政党政権のなかで協調外交を推進し，戦後首相になった人物
は誰か，答えなさい。

(17)　下線部qについて，次のア～ウの恐慌を，年代の古いものから順
に並べ替えなさい。

ア　金融恐慌　　イ　昭和恐慌　　ウ　戦後恐慌

(☆☆☆☆◎◎◎)

【3】自由・平等の思想の歴史についての文章を読んで，(1)～(15)の問い
に答えなさい。

17世紀のイギリスでは，a国王と議会との対立が深まり，b名誉革命
を経て立憲君主制が始まった。この影響で18世紀に入ると自由・平等
の思想が登場し，cアメリカ独立革命やdフランス革命が起こった。自
由・平等の思想は，eナポレオンの大陸支配中に広がり，中南米の植
民地でも独立運動が展開された。fウィーン体制により一度は革命の波

はおさまったが，g1848年に再び自由と平等の実現を求める声が高ま
り，国民国家を建設する動きが広がった。日本へは明治維新の頃に伝
えられ，h自由民権運動に影響を与えた。

　20世紀になると各地で専制君主制が崩壊した。ドイツやロシアでは，
第一次世界大戦の停止を求める革命が起こり，i共和制が誕生した。特
にロシアでは世界初の社会主義国家，jソヴィエト社会主義共和国連邦
(ソ連)が成立した。アジアでも，k清で革命が起こりアジア初の共和制
が成立し，オスマン帝国もlトルコ共和国へ移行した。一方，ソ連の成
立後，各地に成立した社会主義国家では，共産党の支配下で次第に自
由が制限されていった。1980年代になると改革の動きが活発となり東
欧革命が起こった。m1989年には各地の共産党政権が打倒され，91年
にはソ連も解体した。

　一方，植民地での自由・平等を求める動きは独立運動となり，nア
ジア諸国は第二次世界大戦後に，oアフリカ諸国は1960年を中心に独
立を果たした。

(1)　下線部aについて，議会は国王の専制に対して「審査法」と「人
　身保護法」を制定することで市民的自由を保障しようとした。「審
　査法」とはどのような法律か，簡潔に説明しなさい。
(2)　下線部bについて，「権利の章典」により「国王は君臨すれども統
　治せず」という立憲君主政の原則が確立したが，1215年にジョン王
　が署名し，王が法の下にあることを示した点からイギリス立憲政治
　の起源とされる文書の名称を答えなさい。
(3)　下線部cに関連する次のア～エの出来事を，年代の古いものから
　順に並べ替えなさい。
　ア　トマス＝ジェファソンらが「独立宣言」を起草した。
　イ　レキシントンで植民地軍と本国軍が衝突し，独立戦争が始まっ
　　た。
　ウ　パリ条約でイギリスがアメリカ合衆国の独立を承認した。
　エ　茶法に反対する住民がボストン茶会事件を引き起こした。

(4) 下線部dについて，アメリカ独立戦争にも参戦した自由主義貴族
   で，国民議会で「人権宣言」を起草した人物を答えなさい。

(5) 下線部eについて，1806年にナポレオンがベルリンで発した大陸
   封鎖令(ベルリン勅令)に込めた意図として考えられることを「イギ
   リス」，「市場」の2つの語句を用いて説明しなさい。

(6) 下線部fについて，ウィーン体制下で起こった4つの自由主義運動
   を表した表の(①)～(③)に適する語句を選択肢ア～エから
   それぞれ1つずつ選びなさい。

自由主義運動	発生地	結　　果
ブルシェンシャフト運動	ドイツ	(①)により弾圧された。
カルボナリの蜂起	(②)	オーストリア軍によって鎮圧された。
スペイン立憲革命	スペイン	フランス軍によって鎮圧された。
(③)の乱	ロシア	皇帝ニコライ1世によって鎮圧された。

選択肢

① ア　シャルル10世　　イ　メッテルニヒ　　ウ　タレーラン
   エ　ビスマルク

② ア　ポーランド　　イ　オランダ　　ウ　イタリア
   エ　イギリス

③ ア　ジャックリー　　イ　フロンド　　ウ　プガチョフ
   エ　デカブリスト

(7) 下線部gの年にマルクスとエングルスが『共産党宣言』を発表し
   た。次はその抜粋であるが，彼らの主張として適切なものを，ア～
   エから1つ選びなさい。

> 1つの妖怪がヨーロッパをさまよっている─共産主義の妖怪
> が。…(中略)これまでのすべての社会の歴史は階級闘争の歴史
> である。(中略)…支配階級をして，共産主義革命のまえに戦慄
> させよ！…。万国のプロレタリア，団結せよ！

ア　資本主義を実現するため，労働者階級の団結による階級闘争が
　　必要である。

イ　資本主義を実現するため，資本家階級の団結による階級闘争が

　　　必要である。

　ウ　社会主義を実現するため，労働者階級の団結による階級闘争が
　　　必要である。

　エ　社会主義を実現するため，資本家階級の団結による階級闘争が
　　　必要である。

(8)　下線部hについて，自由民権運動に関して述べた次のX・Yの文に
　　ついて，その正誤の組み合わせとして正しいものを，ア～エから1
　　つ選びなさい。

　X　自由党は，立志社や愛国社の流れをくむグループを中心に板垣
　　　退助を党首として結成され，イギリス流の議院内閣制を主張した。

　Y　開拓使官有物払下げ事件を機に世論の政府攻撃が激しくなった
　　　ため，政府は国会開設の勅諭を出して，国会を開設することを公
　　　約した。

　ア　X　正　　　Y　正　　　イ　X　正　　　Y　誤
　ウ　X　誤　　　Y　正　　　エ　X　誤　　　Y　誤

(9)　下線部iについて，ドイツ共和国の憲法は国民の生存権を保障し
　　たもので，当時最も民主的といわれた。この共和国の憲法の名称を
　　答えなさい。

(10)　下線部jは，1922年に4つのソヴィエト共和国が連合して結成さ
　　れた。4つの国に含まれないものを，ア～オから1つ選びなさい。

　ア　ロシア　　　　　イ　ウクライナ　　　ウ　ベラルーシ
　エ　リトアニア　　　オ　ザカフカース

(11)　下線部kについて，三民主義を掲げて辛亥革命を起こし，中華民
　　国を建国した人物の名前を漢字で答えなさい。

(12)　下線部lでは初代大統領ムスタファ＝ケマルによる近代化が進ん
　　だ。彼の行った政策として適切なものを，ア～カから2つ選びなさ
　　い。

　ア　タバコ＝ボイコット運動　　　イ　ドンズー運動
　ウ　アラビア文字の廃止　　　　　エ　ドイモイ政策の実施
　オ　女性参政権の実施　　　　　　カ　ミドハト憲法の制定

(13) 下線部mに関連する出来事として誤っているものをア～エから1つ選びなさい。

　ア　ポーランドで，ワレサの指導する「連帯」が第一党となった。

　イ　東ドイツで，ホネカー政権が退陣し，ベルリンの壁が開放された。

　ウ　ハンガリーで，ナジ＝イムレによる反ソ暴動が起こった。

　エ　ルーマニアで，チャウシェスク大統領夫妻が処刑された。

(14) 下線部nについて，1945年にインドネシア共和国とベトナム民主共和国は独立を宣言したが，独立を認めない旧宗主国との間で戦闘が起こった。それぞれの旧宗主国をア～エから1つずつ選びなさい。

　ア　イギリス　　イ　フランス　　ウ　オランダ

　エ　アメリカ合衆国

(15) 下線部oについて，1960年に独立したアフリカ諸国のうち，誤っているものをア～エから1つ選びなさい。

　ア　ナイジェリア　　イ　リベリア　　ウ　マダガスカル

　エ　マリ

(☆☆☆◎◎◎)

【4】高等学校学習指導要領「地理歴史」において，(1)～(5)の問いに答えなさい。

(1) 次の文は，「第1　地理総合」「2　内容」「C　(1)自然環境と防災　ア　(イ)」である。(①)～(③)にあてはまる語句を書きなさい。

> 　様々な自然災害に対応した(①)や新旧地形図をはじめとする各種の地理情報について，その情報を(②)し，読み取り，まとめる(③)を身に付けること。

(2) 次の文は，「第2　地理探究」「2　内容」「A　(2)資源，産業　イ　(ア)」である。(①)～(③)にあてはまる語句を書きなさい。

> 　資源・エネルギーや農業，工業などに関わる諸事象について，場所の特徴や場所の(　①　)などに着目して，主題を設定し，それらの事象の(　②　)な規則性，傾向性や，関連する地球的課題の要因や動向などを(　③　)に考察し，表現すること。

(3)　次の文は，「第3　歴史総合」「2　内容」「B　(1)近代化への問い」の一部である。(　①　)～(　③　)にあてはまる語句を書きなさい。

> 　交通と貿易，(　①　)と人口，権利意識と政治参加や(　②　)の義務，学校教育，労働と(　③　)，移民などに関する資料を活用し，課題を追究したり解決したりする活動を通して，次の事項を身に付けることができるよう指導する。

(4)　次は，「第4　日本史探究」「2　内容」の各項目である。(　①　)～(　③　)にあてはまる語句を書きなさい。ただし，同じ数字には同じ語句が入るものとする。

> A　原始・古代の日本と(　①　)
> B　中世の日本と(　②　)
> C　近世の日本と(　②　)
> D　近現代の(　③　)・日本と(　②　)

(5)　次は，「第5　世界史探究」「2　内容」「C　(3)アジア諸地域とヨーロッパの再編　ア　(イ)」である。(　①　)～(　③　)にあてはまる語句を書きなさい。

> 　宗教改革とヨーロッパ諸国の抗争，大西洋(　①　)の展開，科学革命と啓蒙思想などを基に，(　②　)体制の形成と地球規模での交易の拡大を(　③　)に理解すること。

(☆☆☆☆◎◎)

公 民 科

【1】次の(1)～(8)の問いに答えなさい。

(1) 次の文は，日本国憲法の前文の一部である。(ア)～(ウ)にあてはまる語句を漢字で答えなさい。

そもそも国政は，国民の厳粛な(ア)によるものであつて，その権威は国民に由来し，その権力は国民の代表者がこれを行使し，その(イ)は国民がこれを享受する。これは(ウ)の原理であり，この憲法は，かかる原理に基づくものである。われらは，これに反する一切の憲法，法令及び詔勅を排除する。

(2) 日本国憲法の定める基本的人権について述べた文として正しいものを，次のア～エから1つ選び，記号で答えなさい。

ア 侵すことのできない永久の権利として保障されており，どんな場合でもいっさいの制限を受けない。

イ 法の下の平等の原則が定められており，定住外国人にも参政権や職業選択の自由などの権利が広く認められている。

ウ 国家賠償請求権は，公共事業などのために私有財産を収用されたときなどに，財産上の損失を請求できる権利である。

エ 環境権は憲法に明記されていないが，幸福追求権や生存権を根拠に主張されるようになった。

(3) 内閣とその権限について述べた文として正しいものを，次のア～エから1つ選び，記号で答えなさい。

ア 内閣総理大臣は衆議院議員の中から国会の議決で指名される規定となっている。

イ 内閣総理大臣は最高裁判所の裁判官を任命し，任意に罷免する権限をもっている。

ウ 内閣は天皇の国事行為の規定にもとづいて，衆議院を解散することがある。

エ 内閣総理大臣が主宰し，国務大臣が出席する閣議の決定は多数決で行われる。

(4)　自衛隊や日米安全保障条約の合憲性をめぐって，これまで裁判所は「統治行為論」により憲法判断を回避してきた。この「統治行為論」について，50字〜60字で説明しなさい。

(5)　次の文を読み，①・②の問いに答えなさい。

　　現在，多くの地方公共団体が財政の健全化問題を抱えており，地方税だけで財源をまかなえないため，国から（　ア　）や国庫支出金による財政支援を受けている。また，（　イ　）の増発によって，累積債務が増え，財政が破綻する地方公共団体もあらわれた。そこで，地方財政の立て直しと地方分権の推進をめざし，国と地方の財源配分の見直しが進められた。

①　（　ア　）・（　イ　）に適する語句を答えなさい。

②　下線部について，小泉内閣が行った改革を何というか。漢数字を含んだ語句で答えなさい。

(6)　次の①〜⑤の文の（　ア　）〜（　オ　）にあてはまる数字を答えなさい。

①　参議院が，衆議院の可決した法律案を受け取った後，国会休会中の期間を除いて（　ア　）日以内に，議決しないときは，衆議院は，参議院がその法律案を否決したものとみなすことができる。

②　現在の衆議院議員選挙では，小選挙区制と全国を（　イ　）ブロック単位とする比例代表制を組み合わせた選挙制度が採用されている。

③　アメリカ合衆国の国家元首である大統領の任期は4年で，（　ウ　）選が禁止されている。

④　マーストリヒト条約の発効後，EUは加盟国を増やし拡大してきたが，2020年1月にイギリスが離脱したため，（　エ　）カ国体制となった。

⑤　SDGsは，経済・社会・環境等の（　オ　）の目標と169のターゲットに世界全体で取り組むことによって，「誰一人とり残さない」世界の実現をめざすものである。

(7)　わが国に関係する戦後の出来事を，古いものから順に並べ，記号

で答えなさい。

　ア　沖縄返還協定調印　　　イ　国際連合加盟

　ウ　日中平和友好条約調印　　エ　サンフランシスコ平和条約調印

(8)　次の文を読み，①・②の問いに答えなさい。

　　オランダの法学者(　ア　)は，三十年戦争を背景に，国際社会において平和な秩序を樹立することをめざす国際法の基礎を築いた。20世紀に入ると，国家が戦争をおこなうことを国際法によって禁止する戦争の違法化が進み，1928年に調印された(　イ　)条約では，国際紛争を解決する手段としての戦争が禁止された。国家間の紛争の平和的解決のために国際裁判の制度も整備され，国際司法裁判所が設置されている。

　①　(　ア　)・(　イ　)に適する語句を答えなさい。

　②　下線部の行う裁判では，領土などの問題の解決が困難な場合や裁判そのものが始まらない場合も多い。その理由について簡潔に説明しなさい。

(☆☆☆◎◎◎)

【2】次の(1)～(9)の問いに答えなさい。

(1)　次の①～③の語句の意味として正しいものを，ア～オから1つ選び，記号で答えなさい。

　①　ホモ＝サピエンス　　②　ホモ＝ファーベル

　③　ホモ＝ルーデンス

　ア　遊戯人　　イ　象徴的動物　　ウ　英知人　　エ　宗教人

　オ　工作人

(2)　ヘレニズム期に登場したストア派，エピクロス派について述べた文として正しいものを，次のア～エから1つ選び，記号で答えなさい。

　ア　ゼノンを祖とするストア派は，「自然にしたがって生きる」を信条にして，快楽主義を説いた。

　イ　『自省録』を著したローマ皇帝マルクス＝アウレリウスは，ストア派の思想家である。

　　ウ　エピクロスはみずからの魂を乱す原因となる世俗を避けるために，「隠れて生きよ」を信条とし，禁欲主義を説いた。

　　エ　エピクロス派は，善や美の完全な理想を求める魂の欲求にうながされ，完全な永遠の善や美を求めていくことの重要性を説いた。

(3)　ムスリムは，イスラーム法にもとづいて日常生活を律するが，ムスリムが信じるべきものと，実践すべき宗教的義務をまとめて何というか，漢字で答えなさい。

(4)　孟子の説く「王道政治」について，20字～30字で説明しなさい。

(5)　カルヴァンの説く「予定説」について，30字～40字で説明しなさい。

(6)　ヘーゲルの思想について，次の文中の(　ア　)～(　ウ　)に適する語句を答えなさい。

　　まず，あるもの＜正＞があらわれるが，そこには，自身を否定するものが含まれている。やがて，それが自身と対立・矛盾するもの＜(　ア　)＞としてあらわれる。そして，両者の対立・矛盾を克服するために，両者を総合＜(　イ　)＞した，より高次の新しいもの＜合＞があらわれる。このような法則で歴史が動いているとする考え方を，ヘーゲルは(　ウ　)とよんだ。

(7)　本居宣長の思想について，次の文中の(　ア　)～(　ウ　)に適する語句を答えなさい。

　　本居宣長は，日本神話の神々のふるまいに発する習俗に，私心を捨てて従うこと＜惟神（かんながら）＞が，わが国固有の道であると主張した。この道は，道理(理屈)によって道を理解しようとする考え方＜(　ア　)＞を捨てるところに見いだされるもので，理屈ではないありのままの＜(　イ　)＞にかなったものであるとした。さらに，悲しむべきことを悲しみ，喜ぶべきことを喜ぶといった事物にふれたときの感情の動きを＜(　ウ　)＞とよび，和歌の本質や『源氏物語』の主題はいずれもこの感情の動きにあり，ものごとに動じない心をよしとする儒教や仏教を，人情に反する偽りとして批判した。

(8) 次の各人物に関する説明として誤っているものを，ア～エから1つ選び，記号で答えなさい。

　ア　シュヴァイツァーは，すべてのものの生きようとする意志を尊重し，命を畏れ敬う生命への畏敬をもつことが倫理の根本であると説いた。

　イ　ガンディーは，当時のイギリスの植民地支配に対して，一切暴力を使わず，非協力・不服従による非暴力主義の抵抗を呼びかけた。

　ウ　ロールズの考え方はプラグマティズムとよばれ，新しいものを生み出す創造的知性にもとづく，個人の自由と社会の確立を目的とした。

　エ　センは，福祉とは単に財を分配することではなく，潜在能力をひろげることであると主張した。

(9) 医学の進歩や技術の開発は，多くの人々に恩恵をもたらす一方，人間の生命が技術的操作の対象となり，生命の誕生や死に人間はどこまで介入してよいのか，という新たな倫理的問題を生み出した。このような問題を研究する分野を何というか，答えなさい。

(☆☆☆◎◎◎)

【3】次の(1)～(6)の問いに答えなさい。

(1) ケインズは，資本主義の最大の問題は失業問題であるとして，失業者を減らすためにどのような経済政策を主張したか。その内容について，「有効需要」という語句を用いて，20字～30字で説明しなさい。

(2) 次の図の曲線D_1と曲線D_2は，生活必需品とぜいたく品のいずれかの需要量を示した曲線である。このことについて述べた文として正しいものを，以下のア～エから1つ選び，記号で答えなさい。

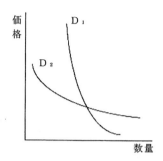

> ア　曲線D_1は，曲線D_2よりも価格弾力性が高いことから，生活必需品の需要量を示した曲線である。
>
> イ　曲線D_1は，曲線D_2よりも価格弾力性が高いことから，ぜいたく品の需要量を示した曲線である。
>
> ウ　曲線D_1は，曲線D_2よりも価格弾力性が低いことから，生活必需品の需要量を示した曲線である。
>
> エ　曲線D_1は，曲線D_2よりも価格弾力性が低いことから，ぜいたく品の需要量を示した曲線である。

(3)　経済指標である「フロー」と「ストック」について，それぞれの違いを示しながら，40字～50字で説明しなさい。

(4)　経済社会とルールについて述べた文として正しいものを，次のア～エから1つ選び，記号で答えなさい。

> ア　行為者に過失がない限り賠償責任を負わないとする過失責任の原則は，どのような場合も例外なく適用される。
>
> イ　法律には道徳などの個人の価値観は反映されるべきではないので，民法においては，権利の行使や義務の履行を信義誠実に行うといった規定はない。
>
> ウ　債権者とは，金銭の貸借の際にのみ使用される貸主をさす用語である。
>
> エ　物権とは物を直接的に支配する権利で，誰に対しても主張できる権利である。

(5) 契約に関する先生と生徒の会話文を読み，①～③の問いに答えな
さい。

先　生：　契約書の中に，「買主が売主から商品の引き渡しを受け
た後は，いかなる理由があっても契約の解除ができない」
とする条項があった場合について考えてみよう。

生徒A：　私人同士が自由に契約を結ぶことができる（　ア　）があ
るので，お互いがよく考えて結んだ契約に従い，商品の引
き渡しを受けた後は，契約の解除ができないとすることは
しかたないと思うな。

生徒B：　でも，買主が私たちのような一般市民である消費者であ
り，売主が大きな企業であった場合，消費者は企業と比べ
て商品の品質や性能についての知識や情報を十分に有して
いないことも多いんじゃないかな。

生徒C：　悪質業者が消費者に対し，商品の性質についてしうその
説明をしたり，商品の欠陥を隠したまま販売するような場
合もあるよね。

先　生：　そうですね。当事者の一方が一般市民である消費者だと，
この契約の条項は（　イ　）に違反する可能性がありますね。
（　イ　）には一方的に消費者が不利益を受ける場合，その
契約の条項を無効にできる規定があります。

生徒A：　そうか。弱い立場にある労働者を守るため，労働関係の
法律などについても私法の原則は修正されていましたね。

① （　ア　）に適する私法の原則について答えなさい。

② （　イ　）に適する法律名を答えなさい。

③　生徒Bの発言中にある，下線部の「有する知識や情報の差」を
何というか，答えなさい。

(6) 高齢者の年金給付金を，現役の労働者の保険料でまかなう財源調
達のしくみを何というか，漢字4文字で答えなさい。

(☆☆☆◎◎◎)

97

【４】次の(1)・(2)の問いに答えなさい。

(1) 為替レートの変化について，次の文の(ア)～(ウ)に適する語句を答えなさい。

日本の対米貿易黒字の幅が拡大すると，日本の企業はドルを(ア)，円を(イ)という動きを強めるから，為替レートは円(ウ)になる傾向をもつ。

(2) 現在，多くの製造業では，原材料の調達や生産，販売といった供給活動が，国境を越えてグローバルに行われている。原材料の調達から生産・物流・販売までの供給活動の連鎖構造を何というか，答えなさい。

(☆☆◎◎◎)

【５】高等学校学習指導要領「公民」について，(1)～(6)の問いに答えなさい。

(1) 次の文は，「第1 公共」の「2 内容 Ｂ ア (ア)」である。(①)～(③)にあてはまる語句を答えなさい。

法や規範の意義及び役割，多様な契約及び(①)の権利と責任，司法参加の意義などに関わる現実社会の事柄や課題を基に，憲法の下，適正な手続きに則り，法や規範に基づいて各人の意見や(②)を公平・公正に調整し，個人や社会の紛争を調停，解決することなどを通して，権利や自由が保障，実現され，社会の(③)が形成，維持されていくことについて理解すること。

(2) 次の文は，「第2 倫理」の「1 目標 (3)」である。(①)～(③)にあてはまる語句を答えなさい。

人間としての在り方生き方に関わる事象や課題について主体的に(①)したり，他者と共に(②)生きる自己を形成しようとしたりする態度を養うとともに，多面的・多角的な考察やより深い思索を通して涵養される，現代社会に生きる人間としての在り方生き方についての(③)を深める。

(3) 次の文は,「第3 政治・経済」の「2 内容 A (2) ア」である。(①)～(③)にあてはまる語句を答えなさい。

　少子高齢社会における(①)の充実・安定化,地域社会の自立と政府,多様な働き方・生き方を可能にする社会,産業構造の変化と起業,歳入・歳出両面での財政健全化,食料の安定供給の確保と(②)な農業構造の実現,(③)と安全・安心な社会の実現などについて,取り上げた課題の解決に向けて政治と経済とを関連させて多面的・多角的に考察,構想し,よりよい社会の在り方についての自分の考えを説明,論述すること。

(4) 次の文は,「第3款 各科目にわたる指導計画の作成と内容の取扱い 2 (1)」である。(①)～(③)にあてはまる語句を答えなさい。

　社会的な(①)を働かせることをより一層重視する観点に立って,社会的事象等の意味や意義,事象の特色や事象間の関連,現実社会に見られる課題などについて,考察したことや構想したことを(②)に説明したり,立場や根拠を明確にして議論したりするなどの(③)に関わる学習を一層重視すること。

(5) 「第1 公共」の「3 内容の取扱い (3) オ (オ)」において,日本国憲法との関わりに留意して指導するうえで,「人間の尊厳と平等,個人の尊重」については,どのような重要性に触れることとしているか,答えなさい。

(6) 「第3 政治・経済」の「3 内容の取扱い (2) ウ (カ)」において,「望ましい政治の在り方及び主権者としての政治参加の在り方」については,どのように指導するとしているか,答えなさい。

(☆☆☆☆◎◎)

解答・解説

中　学　社　会

【1】(1) イ　　(2) マーストリヒト(条約)　　(3) 複数の国の領域を流れ，沿岸国が条約を結んだことにより，外国の船が自由に航行できる河川。　　(4) 北大西洋(海流)　　(5) ア

〈解説〉(1) 北緯40度は，地中海やスペインを通過する。日本の秋田県や岩手県と同緯度である。　　(2) 1992年に締結されたマーストリヒト条約により，ヨーロッパ共同体(EC)は経済統合の強化，政治・安全保障分野での統合を目指すヨーロッパ連合(EU)へと変化した。　　(3) ヨーロッパ以外の国際河川では，ナイル川やメコン川，ラプラタ川などがある。　　(4) 北大西洋海流は，ヨーロッパの西岸を北上する暖流。西ヨーロッパ諸国では，北大西洋海流の影響により，高緯度にも関わらず，冬季温暖な気候となっている。　　(5) Ⅰはアメリカ合衆国が第1位の牛乳，Ⅱは中国やイタリアで生産が盛んなぶどう，Ⅲは最も収穫量が多いことから小麦，Ⅳは地中海沿岸諸国が栽培の中心であることからオリーブ。

【2】(1) リアス海岸　　(2) エルニーニョ(現象)　　(3) プランテーション(農業)　　(4) エコツーリズム　　(5) いくつかの大都市が鉄道や道路，情報などによって密接に結ばれながら，帯状に連なっている都市群地域。

〈解説〉(1) リアス海岸は，沈水海岸に分類され，鋸歯状の海岸線となっている。スペイン北西部などでもみられる。　　(2) エルニーニョ現象が起こると日本では冷夏・暖冬となる傾向がある。逆にラニーニャ現象では，太平洋西部で海面水温が高く，東部で低くなり，日本では猛暑，厳冬となる傾向がある。　　(3) プランテーション農業は植民地時代に始まったもので，コーヒー，サトウキビ，天然ゴム，茶など，

ヨーロッパでは生産できない熱帯特有の作物を輸出用として大規模に栽培する。効率化のため単一栽培(モノカルチャー)をすることが多い。
(4) エコツーリズムは，自然環境を損なうことなく観光する形態。観光客に地域の資源を伝えることによって地域の住民も自分たちの資源の価値を再認識し，地域の観光のオリジナリティを活性化させることができる。同時に、地域のこのような一連の取り組みによって地域社会そのものが活性化されるというメリットがある。 (5) 日本では，東京・名古屋・京阪神の三大都市圏にかけての地域を「東海道メガロポリス」という。人口が最も集中し，政治・経済・文化・産業の中心地となっている。

【3】(1) 個人と個人の間の権利・義務の対立 (2) 簡易裁判所
(3) a 控訴 b 上告 (4) 制度…三審制 理由…慎重で公正な裁判を行うため。 (5) エ
〈解説〉(1) 民事裁判の例には，損害賠償請求訴訟などがある。また，訴えた者を原告，訴えられた者を被告という。民事裁判では，裁判官による判決だけでなく，裁判の途中で原告と被告が話し合い，和解によって事件を解決することもできる。 (2) 三審制において，第一審は原則として地方裁判所で行われるが，家庭裁判所や簡易裁判所で行われることもある。簡易裁判所は軽微な事件を扱う裁判所で，全国に438カ所存在する。対して，地方裁判所と家庭裁判所の本庁は50にとどまる。 (3) a 第一審の判決に不服のある者が第二審を求めることを，控訴という。第二審は，主に高等裁判所で行われる。 b 第二審の判決に不服のある者が第三審を求めることを，上告という。第三審は主に最高裁判所で行われ，法律審として，法律問題のみが審査される。 (4) 慎重で公正な裁判を行うために，一部の例外を除き，わが国の裁判には三審制が導入されている。また，冤罪の被害者の救済のために再審制度も導入されており，判決が確定した裁判のやり直しを行うことがある。 (5) 裁判官の弾劾裁判所は国会に設置されており，国会議員が裁判員を務めている。行政機関による裁判官の懲戒

は憲法で禁止されている。

【4】(1)　ウ　　(2)　シャウプ　　(3)　所得の低い人の方が所得に占める税負担の割合が高くなる。

〈解説〉　(1)　①　税を負担する人と納税者が同じ税を直接税，異なる税を間接税という。　②　国税＋地方税の直間比率はおよそ2：1と，現在もなお，直接税のほうが大きい。　③　アメリカには消費税に該当する税がない。　④　イギリスなどの国々の消費税の税率は，わが国よりも高い。　(2)　アメリカの租税法学者のシャウプを団長とする日本税制使節団による勧告だったことから，シャウプ勧告と呼ばれている。1949年と1950年の二度，勧告が行われた。この勧告により，戦後のわが国の税体系は直接税が中心となった。　(3)　低所得者ほど消費税の納税額の割合は高まる。このことを指して，消費税の逆進性という。ゆえに，現在では，飲食料品(外食と酒類を除く)と週2回以上発行される新聞の定期購読料を対象に，軽減税率の制度が導入されている。

【5】(1)　人物…ロック　　書物…統治二論　　(2)　国連環境計画
(3)　一人あたりの労働時間を短くすることで多くの人で仕事を分け合うこと。

〈解説〉(1)　ロックの『統治二論』は『市民政府二論』などとも呼ばれている。ロックは王権神授説を批判する一方で，社会契約説を唱えた。また，国家権力を立法権，執行権，外交権に分け，議会が持つ立法権は王の執行権や外交権に優越するとした。　(2)　1972年に，国連主催の初の環境問題に関する国際会議として，ストックホルムで国連人間環境会議が開催された。この会議で採択された人間環境宣言を実施に移すため，国連環境計画(UNEP)が，ケニアのナイロビに設立された。　(3)　ワークシェアリングとは，労働者一人あたりの労働時間を減らして，雇用を分かち合うこと。不況になると，人員削減により失業者が増えるが，ワークシェアリングはこうした失業の発生をなるべく抑制

するための取組みである。

【6】(1) 小野妹子　　(2) 抜き出し…日出づる処の天子，書を日没する処の天子に致す　　説明…中国皇帝に臣属しない方針をとっているため。　　(3) 隋書　　(4) a 仏教　　b 古墳

〈解説〉(1)　史料の冒頭の「大業三年」は西暦607年。この年に遣隋使として派遣された小野妹子は，返答使の裴世清を伴って翌608年に帰国し，その帰国に同行して再び隋に渡り，翌609年に帰国した。

(2)　厩戸王(聖徳太子)は「日出づる処の天子，書を日没する処の天子に致す。恙無きや」と，自らを隋の煬帝と同じ「天子」と称し，隋の皇帝に臣属せずに対等外交をめざしたため，煬帝は激怒した。なお，「日出づる」は東，「日没する」は西の方角を示す語であり，煬帝が「これから栄える」，「衰える」という意味に受け取って激怒したとする古くからの解釈は誤りと見る説が有力である。　　(3)　史料は隋の正史『隋書』中の「倭国伝」。中国では439年に北魏が華北を統一したことによって五胡十六国時代が終わり，北魏などの北朝と宋などの南朝と対立する南北朝時代となっていたが，589年に北朝の北周の軍人出身である隋の文帝(楊堅)が南朝の陳を倒して南北朝を統一した。604年，文帝が没して，子の煬帝が2代皇帝となった。　　(4)　a　6世紀末から7世紀前半の推古天皇の時代には飛鳥寺・法隆寺・四天王寺などが建てられ，日本初の仏教文化が栄えた。当時，奈良盆地南部の飛鳥に都が置かれていたため，この文化は飛鳥文化と呼ばれる。　　b　古墳時代には巨大な古墳，主に前方後円墳が豪族の権威の象徴だったが，飛鳥時代になると，金堂・五重塔など巨大伽藍の寺院がこれに代わるものとなった。飛鳥時代の伽藍配置には飛鳥寺式・四天王寺式・法隆寺式があった。

【7】(1) 西インド(諸島)　　(2) ① メッカ　　② メディナ
(3) 国民投票　　(4) ウ　　(5) B→D→A→C→E
〈解説〉(1)　西インド諸島はフロリダ半島南部からベネズエラ沖合に位

置する，カリブ海の島々である。西インド諸島の北西部に位置するバハマ諸島の一つであるサンサルバドル島に1492年にコロンブスが到達した。コロンブスはインドへ到達したと思い込んだことで，西インド諸島と呼ばれる。　(2)　①　メッカはアラビア半島西部のヒジャーズ地方に位置する都市であり，イスラム教の創始者であるムハンマドの生地。610年頃にムハンマドは神の啓示を体験してイスラム教を創始した。ムハンマドは「アッラーの前に人間は平等である」と説き，徐々に信徒が増えていく一方，従来の多神教や富の独占などを批判したことで，大商人たちによる迫害を受けた。　②　メディナはメッカの北方約300kmに位置する。622年7月に迫害を受けたムハンマドが移住(聖遷)した。ムハンマドの死後も第3代正統カリフであったウスマーンの時代までカリフの居所となった。　(3)　1802年8月に終身統領に就任していたナポレオン＝ボナパルトは，1804年5月に皇帝に即位し，12月に「フランス人民の皇帝」として戴冠式を行った。自由と平等をスローガンとしたフランス革命は，国家と直接結びつく市民(国民)を創出し，革命戦争を通じて国民意識が育まれた。国民投票による皇帝即位には，このような状況が背景にあったことも考慮せねばならない。(4)　ベンサムは生命倫理学ではなく功利主義哲学の創始者であるので誤り。「最大多数の最大幸福」と唱え，社会は諸個人の総和であるから，諸個人の幸福の総計が社会全体の幸福になると主張した。個人主義の視点から普通選挙を擁護し，選挙法改正の運動にも尽力した。生命倫理学は1960年代の遺伝子研究の進展とともに形成された。

(5)　Aのコロンブスのサンサルバドル島への到達は1492年，Bのイスラム教の創始は610年頃，Cのナポレオンの皇帝即位は1804年，Dのチンギス＝ハンの即位は1206年，Eの『種の起源』の出版は1859年である。

【8】(1)　太閤検地　　(2)　石高　　(3)　一地一作人　　(4)　イ
〈解説〉(1)　豊臣秀吉は1582年から太閤検地を実施した。6尺3寸(約191cm)を1間とし，5間×60間＝300歩を1段と定めた。田畑に上・中・

下などの等級をつけ，1段あたり上田は1石5斗，中田は1石3斗，下田は1石1斗，上畑は1石2斗など，生産力を米で表した。　(2)　太閤検地で定められた1段あたりの生産力を石盛，石盛に面積を乗じて得られた量を石高といい，銭で換算する貫高制に代わる石高制が確立した。年貢を量る枡は京枡にして，統一した基準で調べた石高を耕作者の名とともに，検地帳に記録させた。　(3)　太閤検地の結果，一区画の土地の耕作者を一人の百姓に定める一地一作人の原則が確立し，農民は自分の田畑の所有権が法的に認められたが，年貢納入の義務を負った。これにより，一つの土地に複雑な権利が重なっていた荘園制は完全に解体された。　(4)　1590年，秀吉は小田原城を攻めて北条氏政・氏直父子を倒し，伊達政宗ら東北地方の大名も服属させて全国を統一した。なお，アの山崎の戦いは本能寺の変のあとの1582年，ウの四国平定は1585年，エの賤ヶ岳の戦いは1583年である。

【9】(1)　①　広い視野　　②　主体的　　③　公民　　(2)　①　特色や変化　　②　連携　　③　歴史的背景　　④　関連　　(3)　①　生徒の考え　　②　強調　　③　一面的　　④　客観的

〈解説〉(1)　出題は，社会科の目標のうち柱書として示されている箇所である。　①　「広い視野」には，多面的・多角的に事象を捉え考察することに関わる意味と，国際的な視野という空間的な広がりに関わる意味の2つが含まれている。　②　「主体的」に生きるとは，社会についての広く深い理解力と健全な批判力とによって政治的教養を高めるとともに物心両面にわたる豊かな社会生活を築こうとする自主的な精神，真理と平和を希求する人間としての在り方生き方についての自覚，個人の尊厳を重んじ各人の個性を尊重しつつ自己の完成に向かおうとする実践的意欲をもって活動をすること。　③　「公民」としての資質とは，広く，自らの個性を伸長，発揮しつつ文化と福祉の向上，発展に貢献する能力と，平和で民主的な社会の実現，推進に向けて主体的に参加，協力する態度を持っていること。　(2)　出題は，地域に関する内容の取扱いについての配慮事項である。「特色や変化」を捉える

場合，地域的特色には，他地域にも共通に見られる性質である「一般的共通性」，各地域のもつ独特の性質である「地方的特殊性」があることに十分留意する必要がある。また，変化を捉えさせる視点として，地理的分野・歴史的分野の「連携」を深めて学習させるとともに，その地域における「歴史的背景」にも留意して地域的特色を追究させることが大切である。また，両分野の学習の成果が第3学年で学習する公民的分野の学習にも生かされるよう，その分野との「関連」にも配慮することが重要である。　(3)「社会的事象」に関する取扱いについての配慮事項では，各分野の指導において，社会的事象について多面的・多角的に考察し，事実を客観的に捉え，公正に判断したりすることのできる生徒の育成を目指す際の留意点が示されている。様々な意見のある事象や未確定な事柄なども含む現実の課題に関する社会的事象を取り扱うことは，生徒が現実の社会の在り方について具体的に考察，構想したり，「生徒の考え」を深めたり，国民主権を担う公民としての自覚を深めたりするために効果的である。しかし，多様な見解のある事柄，未確定な事柄については，一つの見解が絶対的に正しく，他の見解は誤りであると断定することは困難であり，ましてや，特定の事柄を「強調」する事や，「一面的」な見解を取り上げたりすることは，生徒の思考を妨げたりする。したがって，適切な教材を用いて指導し，生徒が多面的・多角的に考察したり，事実を「客観的」に捉えて，公正に判断したりできるようにすることが大切である。

地　理・歴　史

【１】(1)　イ　　(2)　ア　　(3)　ア　価格　　イ　地丁銀　　(4)　沖合を流れる寒流の影響で，海岸付近の地表近くの大気が常に冷やされているので，上昇気流が生じにくく，雨がほとんど降らない。
(5)　エスチュアリー　　(6)　ア，ウ　　(7)　エ　　(8)　④
(9)　①　ア　　②　イ　　(10)　記号…ア　　正しい語句…貿易風

(11)　ア　　(12)　D　　(13)　石炭は主に古生代に繁茂していた植物
が炭化して形成されたものであり，古期造山帯の地層から産出される
ことが多いが，中南米には古期造山帯がほとんど存在しないため。

(14)　②　　(15)　イ　　(16)　ウ

〈解説〉(1)　赤道は南米のエクアドルの首都キト付近を通過している。

(2)　Yのあるベネズエラでは熱帯草原のリャノが広がっている。

(3)　(a)　アメリカ大陸から安価な銀が大量に流入したことで，ヨーロ
ッパでは大幅なインフレーションが起こった。　(b)　一条鞭法では，
土地税(地銀)と人頭税(丁銀)の2本立てで課税されたが，産業発展に伴
う人口増加により人頭税の課税が煩雑となったため，人頭税(丁銀)を
土地税(地銀)に繰り込んで納税(銀納)することとなった。これによって
土地税に一本化されることとなり，中国の税制上の大きな変革となっ
た。　(4)　海岸砂漠の例として，アタカマ砂漠以外にナミブ砂漠が挙
げられる。　(5)　エスチュアリーは海面上昇や陸地の沈水によって形
成された沈水海岸である。テムズ川(イギリス)やセントローレンス川
(カナダ)などで見られる。　(6)　パキスタンの首都イスラマバードは
カラチから遷都され，ナイジェリアの首都アブジャはラゴスから遷都
された政治都市である。　(7)　アはロッキー山脈を水源とし勾配も大
きなコロラド川，エは勾配が小さく，河口から1,500kmのマナオスま
で航行可能であるアマゾン川。残りのイとウを比較すると，イはイン
ドシナ半島を流れ，ウより勾配の大きなメコン川，ウはナイル川とな
る。　(8)　かつてポルトガル領であったブラジルの公用語はポルトガ
ル語，かつてスペイン領であったアルゼンチンの公用語はスペイン語。

(9)　ラトソルは熱帯の高温多雨地域に見られる赤色の酸性土壌のこ
と。間帯土壌は気候や植生の影響よりも母岩の影響を強く受けた性質
をもつ土壌で，成帯土壌は，逆に，気候や植生の影響を受けて生成さ
れた土壌である。　(10)　偏西風ではなく貿易風が弱まると，ペルー
付近においては海面温度が上昇し，エルニーニョ現象が発生する。

(11)　①は白人の割合が高いことからアルゼンチン，②は白人，混血
(メスチソ)の割合が高いことからブラジル，③は先住民の割合が高い

ことからペルーと判断できる。　　(12)　Aは熱帯の標高が高い地域で生産が盛んなコーヒー豆，Bは熱帯地域で生産が盛んなさとうきび，Cはアメリカが生産第1位のトウモロコシ，Dは近年，アメリカを抜きブラジルが第1位となった大豆。ブラジルでは油脂・飼料作物の大豆の需要に対応し，生産量を増やしている。　　(13)　古期造山帯がほとんど存在しない中南米では石炭の産出は少ないが，一方で，安定陸塊が広がる地域では鉄鉱石，新期造山帯が広がる地域では原油の産出が盛んである。　　(14)　年間を通して月平均気温は5〜10℃と低く一定であることから，高山気候であるボリビアの首都ラパス(標高約3,600m)が該当する。　　(15)　新大陸農耕文化は，メキシコ高原やアンデス地方を起源とする農耕文化で，根菜作物(キャッサバ・ジャガイモ・サツマイモ)と種子作物(トウモロコシ)にかぼちゃ・トマトなどの野菜類が加わったものである。　　(16)　MERCOSUR(メルコスール：南米南部共同市場)は1995年に結成され，対外共通関税，域内での財・サービス労働力の自由市場を目指している。2021年現在の加盟国はアルゼンチン，ブラジル，パラグアイ，ウルグアイなど。

【2】(1)　漢委奴国王　　(2)　均田制　　(3)　百済…聖明(王)　　日本…欽明(天皇)　　(4)　ア　　(5)　鎮護国家の思想のもと，国分寺建立の詔を発令した　　(6)　ア，イ　　(7)　明の皇帝から冊封された日本国王が朝貢する形式をとり，倭寇と区別するために勘合が用いられた。(8)　ア　　(9)　(a)　糸割符(制度)　　(b)　マカオ　　(10)　ウ→ア→イ　　(11)　ウ　　(12)　(a)　井伊直弼　　(b)　アメリカ国内で南北戦争が始まったから。　　(13)　エ　　(14)　エ　　(15)　イ→ア→エ→ウ　　(16)　幣原喜重郎　　(17)　ウ→ア→イ

〈解説〉(1)　57年，倭の奴国の王が後漢の都の洛陽に使者を送り，光武帝から印綬を賜ったことが『後漢書』東夷伝に記されている。この印綬(金印)は1784年に志賀島(現在の福岡市)で発見され，「漢委奴国王」と刻まれていた。「委」は「倭」と同義で，「漢に服属する倭族の奴の国王」という意味である。「刻まれている文字」を問うているので，

「漢『倭』奴国王」と記述した場合は不正解もしくは1点減点されたと考えられる。　(2)　439年に華北を統一した北魏は，第6代の孝文帝の時代の485年から，国家が民衆に土地を給付し，死ぬか70歳になると返還させる均田制を実施した。日本の律令制下での口分田や班田収授法の手本となった。　(3)　仏教公伝(仏教の公式な伝来)は，『上宮聖徳法王帝説』，『元興寺縁起』によると538年，『日本書紀』によると552年。一部の渡来人の間ではそれ以前から信仰されていた可能性がある。(4)　行基は渡来人の子孫で優れた技術を持ち，橋や溜池などをつくりながら民衆に仏教を広めた。民衆への布教は禁じられていたので，朝廷は行基を弾圧したが，その技術と民衆動員力を評価して，東大寺大仏造立への協力を求めた。　(5)　737年に藤原四兄弟が天然痘で相次いで死ぬなど疫病の流行や飢饉，740年に九州で藤原広嗣の乱が起こるなど社会不安が高まる世相の中，741年に国分寺建立の詔を出して諸国に国分寺・国分尼寺をつくらせ，743年には大仏建立の詔を出して，国家と人々を救済しようとした。　(6)　ア　「鳥毛立女屏風」(正倉院宝物)は奈良時代に国内で描かれたものだが，中国西域のトルファンで出土した「樹下美人図」などとよく似ており，国際色豊かな天平文化の特徴をよく表している。　イ　「鑑真像」は漆で塗り固めた乾漆像で，唐から渡来した鑑真が763年に没する直前に弟子たちがつくったと伝えられる。なお，ウの「両界曼荼羅」(教王護国寺)は平安時代前期の弘仁・貞観文化，エの阿弥陀如来像(平等院鳳凰堂)は国風文化の作品である。　(7)　1401年，3代将軍を退いたのちも室町幕府の実権を握っていた足利義満は中国の明に使者を送って国交を開き，1404年から日明貿易が始まった。　(8)　長尾景虎は越後守護上杉氏の守護代から力を伸ばして強大な戦国大名となり，春日山(現在の上越市)を本拠とした。のち，上杉政虎となり，次いで輝虎，出家して謙信と称した。その他について，イの北条氏は相模の小田原，ウの今川氏は駿河の府中(駿府)，エの朝倉氏は越前の一乗谷を居城・城下町とした。(9)　(a)　1604年，江戸幕府は京都・堺・長崎の特定の商人に糸割符仲間をつくらせ，一括購入させて仲間構成員に分配する糸割符制度を設

けた。のちに，ポルトガルとの貿易量が減少し，中国との直接取引が
増えると，1631年にはこれを中国にも適用し，ポルトガル追放後の
1641年には，オランダにも適用した。　(b)　マカオは中国南部の珠江
河口に位置する。明朝の倭寇討伐に協力した代償として，ポルトガル
は1557年にマカオへの居住権を獲得し，1887年に正式に領有した。同
じ中国南部の珠江河口に位置する香港と混同しないように注意。香港
は，1842年にアヘン戦争の講和条約である南京条約によってイギリス
に割譲され，1997年に中国に返還された。　(10)　ア　第1条で日本船
の海外派遣，第2条で日本人の海外渡航を禁止しているので，1635年
に出された鎖国令の寛永十二年令。　イ　ポルトガル船の来航を禁止
した1639年の寛永十六年令。　ウ　奉書船(老中奉書を所持する貿易
船)以外の海外渡航を禁じた1633年の寛永十年令。　(11)　江戸時代の
対外的な四つの窓口のうち，オランダと中国(明・清)との貿易は長崎
で幕府が独占した。　(12)　(a)　1856年に清とイギリス・フランス連
合軍との間でアロー戦争が起こり，1858年に11港の開港や600万両の
賠償金支払いなどを清に認めさせた天津条約が結ばれた。アメリカ総
領事ハリスは英仏の脅威を説いて条約締結を迫り，大老井伊直弼は天
皇の勅許を得ないまま日米修好通商条約を結んだ。これにより箱館・
神奈川(横浜)・長崎・新潟・兵庫の5港が開かれることになった。
(b)　1861年，アメリカで奴隷制を支持する南部と反対する北部の対立
が原因で南北戦争が起こり，1865年にリンカン大統領側の北部が勝利
した。この間，アメリカ国内の政治は混乱し，対外政策が停滞したた
め，1859年に始まったばかりの日米貿易は大きく減少した。
(13)　1855年，江戸幕府とロシアは日露和親条約を結び，択捉島以南
を日本領，ウルップ島以北の千島列島をロシア領とし，樺太(サハリ
ン)は両国人雑居の地とされた。しかし，明治時代に入ると樺太で日本
人漁民がロシア人に危害を加えられる事件が頻発したこともあって，
1875年に明治新政府はロシア政府との間で樺太全島をロシア領，ウル
ップ島以北の千島全島を日本領とする樺太・千島交換条約を結んだ。
(14)　X　1886年，井上馨外務大臣の時代に，イギリスの汽船ノルマン

110

トン号が暴風雨のため和歌山県沖で沈没し，イギリス人船員は全員助かったが，日本人乗客25人は全員死亡するという，ノルマントン号事件が起こった。イギリス人船員は全員ボートで脱出する一方，日本人乗客は船に取り残されて溺死したのだが，イギリスに領事裁判権を認めていたために，ノルマントン号の船長は無罪となった。この事件に対し日本人の怒りが爆発し，不平等条約改正の世論が高まった。

Y　日清戦争直前の1894年，第2次伊藤博文内閣の外務大臣陸奥宗光によって，日英通商航海条約が調印された。これにより領事裁判権が撤廃され，また関税率が引き上げられ，相互対等の最恵国待遇が定められた。　(15)　アの韓国併合は1910年，イの南満州鉄道株式会社(満鉄)の設立は1906年，ウの山東出兵は1927～1928年，エの二十一カ条の要求の提出(中国の袁世凱政府に対して)は1915年である。　(16)　1924年6月，護憲三派により加藤高明内閣が成立すると，幣原喜重郎が外務大臣を務め，以後4代の内閣で対米協調と対中国内政不干渉政策を掲げ，協調外交を推進した。第二次世界大戦後，1945年10月から翌年4月まで首相を務め，憲法草案作成などをめぐってGHQとの交渉に当たった。　(17)　ア　1927年，第1次若槻礼次郎内閣の蔵相である片岡直温の「東京渡辺銀行が破綻した」という失言がきっかけで金融不安が起こり，多くの銀行が休業に追い込まれる金融恐慌が起こった。　イ　1930年，浜口雄幸内閣が金輸出を解禁すると，前年に始まった世界恐慌の影響も相まって昭和恐慌が起こった。　ウ　第一次世界大戦後，ヨーロッパが復興し輸出競争が激しくなって輸出商品相場が暴落し，1920年に戦後恐慌が起こった。

【3】(1)　官吏を国教徒に限定することを定めた法律。　(2)　マグナ＝カルタ　(3)　エ→イ→ア→ウ　(4)　ラ＝ファイエット　(5)　イギリスの商品を大陸から締め出し，ヨーロッパをフランス産業の市場にすること。　(6)　①　イ　②　ウ　③　エ　(7)　ウ　(8)　ウ　(9)　ヴァイマル(憲法)　(10)　エ　(11)　孫文　(12)　ウ，オ　(13)　ウ　(14)　インドネシア共和国…ウ　ベト

ナム民主共和国…イ　　　(15)　イ

〈解説〉(1)　1660年にチャールズ2世が王位に就いて王政復古すると，カトリックを擁護する反動政治を開始した。そのため議会は，1673年の審査法で文武の公職に就く人間を国教徒に限定させる一方で，1679年の人身保護法で不当逮捕・拘禁を禁止させてチャールズ2世を牽制した。　　(2)　ジョン王は，フランスとの対立による戦費調達のために重税を課したことで貴族たちの反発を招き，1215年にマグナ＝カルタ(大憲章)の承認に追い込まれた。マグナ＝カルタは63条から構成され，国王に王権の制限や貴族の特権，都市の自由などを認めさせるものだった。　　(3)　アの独立宣言の起草は1776年7月，イのレキシントンの戦いは1775年4月，ウのパリ条約の締結は1783年9月，エのボストン茶会事件は1773年12月。　　(4)　帰国後，フランス革命を支持し，1789年8月に採択される人権宣言(人間および市民の権利の宣言)の起草にたずさわるが，共和政に反対して1792年8月に亡命した。　　(5)　1806年11月にナポレオンによって発布された大陸封鎖令は，ベルリン勅令とも呼ばれる。しかし植民地を多数有したイギリスには打撃とならず，反対に産業革命の成功によって拡大していたイギリス市場を失うことで，ヨーロッパ大陸諸国側に大きな打撃を与えた。　　(6)　①　ブルシェンシャフト運動は1817年にドイツの学生が中心となって起こした運動。　　②　カルボナリ(炭焼党)とは，19世紀前半に結成された秘密結社で，イタリアの統一と独立を目指した。　　③　デカブリストの乱とは，1825年に自由主義を求めてロシアの青年将校が起こした反乱。

(7)　『共産党宣言』で団結を呼びかけられている「プロレタリア」とは，労働者階級のことである。　　(8)　1881年，明治政府が国会開設の勅諭を出した直後に板垣退助を党首として結成された自由党は，フランス流の急進的な自由主義を唱えた。イギリス流の(漸進主義的な)議院内閣制を主張したのは，翌1882年に大隈重信を党首として結成された立憲改進党である。　　(9)　ヴァイマル憲法は，1919年1月にドイツ中部のヴァイマルに招集された国民議会で，8月に可決・制定された憲法である。ヴァイマル憲法が民主的と評価された理由は，20歳以上

112

の男女普通選挙権，人民主権や労働権などを保障したためである。特に社会権を明記した最初の憲法としても有名である。　(10)　リトアニアは1918年にロシアから独立して1920年にロシア＝ソヴィエト政権が承認しているので誤り。　(11)　孫文は清朝末期の革命家で，1905年に東京で中国同盟会を結成した。機関紙として『民報』を発行して三民主義を掲げた。1911年に辛亥革命が生じると帰国して，1912年1月に南京で臨時大総統に就任して中華民国の建国を宣言した。

(12)　ア　タバコ＝ボイコット運動は，1891年にイランのカージャール朝で生じた反イギリス運動であるので誤り。　イ　ドンズー運動は，1905年からフランス領インドシナ連邦で生じた運動であるので誤り。ファン＝ボイ＝チャウを中心とする，日本へベトナム人子弟を遊学させる運動。　エ　ドイモイ政策は，1986年にベトナム社会主義共和国で採用された開放経済政策であるので誤り。　カ　ミドハト憲法は，1876年にオスマン帝国で制定された，オスマン帝国初の憲法であるので誤り。　(13)　ハンガリーの反ソ暴動は1989年ではなく1956年であるので誤り。1956年10月に民主化を求める労働者・学生によるデモがブダペストで生じると，デモは全土に拡大した。　(14)　ウ　インドネシアは，1619年にバタヴィアを拠点としたオランダ東インド会社を通じてオランダの植民地へと編成されていった。1799年に東インド会社は解散されて，オランダ政府を通じた直轄植民地となった。　イ　1858年の仏越戦争に勝利したフランスは，1862年の第1次サイゴン条約でコーチシナ(ベトナム南部の呼称)東部，1874年の第2次サイゴン条約でコーチシナ西部をベトナムから獲得した。さらに1883年のアルマン条約でベトナムを保護国化し，清仏戦争後の1885年の天津条約でベトナムへのフランスの保護権は承認された。コーチシナ・アンナン・トンキン・カンボジアから成るフランスの植民地，フランス領インドシナ連邦が1887年に設立され，1899年にはラオスも編入された。

(15)　リベリアは，1821年にアメリカ合衆国で解放された黒人奴隷が入植し，1847年に共和国として独立した。

【4】(1)　①　ハザードマップ　　②　収集　　③　地理的技能
(2)　①　結び付き　　②　空間的　　③　多面的・多角的
(3)　①　産業　　②　国民　　③　家族　　(4)　①　東アジア
②　世界　　③　地域　　(5)　①　三角貿易　　②　主権国家
③　構造的

〈解説〉(1)　「地理総合」は，持続可能な社会づくりを目指し，環境条件
と人間の営みとの関わりに着目して現代の地理的な諸課題を考察する
科目として新たに設置された。出題の項は，生徒の生活圏などにおい
て，どのような場所が自然災害の影響を受けるか，ハザードマップや
新旧地形図などの各種の資料から読み取り，地形や土地利用の変化に
留意してその特色を見いだすことや，災害の危険がある場所や避難場
所・避難経路の立地と安全性を評価できるようなスキルを身に付ける
ことを意味している。　(2)　出題の項は，資源，産業に関わる諸事象
の空間的な規則性，傾向性や，関連する地球的課題の現状や要因，解
決の方向性などを考察する際に着目する視点を示し，生徒に様々な問
いを立てさせ，それを多面的・多角的に考察させ，適切に表現させる
ことを示したものである。　(3)　「(1)　近代化への問い」の内容の学
習に当たっては，取り上げた複数の資料を組み合わせて活用し，身近
な生活と関わらせて課題意識を育み，情報を読み取ったりまとめたり
して資料を活用する技能を習得しつつ，近代化に伴う生活や社会の変
容について考察し，その過程で生徒が見出した疑問を問いで表現でき
るようにすることなどが大切である。　(4)　「A　原始・古代の日本と
『東アジア』」では，原始・古代がどのような時代であったかを東アジ
ア世界の動向と関連付けて考察し，総合的に捉えて理解できるように
することがねらいである。「B　中世の日本と『世界』」では，中世が
どのような時代であったかを東アジアやユーラシアの動向と関連付け
て考察し，総合的に捉えて理解できるようにすることをねらいとして
いる。「C　近世の日本と『世界』」では，近世がどのような時代であ
ったかを世界の動向と関連付けて考察し，総合的に捉えて理解できる
ようにすることをねらいとしている。「D　近現代の『地域』・日本と

世界」では，世界の情勢の変化とその中における日本の相互の関係や，日本の近現代の歴史を，多面的・多角的に考察し理解すること，それらを踏まえて，現代の日本の課題を考察，構想することをねらいとしている。高等学校の歴史学習のまとめとして，歴史に関わる諸事象相互の関係性や，地域と日本，世界との関係性などを整理して構造的に理解すること，さらに現代の日本の諸課題について多面的・多角的に考察して理解するとともに，歴史的経緯や根拠を踏まえて構想することを大きなねらいとしている。　(5)「アジア諸地域とヨーロッパの再編」の項の大きなねらいは，アジアとヨーロッパにおいて特色ある社会構成や文化をもつ諸国家が形成されたことに気付くようにすることである。大西洋「三角貿易」の展開では，主権国家体制下の各国は国富増大のため，重商主義政策をとり，やがて植民地を求めて抗争するようになったことを扱い，ヨーロッパ・アフリカ・アメリカを結ぶ三角貿易が活発化し，各地域が経済的に密接に関連し始めたことに気付くようにすること。また，奴隷貿易により，アフリカ社会の崩壊があったことや，モノカルチャー経済が広まったことにも気付かせる。「主権国家」体制の成立については，ヨーロッパ諸国の抗争の中で，一定の地域と独立の主権を備えた国家が並立する国際秩序である主権国家体制が形成されたことに気付かせ，イギリスでは立憲王政が，フランスでは絶対王政が，東欧諸国では啓蒙専制君主が登場したことについて考察させる。そして，宗教改革の意義，大西洋両岸地域の経済的関連の特徴，主権国家の特徴と経済活動との関連，ヨーロッパの社会や文化の特色などを，多面的・多角的に考察し表現することにより，主権国家体制の形成と地球規模での交易の拡大を「構造的」に理解するようにする。

公　民　科

【1】(1)　ア　信託　　イ　福利　　ウ　人類普遍　　(2)　エ
(3)　ウ　　(4)　高度に政治的な国家行為については裁判所の違憲審査
にはなじまず，国会や内閣の判断に委ねるべきであるとする考え方。
(55字)　　(5)　①　ア　地方交付税交付金　　イ　地方債　　②　三
位一体改革　　(6)　ア　60　　イ　11　　ウ　3　　エ　27　　オ
17　　(7)　エ→イ→ア→ウ　　(8)　ア　グロチウス　　イ　不戦
②　裁判の開始には紛争当事国双方の合意が必要となるため。

〈解説〉(1)　ア　社会契約によって人民は政府に自然権を信託するとし
たロックの思想の影響がうかがわれる。　　イ　主権者たる国民のため
に国家が存在するのであり，その逆ではない。　　ウ「人類普遍の原理」
とは，全世界の人類に共通に妥当する普遍的な原理をいう。日本固有
の原理を排斥するものであることを意味するとされる。　　(2)　エの環
境権は，憲法には明文で保障されていないが，新しい人権の一つであ
る。　　ア　公共の福祉による制約を受ける。　　イ　参政権は認められ
ない。　　ウ　国家賠償請求権とは，国・地方公共団体の不法行為によ
って損害を受けた場合に，損害賠償を求める権利のこと。　　(3)　ウの
衆議院の解散は憲法第7条で定められた天皇の国事行為の一つだが，
国事行為には内閣の助言と承認を要するので，内閣は衆議院を解散す
る実質的な権限がある。この憲法第7条に基づく衆議院の解散を，7条
解散という。　　ア　衆議院議員ではなく，国会議員。　　イ　内閣総理
大臣ではなく，内閣。また罷免権はない。　　エ　多数決ではなく全員
一致による。　　(4)　裁判官が高度に政治的な行為(統治行為)について
判断を下すのは，国民主権や三権分立に反するため，裁判所は判断を
差し控えるべきとする法理論を，統治行為論という。1955(昭和30)年
に起こった砂川事件(米軍立川飛行場の拡張をめぐる闘争)では，この
統治行為論に基づき，最高裁は日米安保条約の憲法判断に踏み込まな
かった。　　(5)　①　ア　地方公共団体の財政力格差の解消のために，
国税の一部が交付される。国庫支出金とは異なり，使途に制約はない。

イ　地方債とは地方公共団体が発行する債券のこと。発行には，都道府県は総務大臣，市町村は都道府県知事との協議を要する。　②　地方財政の三位一体改革とは，国から地方への税源移譲，地方交付税交付金の見直し，国庫支出金の縮減を一体的に行う改革のこと。小泉内閣時代の2000年代に実施され，その一環で所得税の減税と住民税の増税などが行われた。　(6)　ア　参議院で否決された法律案は，衆議院で出席議員の3分の2以上の賛成で再可決すれば，成立する。　イ　四国ブロックや中国ブロックなどがある。　ウ　大統領の在任期間の上限は8年(＝2期)となっている。　エ　イギリスのEU離脱は，国民投票の結果決まったもの。　オ　SDGs(Sustainable Development Goals)は「持続可能な開発目標」の略。　(7)　ア　1971年の出来事。その翌年，沖縄が返還された。　イ　1956年の出来事。日ソ共同宣言でソ連と国交を回復したことで，実現した。　ウ　1978年の出来事。中国とは，1972年の日中共同声明により，すでに国交を正常化していた。

エ　1951年の出来事。同時に，旧日米安保条約も締結され，わが国の主権回復後も米軍の駐留が続くこととなった。　(8)　①　ア　グロチウスは，『戦争と平和の法』で自然法に基づく国際法を論じたことから，「自然法の父」や「国際法の父」と呼ばれている。　イ　採択地からパリ条約や，提唱者の名からケロッグ・ブリアン協定などとも呼ばれている。　②　国際司法裁判所(ICJ：International Court of Justice)は，領土問題などの国家間の紛争を，国際法に基づいて平和的に解決するための裁判所。国連の主要機関の一つである。ただし，国際司法裁判所での裁判には，紛争の当事国双方の同意を要する。

【2】(1)　①　ウ　　②　オ　　③　ア　　(2)　イ　　(3)　六信五行　(4)　力によってではなく，仁義の徳によって民衆の幸福をはかる政治。(30字)　　(5)　救われるか，救われないかは，神の意志によって予め定められているとする考え。(37字)　　(6)　ア　反　　イ　止揚　ウ　弁証法　　(7)　ア　漢意　　イ　真心　　ウ　もののあわれ　(8)　ウ　　(9)　生命倫理

〈解説〉(1)　ホモーサピエンスはリンネ，ホモーファーベルはベルクソン，ホモールーデンスはホイジンガが唱えた。　イ　象徴的動物はアニマルーシンボリクムといい，カッシーラーが唱えた。　エ　宗教人はホモーレリギオーススといい，エリアーデが唱えた。　(2)　マルクス・アウレリウス・アントニヌスは，五賢帝の一人とされるローマ皇帝で，哲学者でもあった。　ア　ストア派は禁欲主義を唱えた。ウ　エピクロス派はアタラクシア(魂の平安)を求める快楽主義を唱えた。　エ　イデア論を唱えたプラトンに関する記述である。　(3)　六信とは，6つの信仰対象の意味で，神(アッラー)，天使，啓典(クルアーン)，預言者，来世，予定のこと。五行とは，5つの宗教義務の意味で，信仰告白，礼拝(サラート)，喜捨(ザカート)，断食(サウム)，巡礼(ハッジ)のことをいう。　(4)　孟子は，武力による覇道政治に対し，君主の仁義の徳による政治を王道政治とし，理想とした。また，君主が徳を失えば，天命によってその座を追われ，別の有徳な者を君主とする新王朝が始まるとする，易姓革命を唱えた。　(5)　カルヴァンは，救われるか否かは，神によって予め定められているとする，予定説(二重予定説)を唱えた。後に，ウェーバーは『プロテスタンティズムの倫理と資本主義の精神』にて，カルヴァン派の人々は世俗の職業に禁欲的に励むことによって救いの確証を得ようとしたことで，資本主義の精神的基盤が形成されたとした。　(6)　ヘーゲルが説く弁証法とは，ある命題(テーゼ)には必ずそれを否定する反対命題(アンチテーゼ)が現れるが，やがて両者は止揚(アウフヘーベン)し，より高度な次元で統合した総合命題(ジンテーゼ)になるというもの。　(7)　ア　漢意(漢心ともいう)とは，儒教や仏教など，中国の思想・国風に心酔する心のこと。　イ　真心とは「よくもあしくも，生まれついたるままの心」をいう。　ウ　本居宣長は，『源氏物語玉の小櫛』などで，もののあわれを論じた。　(8)　ロールズではなく，デューイに関する記述である。ロールズは，福祉国家を正当化する正義論を唱えた。　(9)　生命倫理はバイオエシックス(bioethics)の訳。現代では，医療技術が進歩する一方で，安楽死や延命治療の是非，脳死と臓器移植などが問題となって

いる。また，遺伝子治療や再生医療が発達する一方で，受精卵による胚性幹細胞(ES細胞)の作成の是非も問題となっている。

【3】(1)　政府が公共事業などにより有効需要を作り出すことが必要である。(30字)　(2)　ウ　(3)　フローは一定期間における流れの量のことであり，ストックはある時点における蓄積量である。(43字)
(4)　エ　(5)　①　契約自由の原則　　②　消費者契約法　　③　情報の非対称性　(6)　賦課方式

〈解説〉(1)　有効需要とは，実際に貨幣の支出を伴う需要のこと。ケインズは，有効需要に着目することで，現代国家が行う積極的な経済政策の理論的裏付けとなる，修正資本主義の経済理論を構築した。その理論は『雇用・利子および貨幣の一般理論』にまとめられている。
(2)　需要の価格弾力性とは，価格の変化による需要量の変化の大きさのこと。需要曲線の傾きが急なほど，需要の価格弾力性は低い。また，生活必需品は価格が多少変化しても購入しなければならないので，需要の価格弾力性は低い。　(3)　個人の例で言えば，給与や消費はフローで，貯蓄や資産はストック。一国の経済統計では，一国内で生産された付加価値の合計であるGDP(国内総生産)などはフロー，実物資産と海外の純金融資産の合計である国富(国民純資産)などはストックの統計である。　(4)　財産を支配する権利には物権と債権がある。また，物権に属する権利として，所有権などがある。　ア　公害など，無過失責任制が導入される例もある。　イ　信義誠実の原則が定められている。　ウ　金銭の貸借に限らず，何らかの行為を請求する権利である債権を持つ人は債権者と呼ばれる。　(5)　①　契約自由の原則は，締結の自由，相手方選択の自由，内容の自由，方式の自由からなる。ただし，未成年者は親権者などの法定代理人の同意がなければ契約を結ぶことができず，同意なく結んだ契約は取り消すことが認められている。　②　消費者契約法により，消費者を誤認させて結ばれた契約や消費者を困惑させて結ばれた契約など，不当な契約は取り消すことができる。先祖の因縁などの話で恐怖心をあおって壺などを購入させ

る霊感商法も，取消しの対象となっている。　③　消費者契約法第1条にも，「消費者と事業者との間の情報の質及び量並びに交渉力の格差に鑑み」とある。なお，情報の非対称性は，外部性や公共財の存在，独占と並び，「市場の失敗」の例の一つとされている。　(6)　賦課方式は，インフレに強いが，少子高齢化の進行により，財源が不足し，保険料の負担が重くなったりする欠点がある。

【4】(1)　ア　売り　　イ　買う　　ウ　高　　(2)　サプライチェーン
〈解説〉(1)　ア　日本企業は，アメリカへの輸出によって，ドルを得る。
イ　日本企業は，輸出で得たドルを，円に交換しようとする。
ウ　市場経済では，一般的に需要が高まれば財の価格は上昇する。外国為替市場でも，円の需要が高まればドルに対する円の価値は高くなる。　(2)　グローバルな規模のサプライチェーンが構築されている反面，一国での災害や武力紛争などは，その他の国々の製造業に大きな影響を及ぼすことがある。ゆえに，経済安全保障の一環として，サプライチェーンの強靱化が求められている。

【5】(1)　①　消費者　　②　利害　　③　秩序　　(2)　①　追究
②　よりよく　　③　自覚　　(3)　①　社会保障　　②　持続可能
③　防災　　(4)　①　見方・考え方　　②　論理的　　③　言語活動
(5)　男女が共同して社会に参画すること。　　(6)　主権者としての政治に対する関心を高め，主体的に社会に参画する意欲をもたせる。
〈解説〉(1)　「公共」で取り扱う3つの大項目のうち，「B　自立した主体としてよりよい社会の形成に参画する私たち」からの出題である。「消費者」の権利と責任については，消費者基本法や消費者契約法などを踏まえ，消費者を守るための法的規制や行政による施策があることを理解できるようにする。司法参加の意義については，裁判員制度もあることを考慮し，各人の意見や「利害」を公平・公正に判断したり，調整したりすることを理解できるようにする。そして，国民の権利を守り社会の「秩序」を維持するために公正な裁判が保障されるこ

と，そのためにも国民の司法参加が大切で，司法に対する国民の理解が深まり，その信頼が深まることを理解させる。　(2)「主体的に『追究』したり，他者と共に『よりよく』生きる」とは，人間としての在り方や生き方に関わる事象や課題に関連して，学習上の課題を意欲的に追究しようとする態度や，他者と共によりよく生きる自己の形成に向けて態度を養うことである。「人間としての在り方生き方についての『自覚』を深める」とは，生徒が生きる主体としての自己を確立する上での核となる自分自身に固有な選択基準，つまり人生観，世界観あるいは価値観を形成することを目指したものである。　(3)　政治・経済で扱う2つの大項目のうち「A　現代日本における政治・経済の諸課題」の中の「現代日本における政治・経済の諸課題の探究」に関わる問題である。「少子高齢化社会における『社会保障』の充実・安定化」については，自助，共助及び公助による社会保障の考え方を対照させ，真に豊かで持続可能な福祉社会の実現という観点から探究できるようにする。「食料の安定供給の確保と『持続可能』な農業構造の実現」については，農業における生産，流通，貿易などを自由化する考え方と，農業を保護するための政策を推進する考え方を対照させ，食料の安定供給，生産や流通の革新，効率化，持続可能な農業，農村の振興，活性化などの観点から探究させるようにする。「『防災』と安全・安心な社会の実現」については，安全・安心な社会を実現するためには，どのような施設・設備，政策や制度が必要なのかなど，妥当性や効果，実現可能性などを指標にして探究できるようにする。

(4)　公民科では，特に次のようなことに配慮して内容構成をするようにする。「社会的な『見方・考え方』」については，課題を追究したり解決したりする活動において，社会的事象の意味や意義，特色や相互の関連を考察したり，社会に見られる課題を把握して，その解決に向けて構想したりする際の視点や方法を十分に配慮すること。また，把握した内容などを整理して「論理的」に説明したり，自分の立場やその根拠を明確にしながら議論したり，表現したりする「言語活動」に関わる学習を一層重視して，活動させる内容であること。　(5)「公

共」の「3　公共的な空間における基本的原理」の中では,「人間の尊厳と平等,個人の尊重」について述べられている。日本国憲法に示されているように,人種,性別などによる差別や偏見を是正することが必要であり,男女が社会の対等な構成員として,社会のあらゆる分野における活動に共同して参画できる機会の確保が重要であることを理解できるようにすることが大切である。　(6)「政治・経済」の「望ましい政治の在り方及び主権者としての政治参加の在り方」については,民主政治の本質を基に,日本国憲法と現代政治の在り方との関連について多面的・多角的に考察しながら,世論の形成などについて具体的な事例などを取り上げ,主権者としての政治に関する関心を高め,主体的に社会に参画する意欲をもたせるような指導が大切である。

2022年度 実施問題

中 学 社 会

【1】次の 略地図 を見て，(1)〜(5)の問いに答えなさい。

略地図

(1) 略地図中のXの経線の経度はどれか，ア〜エから1つ選び，記号で書きなさい。

　ア　東経130度　　イ　東経135度　　ウ　東経140度

　エ　東経145度

(2) 略地図中のYの都市はパースである。パースの気候区はどれか，ア〜エから1つ選び，記号で書きなさい。

　ア　熱帯雨林気候(Af)　　イ　サバナ気候(Aw)

　ウ　地中海性気候(Cs)　　エ　西岸海洋性気候(Cfb)

(3) 次の 資料 は，石炭，鉄鉱石，ボーキサイト，銅鉱の上位5位までの主要埋蔵国とその割合を，それぞれ示している。Ⅰ〜Ⅳにあてはまる鉱産資源の組み合わせとして正しいものはどれか，ア〜エから1つ選び，記号で書きなさい。

資料
単位：％

I		II		III		IV	
アメリカ	31.9	ギニア	24.7	チリ	21.5	オーストラリア	28.9
中国	17.8	オーストラリア	20.0	オーストラリア	11.1	ロシア	16.9
インド	12.2	ベトナム	12..3	ペルー	10.3	ブラジル	14.5
ロシア	10.0	ブラジル	8.7	メキシコ	5.8	中国	8.7
オーストラリア	8.9	ジャマイカ	6.7	アメリカ	5.7	インド	6.3
合計6987億t		合計300億t		合計7.9億t		合計830億t	

「世界国勢図会 2019/20」より作成

ア　I－石炭　　　　　　II－銅鉱　　　　　　III－鉄鉱石
　　IV－ボーキサイト

イ　I－石炭　　　　　　II－ボーキサイト　　III－銅鉱
　　IV－鉄鉱石

ウ　I－ボーキサイト　　II－鉄鉱石　　　　　III－銅鉱
　　IV－石炭

エ　I－ボーキサイト　　II－石炭　　　　　　III－鉄鉱石
　　IV－銅鉱

(4)　オーストラリアでは，1901年に発布された移民制限法によって，非ヨーロッパ系移民の制限や白人優先の国家建設が進められた。現在では移民制限法の廃止などにより，このような政策は事実上撤廃されている。この移民制限法の発布によって進められていた白人を優先する動きや考えを何というか，漢字4文字で書きなさい。

(5)　1989年にオーストラリアの提唱で発足した，環太平洋地域の多国間経済協力のための枠組みを何というか，アルファベットで書きなさい。

(☆☆☆◎◎◎)

【2】次の(1)～(5)の問いに答えなさい。

(1)　主に石灰岩が雨水や地下水などによって侵食されて形成された地形を何というか，書きなさい。

(2)　インドのデカン高原に広がる綿花の栽培に適した黒色の土壌を何というか，カタカナで書きなさい。

(3)　縮尺が，1万分の1，2万5千分の1，5万分の1，10万分の1の4種類

の地形図のうち，最も縮尺が大きい地形図はどれか，書きなさい。

(4) 1944年に，ロンドンの過密化を防ぐため，既成市街地の開発の規制や新たな都市の開発を進める大ロンドン計画が発表された。この計画では，グリーンベルト(緑地帯)の外側に人口や産業の誘致を図るため，田園都市が建設されたが，この田園都市を何というか，カタカナで書きなさい。

(5) 栽培漁業や養殖業は共に「育てる漁業」とよばれることがある。「栽培漁業」とは，どのような漁業であるのか，「養殖業」との違いに触れて説明しなさい。

(☆☆☆◎◎◎)

【3】日本国憲法の条文の一部である次の資料を読んで，(1)～(4)の問いに答えなさい。

> 第21条　集会，結社及び言論，出版その他一切の(ア)は，これを保障する。
>
> 第28条　ᵢ勤労者の団結する権利及び団体交渉その他の(イ)をする権利は，これを保障する。
>
> 第53条　ᵢᵢ内閣は，国会の臨時会の召集を決定することができる。いづれかの議院の総議員の4分の1以上の要求があれば，内閣は，その召集を決定しなければならない。
>
> 第76条　すべて司法権は，最高裁判所及び…(略)…ᵢᵢᵢ下級裁判所に属する。

(1) (ア)・(イ)にあてはまる語句を，それぞれ書きなさい。

(2) 下線部Ⅰは労働基本権(労働三権)について表している。(a)・(b)について答えなさい。

(a) 労働三権のうち，団結権とはどのような権利か，簡潔に書きなさい。

(b) 労働三権を受けて労働三法が制定され，さらに，労働者の保護と個別の労働関係の安定のため，2007年に新たな法律が制定され

125

た。この法律を何というか，書きなさい。

(3) 下線部Ⅱ以外にも国会の種類の中には，特別会がある。特別会ではどのようなことを行うか，「指名」という語句を使って，簡潔に書きなさい。

(4) 下線部Ⅲの中には，高等裁判所がある。高等裁判所が設置されている都市を，次のア〜オからすべて選び，記号で書きなさい。
ア　広島市　　イ　神戸市　　ウ　京都市　　エ　名古屋市
オ　横浜市

(☆☆☆◎◎◎)

【4】次の文を読んで，(1)〜(3)の問いに答えなさい。

　資本主義経済は，主に消費活動を行う①家計，主に生産活動を行う②企業，両者の調整・再分配や独自の生産・消費活動を行う③政府の三つの経済主体から成り立っている。そして，これら三つの経済主体が相互に結びついて，生産・分配・支出の経済循環が行われる。

(1) 下線部①の生活水準を示す代表的な指標であり，消費支出に占める食料費の割合を示したものを何というか，書きなさい。

(2) 次の文は，下線部②の社会的責任について述べた文である。(a)・(b)にあてはまる語句を，それぞれカタカナで書きなさい。

　近年では，商法(会社法)や民法，労働法，食品衛生法などの法令を守って経済活動を行うコンプライアンスの強化，コンサートなどの芸術活動や，スポーツ大会などの活動を支援する(a)，様々な社会的貢献活動や慈善的寄付行為である(b)などを通じて企業の社会的責任を果たすことが求められている。

(3) 次の文は，下線部③の経済活動について述べた文である。正しい文になるように，(a)〜(c)のそれぞれについて，ア・イのどちらかを

選び，記号で書きなさい。

> 　財政には，経済を自動的に安定させる自動安定化装置が組み込まれている。例えば，景気が過熱しているときは，累進課税制度により所得の増加率以上に税負担は(a)【ア　増え　イ　減り】，失業給付も(b)【ア　増える　　イ　減る】ことで，消費支出も(c)【ア　増加し　　イ　減少し】，景気の過熱を冷ますことができる。

(☆☆◎◎◎)

【5】次の(1)～(3)の問いに答えなさい。

(1) 国政や地方行政を調査・勧告したり，住民の苦情を複数の専門官が受けつけ，それを公平な立場から迅速に処理したりする制度を何というか，書きなさい。

(2) 消費者問題における「情報の非対称性」について簡潔に書きなさい。

(3) 経済活動において，ある財の生産・分配・支出を増やすには，他の財の生産・分配・支出を減らさざるを得ないことを何というか，書きなさい。

(☆☆☆◎◎◎)

【6】次の史料を読んで，(1)～(4)の問いに答えなさい。

> 　凡そ①戸は，(a)戸を以て里と為よ。里毎に長一人を置け。…若し山谷阻り険しくして，地遠く人稀ならむ処には，便に随ひて量りて置け。…
> 　凡そ②計帳を造らむことは，年毎に六月の卅(三十)日の以前に，京・国の官司，所部の手実責へ。具に家口・年紀を注せよ。…
> 　凡そ(b)は，六年に一たび造れ。十一月の上旬より起りて，式に依りて勘へ造れ。里別に巻と為せ。惣べて三通写せ。…

【「令義解」<ruby>りょうのぎげ</ruby>より作成】

(1) （　a　）にあてはまる語句を，ア～エから1つ選び，記号で書きなさい。

　　ア　三十　　イ　四十　　ウ　五十　　エ　六十

(2) 班田収授法により下線部①を単位として，民衆に口分田が与えられた。班田収授法にはどのような目的があったのか，「税」という語句を用いて，簡潔に書きなさい。

(3) 下線部②は，民衆から調・庸を徴収するための基本台帳である。調・庸は，絹・布・糸や各地の特産品を中央政府に納めるもので，おもに正丁(成人男性)に課せられ，それらを都まで運ぶ義務があった。調・庸を都まで運ぶ義務を何というか，書きなさい。

(4) （　b　）にあてはまる語句を書きなさい。

(☆☆☆◎◎◎)

【7】次の文を読んで，(1)～(5)の問いに答えなさい。

> A　イギリスではランカスター・ヨーク両家による王位継承の内乱がおこった。
> B　フィラデルフィアの憲法制定議会で合衆国憲法がつくられた。
> C　エジプトでは，王(ファラオ)による統一国家がつくられた。
> D　アッバース朝(イスラーム帝国とも呼ばれる)が開かれた。
> E　イギリス国王ジェームズ1世が，絶対王政を正当化する(　　)説を唱えた。

(1) Aの内乱は，両派の記章に使われていたものにちなんで何とよばれるか，書きなさい。

(2) 次の文は，Bについて述べた文である。（　①　）・（　②　）にあてはまる語句を，それぞれ書きなさい。(同じ番号には同じ語句が入るものとする。)

> 　この憲法では人民主権の共和政を基礎として，自治権をも
> つ各州の上に中央政府が立つ(①)主義を採用した。行政権
> は(②)のもとで中央政府が担い，立法権は上・下両院から
> なる(①)議会にあり，司法権は最高裁判所が統括するとい
> う，三権分立の原則がここに定められた。

(3) Cと最も関係が深いものを，ア～エから1つ選び，記号で書きなさ
　い。
　　ア　太陽暦　　イ　ハンムラビ法典　　ウ　くさび形文字
　　エ　60進法

(4) Eの(　)にあてはまる語句を，書きなさい。

(5) A～Eを，年代の古い順に並び替えなさい。

(☆☆☆◎◎◎)

【8】次の史料を読んで，(1)～(3)の問いに答えなさい。

> 二条河原落書
> 　此比都ニハヤル物。夜討，強盗，謀綸旨。召人，早馬，虚騒
> 動。生頸，還俗，自由出家。俄大名，迷者，安堵，恩賞，
> 虚軍。本領ハナル，訴訟人。文書入タル細葛。追従，讒人，
> 禅律僧。下克上スル成出者。・・・　　　【(　)より作成】

(1) この史料は，後醍醐天皇の政治が行われていたころに出されたも
　のである。(a)・(b)の問いに答えなさい。
　(a)　後醍醐天皇は，どのような政治を進めたか，簡潔に書きなさい。
　(b)　(　)にあてはまる史料の出典名を，ア～エから1つ選び記号
　　で書きなさい。
　　　ア　「日本霊異記」　　イ　「風土記」　　ウ　「建武年間記」
　　　エ　「太平記」

(2) 次の文は，後醍醐天皇が京都を逃れ，吉野の山中にこもった後の
　対立について述べた文である。①・②にあてはまる語句を書きなさ
　い。

> 京都の北朝(　①統　)と吉野の南朝(　②統　)が対立した。

(3) 次のア～エは，(2)の対立が始まったころから統一されるまでにおこったできごとである。年代の古い順に並び替えなさい。

ア　足利尊氏が征夷大将軍となる。

イ　足利義満が室町に幕府を移す。

ウ　観応の擾乱が起こる。

エ　光明天皇が擁立される。

(☆☆☆◎◎◎)

【9】中学校学習指導要領「第2章　各教科」「第2節　社会」について，(1)～(3)の問いに答えなさい。

(1) 次の文は，「第1　目標」の一部である。(　①　)～(　③　)にあてはまる語句を書きなさい。

> (1)　我が国の(　①　)と歴史，現代の政治，経済，(　②　)等に関して理解するとともに，調査や諸資料から様々な情報を(　③　)に調べまとめる技能を身に付けるようにする。

(2) 次の文は，「第2　各分野の目標及び内容」〔歴史的分野〕「1　目標」の一部である。(　①　)～(　④　)にあてはまる語句を書きなさい。

> 　社会的事象の(　①　)を働かせ，課題を追究したり解決したりする活動を通して，広い視野に立ち，グローバル化する国際社会に主体的に生きる平和で(　②　)な国家及び社会の形成者に必要な公民としての資質・能力の基礎を次のとおり育成することを目指す。
>
> (2)　歴史に関わる事象の意味や意義，伝統と文化の特色などを，時期や年代，推移，比較，(　③　)や現在とのつながりなどに着目して多面的・多角的に考察したり，歴史に見られる課題を把握し(　④　)の立場や意見を踏まえて公正に選

択・判断したりする力，思考・判断したことを説明したり，
それらを基に議論したりする力を養う。

(3)　次の文は，「第3　指導計画の作成と内容の取扱い」の一部である。
（　①　）～（　④　）にあてはまる語句を書きなさい。

> 1　指導計画の作成に当たっては，次の事項に配慮するものと
> する。
> (2)　（　①　）の内容との関連及び各分野相互の（　②　）な関
> 連を図るとともに，地理的分野及び歴史的分野の基礎の
> 上に公民的分野の学習を展開するこの教科の基本的な構
> 造に留意して，全体として教科の目標が達成できるよう
> にする必要があること。
> 2　第2の内容の取扱いについては，次の事項に配慮するもの
> とする。
> (1)　社会的な見方・考え方を働かせることをより一層重視
> する観点に立って，社会的事象の意味や（　③　），事象
> の特色や事象間の関連，社会に見られる課題などについ
> て，考察したことや選択・判断したことを論理的に説明
> したり，立場や（　④　）を明確にして議論したりするな
> どの言語活動に関わる学習を一層重視すること。

(☆☆☆○○○)

地 理・歴 史

【1】次の文章を読んで，(1)～(16)の問いに答えなさい。

　古代の日本では，ₐ3世紀の♭邪馬台国に君臨した女王の存在や，ᴄ飛
鳥時代から奈良時代にかけて多くの女性天皇が即位したように，女性
の立場は低いものではなかった。

　　_d10世紀後半から11世紀頃の_e摂関政治の時期には，宮廷に仕えたすぐれた才能をもつ女性たちにより，かな文学が隆盛した。中世に入っても，女性の地位は比較的高く，_f鎌倉幕府の御家人や地頭となる例もみられた。

　　江戸時代に_g儒学が普及すると，男尊女卑にもとづく家制度から女性の地位は低くなり，男性に従うことを女性の美徳とする風潮が強まった。

　　明治時代には，_h民法が公布され，後に改正されたが，従来の家父長制的な家の制度を存続させるものとなった。その一方，_i不平等条約の改正の予備交渉として_j1871年に派遣された岩倉使節団に同行した女子の_k留学生や，岸田(中島)俊子などのように_l自由民権運動で活動する女性も現れた。また，_m産業革命期の_n繊維工場で劣悪な労働環境のもと，長時間労働に従事していた女性労働者がストライキを起こすこともあった。

　　明治末期から大正時代にかけて，_o女性の参政権の要求など女性の地位向上をめざす運動が高まり，社会で働く女性も現れた。戦後になると，女性参政権をはじめとする多くの権利が認められたが，依然として_p男女間の格差は解消されておらず課題となっている。

(1)　下線部aの出来事について，(a)〜(c)に答えなさい。

(a)　220年に建国された魏では，九品中正による官吏任用が始まり，隋が科挙を行うまでの諸王朝で採用された。この制度がもたらしたと考えられる，「上品に寒門なく，下品に勢族なし」ともいわれた魏晋南北朝社会の特徴について，「豪族」「貴族」の2語を用いて述べなさい。

(b)　この頃ササン朝ペルシアはシリアに進出しローマ帝国と対抗した。260年にローマ皇帝ヴァレリアヌスを捕虜としたササン朝の王は誰か，ア〜エから1つ選びなさい。

　　ア　シャープール1世　　イ　ホスロー1世
　　ウ　ダレイオス1世　　　エ　アレクサンドロス大王

(c)　ローマ帝国では212年に属州を含む帝国内の全自由民にローマ

市民権が拡大された。当時の皇帝で，巨大な公共浴場を建設した
ことでも有名な皇帝は誰か，ア～エから1つ選びなさい。

ア　トラヤヌス帝　　　　　　イ　カラカラ帝

ウ　コンスタンティヌス帝　　エ　テオドシウス帝

(2)　下線部bについて，紀元3世紀に晋の陳寿が著した『三国志』の一
つである『魏書』の東夷伝倭人の条を通称で何というか，答えなさ
い。

(3)　下線部cについて，女性天皇を述べた次の文のうち，誤っている
ものをア～エから1つ選びなさい。

ア　皇極天皇は，乙巳の変後に譲位したが，後に重祚して再び天皇
となった。

イ　持統天皇は，飛鳥浄御原令を施行し，飛鳥から平城京に遷都し
た。

ウ　元明天皇は，武蔵国から銅が献上されると，和同開珎を鋳造し
た。

エ　孝謙天皇は，大仏開眼供養の儀式を盛大にとりおこなった。

(4)　下線部dについて，キエフ公国のウラディミル1世は，ビザンツ皇
帝の妹との結婚を契機に改宗し，その宗教を国教としロシアの発展
を方向づけた。彼が改宗した宗教で，後にロシア正教として分離独
立する，もととなった宗教は何か，答えなさい。

(5)　下線部eについて，摂関政治の全盛期を築いた藤原道長は，天皇
の権威を利用し，権力を握った。天皇の権威をどのように利用した
のか，説明しなさい。

(6)　下線部fについて，(a)・(b)に答えなさい。

(a)　将軍と御家人の主従関係において，将軍から御家人に与えられ
た御恩を漢字4字で2つ答えなさい。

(b)　鎌倉中期以降，地頭の年貢横領や荘園侵略などから，地頭と荘
園領主との対立が増え，紛争の解決方法として，史料のような下
地中分が行われた。どのような解決方法か説明しなさい。

史料　伯耆国東郷荘の下地中分図部分拡大

(7)　下線部gについて，北宋の周敦頤の影響をうけて宋学を大成し，下線部gの正統学派として，中国の諸王朝や近隣諸国で受容されることとなる学派を成立させた南宋の思想家は誰か，答えなさい。

(8)　下線部hについて，1890年に公布された民法の起草にあたったフランスの法学者は誰か，ア～エから1つ選びなさい。
　　ア　ロエスレル　　イ　ケンペル　　ウ　ボアソナード
　　エ　ハリス

(9)　下線部iについて，清王朝が1842年にイギリスとの間で締結した南京条約は中国の半植民地化の第一歩となったといわれる。この条約締結の原因となった1840年に始まった戦争の名称を答えなさい。

(10)　下線部jの年にプロイセン＝フランス(普仏)戦争が終結したが，この年の出来事について述べた次の文のうち，正しいものはどれか，ア～エから1つ選びなさい。
　　ア　プロイセン王フリードリヒ2世を皇帝とするドイツ帝国が成立した。
　　イ　ドイツ帝国の初代宰相となったビスマルクは，「文化闘争」を鎮圧した。
　　ウ　フランスの臨時政府はアルザス＝ロレーヌをドイツ帝国に割譲した。
　　エ　敗戦と講和を認めないパリ民衆が蜂起し，二月革命が起こった。

(11)　下線部kについて，フランス領インドシナ連邦の統治下にあったベトナムにおいて1904年に維新会を結成し，日本に渡った後，日本

に留学生を送るドンズー(東遊)運動を展開した人物は誰か，ア～エ
から1つ選びなさい。

ア　ファン＝ボイ＝チャウ　　　イ　アギナルド
ウ　ホー＝チ＝ミン　　　　　　エ　チュラロンコン(ラーマ5世)

(12)　下線部l，1887年に民権派の三大事件建白運動がおこり，政府に
3つの要求を陳情した。そのうち，次の2つの側面に関する要求をそ
れぞれ答えなさい。

【民衆の負担からの側面】【民権運動への制限に対する側面】

(13)　下線部mについて，(a)・(b)に答えなさい。

(a)　産業革命は18世紀後半にイギリスでおこり，大規模な資本が導
入されて手工業から工場制機械工業へと工業化が進展した。20世
紀初頭には，工場の設備が大規模化され，その固定費(売上高や
生産量に関係なく，一定額発生する費用)も増大したため，これ
を補う新たな生産体制が確立した。その名称を漢字2文字で答え
なさい。

(b)　産業革命はその後の第2次産業革命，第3次産業革命を経て，現
在は新たな産業革命として，人工知能やICTの進歩による第4次産
業革命と言われる時代に入っている。あらゆるモノがインターネ
ットに接続され，相互に情報をやり取りすることを何というか，
アルファベットで答えなさい。

(14)　下線部nについて，(a)・(b)に答えなさい。

(a)　こうした労働問題に対してイギリスでは社会主義思想も生まれ
た。スコットランドのニューラナークに理想的な工場都市のモデ
ルをつくり，労働条件の改善などを行った人物は誰か，ア～エか
ら1つ選びなさい。

ア　マルクス　　　　イ　サン＝シモン
ウ　ルイ＝ブラン　　エ　ロバート＝オーウェン

(b)　1911年に明治政府が制定した日本初の労働者保護法を何という
か，答えなさい。

(15)　下線部oについて，1920年に平塚らいてうと市川房枝らが設立し，

参政権の要求など女性の地位向上をめざす運動をおこなった団体を何というか，答えなさい。

(16)　下線部pに関連して，女性の社会進出はその国の宗教や文化，経済状況などの影響を受ける。資料1はスウェーデン・サウジアラビア・日本・エチオピアの労働力率と男女別の労働力率を示している。日本に該当するものはどれか，ア～エから1つ選びなさい。

2018	労働力率(%)	男	女
ア	55.5	78.1	22.0
イ	79.5	85.8	73.3
ウ	61.9	71.6	52.8
エ	64.5	67.8	61.3

資料１　『世界国勢図会』(2020)より作成。

※労働力率は労働年齢人口に対する労働力人口の割合とする。労働力人口は労働年齢(国の法律や慣習によって若干異なるが，基本的に15歳以上)の就業者と失業者の合計。

(☆☆☆◎◎◎)

【２】次の文章を読んで，(1)～(9)の問いに答えなさい。

　　徳島県には，a四国八十八か所のうち，二十四か寺がある。…省略…b空海はc唐の長安の青竜寺で師の恵果から灌頂(かんじょう)をうけた。灌頂というのはことごとくd密教を体得した者にさずけられる儀式である。水を頂(あたま)に灌(そそ)ぐ。水で浄めるという作法は，おそらく中近東のどこかで発生し，eインドに伝わったのであろう。…省略…fユダヤ教にも灌水の作法があり，gキリスト教にも洗礼というものがある。真言密教においては，灌頂を受ける者は，すでにすべての本体とされる空(ゼロ)に合一したとみなされる。すなわち，空の尊称である大日如来と合一した者だから，灌頂の儀式は，h古代インドの王の即位式と同様のものがとりおこなわれる。(「お遍路さん」)

…むかし_i藍園(あいぞの)の村というのがあって，昭和三十年，住吉村と合併して，藍住町になった。吉野川のデルタ地帯で，江戸時代から明治三十年代まで藍作の中心地だった。また加工の中心地でもあった。…省略…「国指定重要文化財　田中家住宅」という標識が，路傍に出ていた。…省略…この家は，寛永年間(一六二四〜四四)にこの地に入植した藍商(藍師)だったという。その後，毎年のように吉野川氾濫による被害をうけた。このため，江戸末期に家をたてかえた。建物はすべて水害を予想して設計されている。(「水陸両用の屋根」)

(司馬遼太郎著『街道をゆく三十二　阿波紀行　紀ノ川流域』より一部抜粋，原文表記)

(1)　下線部aについて，資料1は阿波市にある四国霊場切幡寺大塔である。もとは大阪の住吉大社神宮寺にあったが，明治初期の廃寺にともない切幡寺に移された。1868年に明治政府が出した命令の名称を明らかにして，当時どのような風潮が広まったのか説明しなさい。

資料 1　　　　　資料 2

(2)　下線部bについて，空海が嵯峨天皇より賜り，真言密教の根本道場となった寺院の名称を答えなさい。

(3)　下線部cにはシルクロード交易に従事したソグド人などの胡人も多く居住した。資料2は胡人とラクダがモチーフとなった白・緑・

黄色の彩色をほどこした陶器である。このような陶器を何というか，答えなさい。

(4)　下線部dについて，平安初期には神秘的な密教芸術が発展した。この時期に作られた作品として最も適切なものを次のア～エから1つ選びなさい。

　　　ア　　　　　イ　　　　　ウ　　　　　エ

(5)　下線部eについて，インドの人々の約80％が信仰するヒンドゥー教は，生活と密接に結びついている。その聖地は大河沿いにある都市であり，人々は大河に入って日常的に身を浄める「沐浴」を行っている。その河川と都市の名称を答えなさい。

(6)　下線部fについて，(a)・(b)に答えなさい。

(a)　ユダヤ教の聖地で，「嘆きの壁」がある国とその都市名を答えなさい。

(b)　ユダヤ教について述べた次の文のうち，誤っているものをア～エから1つ選びなさい。

ア　出エジプトやバビロン捕囚の民族的苦難から，メシアの出現を信じた。

イ　ヘブライ王国のダヴィデ王・ソロモン王の頃，ヤハウェ神殿が建てられた。

ウ　モーセの十戒を遵守することによって，万人が救済されると考えた。

エ　パリサイ派は律法の遵守を主張し，やがて形式主義に陥った。

(7)　下線部gについて，フランク王国では，496年に国王が洗礼を受けてアタナシウス派に改宗した後，王国の勢力を急速に拡大した。王の改宗がなぜ王国の発展につながったか，王の名前を明らかにし，

考えられる理由を答えなさい。

(8) 下線部hについて，2世紀のカニシカ王の時代(クシャーナ朝)に関
する，(a)・(b)に答えなさい。

   (a) 大乗仏教の中心的思想である『中論』を著して理論を確立し，
全てのものは存在せず，ただその名称だけがあるという空の思想
を説いた人物は誰か，答えなさい。

   (b) この時代におこった大乗仏教は，西域や中国を経て北伝し，6
世紀に朝鮮半島のある国を経由して，日本に伝来した記録がある。
日本に仏教を伝えた朝鮮半島の国を当時の国名で答えなさい。

(9) 下線部iについて，「藍園村」のように，その地域の産業や地形環
境などが地名の由来となっている事例は数多く存在する。次の地形
図を見て，(a)・(b)に答えなさい。

川島・徳島〈昭6修〉 『日本図誌体系 四国』より

   (a) 地図中の「北島村」は北の旧吉野川，南の今切川に囲まれた
「ひょうたん形」の島である。また，両河川沿いにある「出來須」

や「竹須賀」,「加賀須野」など,「須」や「須賀」の付く地名は
「砂地」を指す。このような河川によって運搬された,砂礫等で
形成された平野地形を何というか,答えなさい。

(b)　地図中の- - -で囲まれた「住吉」は,江戸時代後期に大坂の商
人の出資により干拓された。このような,町人が幕府や藩の許可
をえて開発した新田を何というか,答えなさい。

(☆☆☆◎◎◎)

【3】次の地図は東南アジアの島嶼地域及びオーストラリアを示してい
る。(1)～(15)に答えなさい。

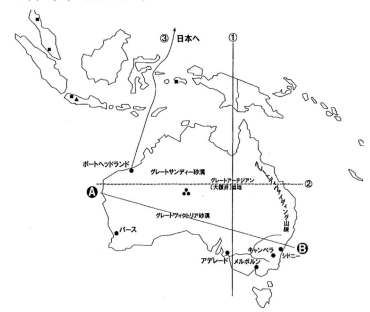

(1)　地図中の経線①は,日本列島も通っているが,この経度に最も近
い都市をア～エから1つ選びなさい。

　　ア　名古屋市　　イ　静岡市　　ウ　甲府市　　エ　船橋市

(2)　次の雨温図は,ほぼ同緯度に位置するパース,アデレード,メル
ボルン,シドニーのものである。メルボルンに該当するものをア～

140

エから1つ選びなさい。

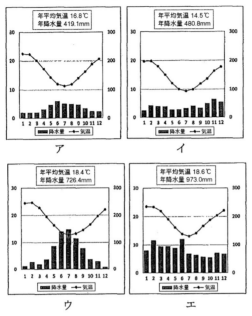

『データブックオブザワールド』(2020),気象庁データより作成。

(3) 図中の②の線は南回帰線である。グレートサンディー砂漠やグレートヴィクトリア砂漠など,オーストラリアは乾燥大陸ともいわれ,乾燥した気候が大部分を占める。回帰線付近は大気大循環において,下降気流が卓越するため降水量が少ないとされる。回帰線付近の気圧帯の名称を答えなさい。

(4) 地図中のグレートアーテジアン盆地では,被圧地下水を飲料水として利用した牧羊がさかんである。資料1及び資料2を見て,オーストラリアにおける羊毛生産の特徴を説明しなさい。なお,そのような特徴を示す理由も合わせて答えること。

2013	千トン	%
中国	471	22.2
オーストラリア	361	17.0
ニュージーランド	165	7.8
イギリス	68	3.2
イラン	62	2.9
世界計(他地域共)	2127	100.0

資料1　羊毛の生産

	2013	千トン	%		2013	千トン	%
輸出	オーストラリア	346	40.5	輸入	中国	345	45.2
	ニュージーランド	133	15.5		インド	89	11.6
	南アフリカ	46	5.3		イギリス	37	4.9
	イギリス	38	4.4		ドイツ	37	4.8
	ドイツ	23	2.7		イタリア	35	4.6
	世界計(他地域共)	854	100.0		世界計(他地域共)	764	100.0

資料2　羊毛の貿易

『データブックオブザワールド』(2020)より作成。

(5)　地図中のシドニーは，人口約450万人のオーストラリア最大の都市であるが，首都は人口約42万人のキャンベラである。都市の分類において，キャンベラのような都市を何というか答えなさい。また，都市の形態を示した次のア～エのうち，キャンベラに該当するものはどれか，1つ選びなさい。

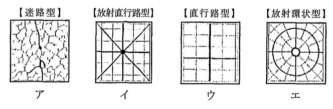

【迷路型】　　【放射直行路型】　　【直行路型】　　【放射環状型】

ア　　　　　イ　　　　　ウ　　　　　エ

(6)　地図中🅐🅑の線の地形断面を示したものを，次のア～エから1つ選びなさい。

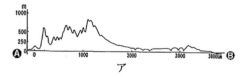

ア

142

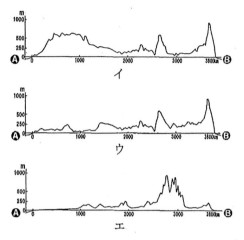

(7)　地図中のグレートディヴァイディング山脈と同じ時期の造山運動で形成された山脈を1つあげなさい。

(8)　地図中の矢印③はポートヘッドランドから積み出しされる鉱産資源の日本への輸送路を示している。オーストラリアが世界の輸出量の約53%(2017年)を占めるこの鉱産資源は何か，答えなさい。

(9)　地図中の♣は先住民族アボリジニの聖地とされるエアーズロック(ウルル)を示している。この民族と同じく，アメリカ大陸にも文字をもたない先住民が存在した。インカ帝国では数を記録する手段として資料3のような結縄を使用したが，これを何と呼ぶか，カタカナで答えなさい。

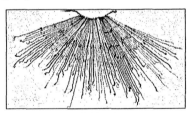

資料3

(10)　資料4は，オーストラリアへの外国人流入人口の推移を表したものである。表中のア～エは，中国・イギリス・フィリピン・ニュージーランドのいずれかを示している。ニュージーランドに該当するものを，ア～エから1つ選びなさい。

国 名	1991	2010	2016	%
インド	5100	23500	38600	17.7
ア	3300	24500	29100	13.3
イ	7500	24400	19700	9.0
ウ	20700	26700	19000	8.7
エ	6400	10200	12000	5.5
合計(その他共)	121700	202200	218500	100.0

資料4　『データブックオブザワールド』(2020)より作成。

(11)　資料5は，敗戦のため海外から日本に帰国した軍人・民間人数を表したものである。表中のア～エは，オーストラリア・中国・満州国・ハワイのいずれかを示している。オーストラリアに該当するものを，ア～エから1つ選びなさい。

ア	1,541,329	沖縄	69,416
イ	1,045,525	本土隣接諸島	62,389
朝鮮	919,904	ベトナム	32,303
台湾	479,544	香港	19,347
旧ソ連	472,951	インドネシア	15,593
樺太・千島	293,533	エ	3,659
ウ	138,843	ニュージーランド	797
フィリピン	133,123	その他	937,461
太平洋諸島	130,968	合計	6,296,685

資料5　日本人の海外引揚げ者数 (2003)
軍人を含む。『厚生労働省社会・援護局資料』より作成。

(12)　江戸時代初期には，地図中の■に日本人が渡航し，居住するようになった。そのきっかけとなった1635年まで行われた貿易の形態について，その貿易の名称，渡航許可書の発行元と担い手を明らかにして説明しなさい。

(13)　オーストラリアが建国された1901年に，福岡県で操業が開始された官営製鉄所の名称を答えなさい。

(14) オーストラリアが本国イギリスと対等な主権を認められたのは1931年のウェストミンスター憲章によりイギリス連邦が成立したときである。このとき自治領アイルランド自由国も本国イギリスと対等となった。アイルランドの歴史について，次のア～エを年代の古い順に並べ替えなさい。

ア　アイルランド共和国としてイギリス連邦を離脱した。

イ　クロムウェルによって征服された。

ウ　アイルランド自治法が成立したが実施は延期された。

エ　オコンネルらによりカトリック教徒解放法が成立した。

(15) 地図中の▲の都市で，1955年に日本を含む29か国が参加した国際会議が開催され，平和十原則を採択し，その後の反植民地主義と平和共存，民族独立を求める民族運動に大きな影響を及ぼした。この会議の名称を答えなさい。

(☆☆☆◎◎◎)

【4】高等学校学習指導要領「地理歴史」において，(1)～(5)の問いに答えなさい。

(1) 次の文は，「第1　地理総合」「1　目標」の(2)である。(　①　)～(　③　)にあてはまる語句を書きなさい。ただし，同じ数字には同じ語句が入るものとする。

> 　地理に関わる事象の意味や意義，特色や相互の関連を，位置や(　①　)，場所，人間と自然環境との(　②　)関係，空間的(　②　)作用，地域などに着目して，概念などを活用して多面的・多角的に考察したり，地理的な課題の解決に向けて構想したりする力や，考察，構想したことを効果的に説明したり，それらを基に(　③　)したりする力を養う。

(2) 次の文は，「第2　地理探究」「2　内容」「C　(1)　持続可能な国土像の探究　イ　(ア)」である。(　①　)～(　③　)にあてはまる語句を書きなさい。

> 　現代世界におけるこれからの日本の国土像について，地域の結び付き，（　①　），持続可能な社会づくりなどに着目して，主題を設定し，我が国が抱える地理的な諸課題の解決の（　②　）や将来の国土の（　③　）などを多面的・多角的に探究し，表現すること。

(3) 次は，「第3　歴史総合」「2　内容」の各項目である。（　①　）〜（　③　）にあてはまる語句を書きなさい。

> A　歴史の扉
> B　（　①　）と私たち
> C　国際秩序の変化や（　②　）と私たち
> D　（　③　）と私たち

(4) 次の文は，「第4　日本史探究」「3　内容の取扱い　(1)　キ」である。（　①　）〜（　④　）にあてはまる語句を書きなさい。

> 　文化に関する指導に当たっては，各時代の文化とそれを生み出した時代的背景との関連，（　①　）の文化などとの接触や交流による文化の変容や発展の過程などに着目させ，我が国の（　②　）と文化の特色とそれを形成した様々な要因を総合的に考察できるよう指導を工夫すること。（　③　）や風習・信仰などの生活文化についても，時代の特色や地域社会の様子などと関連付け，（　④　）や考古学などの成果の活用を図りながら扱うようにすること。

(5) 次は，「第5　世界史探究」「2　内容」Aの各項目である。（　①　）・（　②　）にあてはまる語句を書きなさい。

> A　世界史へのまなざし
> (1)　（　①　）から見る人類の歴史
> (2)　（　②　）から見る世界の歴史

(☆☆☆☆◎◎◎)

146

公　民　科

【1】 次の(1)～(8)の問いに答えなさい。

(1)　次の文は，日本国憲法第97条である。(　ア 　)～(　ウ 　)にあて
はまる語句を漢字で答えなさい。

「この憲法が日本国民に保障する基本的人権は，人類の多年にわ
たる(　ア 　)の努力の成果であつて，これらの権利は，過去幾多の
(　イ 　)に堪へ，現在及び将来の国民に対し，侵すことのできない
永久の権利として(　ウ 　)されたものである。」

(2)　日本国憲法第76条で設置が禁止されている特別裁判所について，
40字～50字で説明しなさい。また，大日本帝国憲法の下で存在して
いた特別裁判所を1つ答えなさい。

(3)　次の文を読み，①・②の問いに答えなさい。

選挙をめぐる深刻な問題として，投票率の長期低落傾向があり，
国政選挙の投票率が50％を下回ることもあった。最近では，政治へ
の信頼を回復するため，各政党が政策目標を選挙前に(　ア 　)とし
て公表している。2013年には，(　イ 　)での選挙運動が解禁された。

低投票率の背景には政治的無関心がある。特に注目されるのは，
有権者の政党離れと，有権者の半数に達する政党支持なし層の急増
である。

①　(　ア 　)・(　イ 　)に適する語句を答えなさい。

②　下線部の政党支持なし層のことを何というか，漢字4文字で答
えなさい。

(4)　アメリカ合衆国の政治機構について述べた文として正しいもの
を，次のア～カから2つ選び，記号で答えなさい。

ア　大統領は，直接選挙によって4年間の任期で選ばれる。

イ　大統領は，条約の締結権や議会を解散する権限をもつが，法案
提出権はもたない。

ウ　議会は各州2名の代表からなる下院と，各州から人口に比例し
て選出された議員が構成する上院からなる。

　　エ　議会は，立法権，予算議決権に加えて，3分の2以上の多数によ
　　　る法案再可決権をもつ。

　　オ　下院は，大統領が締結した条約や行政部人事への同意権をもつ。

　　カ　裁判所は憲法の最終解釈権をもち，違憲法令審査権を行使する。

(5)　次の①～⑤の文の（　ア　）～（　オ　）にあてはまる数字を答えな
　　さい。

　①　衆議院の解散の日から（　ア　）日以内に，総選挙を行わなけれ
　　　ばならない。

　②　条例の制定・改廃請求に必要な署名数は有権者の（　イ　）分の1
　　　以上である。

　③　2015年に公職選挙法が改正され，2016年の参議院議員選挙から
　　　選挙権の下限年齢が満（　ウ　）歳に引き下げられた。

　④　1945年6月に，サンフランシスコでの連合国会議において国際
　　　連合憲章が採択され，同年10月に原加盟国（　エ　）カ国によって，
　　　国際連合が正式に発足した。

　⑤　我が国の裁判員制度とは，一般人からくじで選ばれた（　オ　）
　　　人の裁判員が刑事裁判審理に参加し，3人の裁判官とともに判決
　　　の内容を決めるものである。

(6)　次の国際政治の出来事を，古い順に並べ，記号で答えなさい。

　　ア　キューバ危機　　イ　東西ドイツ統一　　ウ　ソ連消滅

　　エ　北大西洋条約機構成立

(7)　行政委員会が設置された目的について，30字～40字で説明しなさ
　　い。また，国に設置されている行政委員会を2つ答えなさい。

(8)　次の文を読み，①・②の問いに答えなさい。

　　　封建制や絶対王政を打倒し，市民による政治を目指す市民革命は，
　　自然法思想に支えられ，基本的人権の保障をはじめ，民主政治の基
　　礎となる諸原理を生み出した。近代市民社会の理論的基礎となった
　　思想が(a)社会契約説で，イギリスの(b)ホッブズやロック，フランス
　　のルソーらに代表される。

　①　下線部(a)の社会契約説について，30字～40字で説明しなさい。

② 下線部(b)のホッブズは，彼の著書において，自然状態が「万人の万人に対する闘争(状態)」であると説いた。1651年に刊行された著書名を答えなさい。

(☆☆☆◎◎◎)

【2】次の(1)～(8)の問いに答えなさい。

(1) マズローの欲求階層説について，次のア～オの欲求を，低次の欲求から高次の欲求の順に並べ，記号で答えなさい。

ア　自尊心，他者による尊敬を求める欲求

イ　集団への帰属，他人とかかわりたいと思う欲求

ウ　本当の自己を見いだし，自分の能力を最大限実現しようとする欲求

エ　安心，安定，恐怖や危険からの自由を求める欲求

オ　食欲，睡眠欲，性欲などの欲求

(2) ギリシャの思想について，次の①～⑤の人物の考えや主張をア～オから選び，記号で答えなさい。

①　エンペドクレス　　②　ヘラクレイトス　　③　デモクリトス

④　タレス　　　　　　⑤　パルメニデス

ア　「在るものは在り，在らぬもの(無)は在らぬ」と主張した。

イ　「万物は流転する」と主張した。

ウ　原子の集合と離散による万物の形成を説いた。

エ　自然を構成する要素として土・水・火・空気を挙げた。

オ　「万物の根源は水である」と主張した。

(3) 仏陀の思想における「慈悲」について，「慈」及び「悲」の内容を明らかにしつつ，30字～50字で説明しなさい。

(4) 日本儒学について述べた次の文について，(ア)～(エ)に適する語句や人物名を漢字で答えなさい。

　　江戸時代中期以降，日本独自の儒学思想が登場する。それは，(ア)学や(イ)学のような後世の解釈を通してではなく，直接『論語』や『孟子』などの原典から学びとるものだとする古学の

考え方である。『語孟字義』などを著した(　ウ　)の古義学,『弁道』などを著した荻生徂徠の(　エ　)学などである。

(5) 西田幾多郎のいう「純粋経験」を説明する際に用いられる,人々が楽曲に心を奪われたり,絵画を描くことに没入している状態(経験)をさす概念を,漢字4文字で答えなさい。

(6) 知識の元である「観念」について,経験論の立場に立つロックはどのように考えたか,20字～40字で説明しなさい。

(7) 近現代の西洋の思想家の説明として正しいものを,次の文のア～エから1つ選び,記号で答えなさい。

　ア　デューイは,人間の言語や思考は,無意識的・集団的に形成されていくパターン(構造)により方向づけられていると説いた。

　イ　ヤスパースは,人間は,限界状況において挫折することと,他者との実存的交わりにより真の実存に目覚めることができると説いた。

　ウ　ハイデッガーは,人間を「実存は本質に先立つ」存在であると説いた。

　エ　レヴィ＝ストロースは,近代の理性には,人間を画一的な管理と支配下におくこととなる「道具的理性」の側面があると説いた。

(8) 「近代西欧社会は,『東洋』を自分達とは正反対の,後進的でエキゾチックな『他者』とし,自分たちを先進的で文明的なものとしている。」とするサイードの思想を何というか。次のア～エから1つ選び,記号で答えなさい。

　ア　エスノセントリズム

　イ　マルチカルチュラリズム

　ウ　オリエンタリズム

　エ　コミュニタリアニズム

(☆☆☆◎◎◎)

【3】次の(1)～(6)の問いに答えなさい。

(1) 寡占市場において見られる管理価格について,30字～50字で説明

しなさい。

(2) プライマリー・バランス(基礎的財政収支)の求め方について，次のA〜Dを全て用いて計算式を答えなさい。計算式は記号のみを用いなさい。

【解答例：B−(A＋C＋D)】

A：歳入　　B：歳出　　C：公債金収入

D：債務償還費・利払い費(国債費)

(3) 大企業と中小企業の間にある，資本装備率，生産性，収益性，賃金等の格差の問題を何というか，答えなさい。

(4) 製造物責任法(PL法)があることで，消費者にどのような利点がもたらされているか，答えなさい。

(5) 雇用・労働に関する記述として正しいものを，次のア〜エから1つ選び，記号で答えなさい。

ア　変形労働時間制や裁量労働制等の労働時間に関する規定は，主に労働関係調整法に規定されている。

イ　派遣労働については，特にこれを規定する法律は設けられていない。

ウ　現在，男女雇用機会均等法は，労働条件の全てにわたり男女差別を禁止している。

エ　現在，育児休業法により，男女問わず育児休業を取得でき，それを理由とする解雇等の不利益な扱いは禁止されている。

(6) 企業に対し，一定割合の障がい者の雇用を義務づけている法律の名称を答えなさい。(法律名は略称でも可)

(☆☆☆◎◎◎)

【4】次の(1)・(2)の問いに答えなさい。

(1) 国際収支における金融収支内の「直接投資」とは，どのような投資か答えなさい。

(2) WTO(世界貿易機関)とFTA(自由貿易協定)について，WTOは機関であり，FTAは協定であるという違いの他，両者はその原則におい

て異なる部分がある。何が異なるか，30字〜50字で説明しなさい。

(☆☆☆☆◎◎◎)

【5】高等学校学習指導要領「公民」について，(1)〜(5)の問いに答えな
さい。

(1) 次の文は，「第1款　目標　(3)」である。(①)〜(③)にあ
てはまる語句を答えなさい。

　　よりよい社会の実現を視野に，現代の諸課題を主体的に解決しよ
うとする(①)を養うとともに，多面的・多角的な考察や深い理
解を通して(②)される，人間としての在り方生き方についての
自覚や，国民主権を担う公民として，自国を愛し，その平和と繁栄
を図ることや，各国が相互に主権を尊重し，各国民が(③)し合
うことの大切さについての自覚などを深める。

(2) 次の文は，「第1　公共」の「1　目標　(2)」である。(①)〜
(③)にあてはまる語句を答えなさい。

　　現実社会の諸課題の解決に向けて，選択・判断の手掛かりとなる
考え方や公共的な空間における基本的原理を活用して，(①)を
基に多面的・多角的に考察し公正に判断する力や，(②)や社会
参画を視野に入れながら構想したことを(③)する力を養う。

(3) 次の文は，「第2　倫理」の「2　内容　A　(2)　ア　(ア)」である。
(①)〜(③)にあてはまる語句を答えなさい。

　　古来の日本人の(①)と考え方や日本の先哲の思想に着目して，
我が国の風土や(②)，外来思想の受容などを基に，国際社会に
生きる日本人としての在り方生き方について思索するための手掛か
りとなる日本人に見られる人間観，(③)観，宗教観などの特質
について，自己との関わりにおいて理解すること。

(4) 次の文は，「第3　政治・経済」の「3　内容の取扱い　(2)　ア」
である。(①)・(②)にあてはまる語句を答えなさい。

　　この科目の内容の特質に応じ，学習のねらいを明確にした上でそ
れぞれ関係する(①)や関係諸機関などとの連携・(②)を積

　　極的に図り，社会との関わりを意識した課題を追究したり解決に向
　　けて構想したりする活動の充実を図るようにすること。
(5)　「第1　公共」の「3　内容の取扱い　(3)　イ」において，この科
　　目においては，教科目標の実現を見通した上で，キャリア教育の充
　　実の観点から，どのようなことに留意することとされているか，答
　　えなさい。

(☆☆☆☆◎◎)

解答・解説

中　学　社　会

【1】(1)　ウ　　(2)　ウ　　(3)　イ　　(4)　白豪主義　　(5)　APEC
〈解説〉(1)　オーストラリアは南半球に位置するので，日本とは季節が
　　反対になるが，時差は小さい。つまり経度差が小さいということにな
　　る。東京都は東経およそ140°に位置するが，その東京都から真南に進
　　む線は，略地図中のXとほぼ重なることに気付きたい。　(2)　オース
　　トラリア大陸の内陸は乾燥し，沿岸部は温暖である。西岸のパースは，
　　冬季に降水が多く夏季に乾燥する地中海性気候である。　(3)　埋蔵量
　　1位がチリであることからⅢは銅鉱，オーストラリアが1位であること
　　からⅣは鉄鉱石とわかる。また，1位のギニアと2位のオーストラリア
　　で埋蔵量の44%強を占めるⅡはボーキサイトと考えられる。よって，
　　Ⅰは石炭。　(4)　白豪主義の遠因となったのは，1851年にオーストラ
　　リアで始まったゴールドラッシュである。これが全土に拡大したこと
　　で，外国人労働者の急増が社会問題となり，1901年に移民制限法が制
　　定された。そして，非ヨーロッパ系移民が制限され，白人優先の国家
　　建設が進められることとなった。　(5)　APEC(アジア太平洋経済協力

153

会議)は，環太平洋地域の自由貿易体制の維持・強化を目的とし，貿易・投資の自由化と円滑化，経済・技術協力を柱としている。日本・アメリカ・カナダ・オーストラリア・ニュージーランド・韓国・タイ・インドネシア・フィリピン・マレーシア・シンガポール・ブルネイ・メキシコ・パプアニューギニア・中国・香港・台湾・チリ・ロシア・ベトナム・ペルーが加盟している。

【２】(1)　カルスト(地形)　　(2)　レグール　　(3)　1万分の1
(4)　ニュータウン　　(5)　養殖業は，養殖池等で魚介類等を成長させてから捕獲する漁業であるのに対して，栽培漁業は，ある程度の大きさまで稚魚等を育て，その後，いったん海や川へ放流し，成長したら捕獲する漁業のことである。

〈解説〉(1)　カルスト地形は，海底に堆積した石灰岩が陸化し，雨水や地下水で溶食(石灰岩が二酸化炭素の混じった水で溶かされること)されて形成されたもの。スロベニアのカルスト地方に由来する名前。
(2)　レグールは，玄武岩を母岩とする間帯土壌である。有機質に富む肥沃な黒色土で，綿花の栽培に適している。　　(3)　縮尺を表す時，分母(＝縮尺分母)が小さいほど，縮尺が大きくなる。1万分の1，2万5千分の1，5万分の1，10万分の1の中では，1万分の1地形図の縮尺が最も大きい。1万分の1地形図上の1cmは実際には100m，10万分の1地形図上の1cmは実際には1000mとなるので，同じ場所の地図を描く時，縮尺が大きい地形図の方が大きく描かれる。　　(4)　職場と住居が共存した職住接近がロンドンのニュータウンの特色である。　　(5)　養殖業は，生け簣などで魚介類を人工的に育成してから捕獲する漁業である。栽培漁業は，採卵・受精・孵化を行い，稚魚をある程度育ててから放流し，自然の中で成長したものを捕獲する漁業である。さけ類・えび類・ひらめ類・ほたて・あわび・うに・わたりがに等が対象となっている。

【3】(1) ア 表現の自由 イ 団体行動 (2) (a) 労働者が団結して労働組合を結成する権利 (b) 労働契約法 (3) 内閣総理大臣の指名 (4) ア，エ

〈解説〉(1) ア 日本国憲法第21条の第1項では表現の自由の保障，第2項には検閲の禁止と通信の秘密が定められている。また，新しい人権の一つに「知る権利」があるが，これは表現の自由を情報の受け手側から捉えた権利として理解されている。 イ 団結権，団体交渉権，団体行動権(争議権)を総称して，労働三権という。 (2) (a) 団結権は，労働組合を結成する権利や労働組合に加入する権利のことで，組合の結成を理由に従業員を解雇することや，労働組合に加入しないことを条件とした労働契約(黄犬契約)などは，不当労働行為として禁止されている。 (b) 労働三法とは，労働基準法，労働組合法，労働関係調整法のこと。また，就業形態が多様化したことや個別労使紛争が増加したことを受けて，労働契約法が制定された。 (3) 特別会(特別国会)とは，衆議院解散総選挙後30日以内に召集される国会のこと。特別会が召集されると，内閣は総辞職することになっているので，内閣総理大臣の指名(首班指名選挙)が必ず行われる。 (4) 下級裁判所には，高等裁判所，地方裁判所，家庭裁判所，簡易裁判所がある。高等裁判所は，東京都，大阪市，名古屋市，広島市，福岡市，仙台市，札幌市，高松市の全国8か所に設置されている。

【4】(1) エンゲル係数 (2) a メセナ b フィランソロピー (3) (a) ア (b) イ (c) イ

〈解説〉(1) 低所得者ほど，エンゲル係数は高くなる傾向がある。貧困や所得格差に関する指標としては，国民に占める低所得者の割合を示す貧困率や絶対的貧困率，国民の間の所得格差の大きさを示すジニ係数などがあることを，併せて覚えておきたい。 (2) a メセナとは，芸術家への支援に積極的だった古代ローマの政治家マエケナスに由来する言葉。 b フィランソロピーは，古代ギリシャ語で人類愛を意味する言葉に由来する。「企業の社会的責任(CSR：Corporate Social

Responsibility)」として，現代企業にはこうした活動への取組みが求められている。　(3)　(a)　累進課税とは高所得者ほど高い税率で課税すること。所得税などに導入されている。　(b)　景気が良くなれば雇用が拡大するから，失業者は減る。ゆえに，失業給付は減るし，雇用保険料の納付額も増える。　(c)　消費支出が減るというよりも，消費支出の増加が抑制される。

【5】(1)　オンブズマン(制度)　　(2)　消費者と生産者との間で持っている情報量に差があること。　　(3)　トレード・オフ

〈解説〉(1)　オンブズマンはスウェーデン発祥の制度。わが国では，神奈川県川崎市を初の例として，地方公共団体でオンブズマンが設置された例がみられる。また，市民オンブズマンと称して，市民運動として行政機関などを監視する例もある。　　(2)　例えば，商品の品質について，消費者は販売者と比べ，十分な情報を持っていない。こうした「情報の非対称性」は，市場メカニズムでも資源の効率的な配分が実現できない「市場の失敗」の例とされている。　　(3)　例えば，高品質な商品を生産しようとすれば，それだけコストも増加せざるを得ないので，品質とコストはトレード・オフの関係にあるといえる。このように，一方を実現しようとすれば他方を犠牲にせざるを得ない，両立が不可能な関係にあることを，トレード・オフの関係にあるという。

【6】(1)　ウ　　(2)　税を納めさせる人を確保する。　　(3)　運脚
(4)　戸籍

〈解説〉(1)　律令制下の地方制度は国郡里制で，国の長官の国司が貴族から選ばれて都から派遣され，国司の下で働く郡司と里長が地方の有力者から選ばれた。地方行政組織の末端である里は50戸からなり，717年の郷里制施行後は郷と呼ばれたが，740年ごろに廃止された。
(2)　律令制下では税を納める人を確保するために，戸籍に登録された6歳以上のすべての人々に口分田を与えて死ぬと国に返す班田収授法が行われ，収穫した稲の約3%を租として国府に納めさせた。

(3)　庸と調は納税者が都(九州の場合は大宰府)まで運んで納める負担もあり，運脚と呼ばれた。往復時の食費は自弁だったので大きな負担であり，途中で力尽きて亡くなる人々も多かった。　(4)「六年に一たび造れ」と命じているので，律令制下で班田収授のために6年ごとに作成することが規定された，土地台帳の戸籍である。調・庸や雑徭などの労役を課すための租税台帳として毎年作成された計帳と混同しないように。

【7】(1)　バラ戦争　　(2)　①　連邦　　②　大統領　　(3)　ア
(4)　王権神授(説)　　(5)　C→D→A→E→B
〈解説〉(1)　王位を争ったランカスター家の記章が赤バラ，ヨーク家のそれが白バラだったことが，バラ戦争の名の由来であったとされる。戦争はランカスター家系であるテューダー家のヘンリが勝利し，ヘンリ7世としてテューダー朝を開いた。　(2)　①　アメリカ合衆国の国制は大幅な自治権を持つ諸州による連邦制を採用している。　②　合衆国憲法では整然とした三権分立が定められており，行政権は大統領が担っている。　(3)　古代エジプト文明で用いられた太陽暦が，ローマのユリウス暦のもととなった。なお，イのハンムラビ法典，ウのくさび形文字，エの60進法はメソポタミア文明のものである。　(4)　イギリスではステュアート朝が成立すると，王権神授説を唱える国王と議会の対立が鮮明となり，ジェームズ1世の子のチャールズ1世の代にイギリス革命(ピューリタン革命)が起きている。　(5)　A　バラ戦争は1455〜1485年のこと。　B　アメリカで合衆国憲法が採択されたのは1787年のこと。　C　古代エジプトで統一王国が形成されたのは紀元前3000年頃のこと。　D　アッバース朝の成立は750年のこと。
E　イギリスでジェームズ1世が即位したのは1603年のこと(〜1625年)。

【8】(1)　(a)　天皇中心の政治を進めた。　　(b)　ウ　　(2)　①　持明院(統)　　②　大覚寺(統)　　(3)　エ→ア→ウ→イ
〈解説〉(1)　(a)　1333年，鎌倉幕府の御家人だった足利尊氏や新田義貞

の活躍で鎌倉幕府を滅ぼした後醍醐天皇は，天皇中心の政治体制に戻して親政を始めた。翌1334年，建武と改元されたため，この親政は建武の新政と呼ばれる。しかし，公家を重視して武士に重税を課すなどしたため武士たちの不満が高まって，1335年に尊氏らが反旗をひるがえし，建武の新政は2年余りで失敗した。　(b)「建武年間記」は当時の法令などを集めた史料集で，「建武記」，「建武二年記」とも呼ばれる。編者は不詳。建武の新政を批判した二条河原落書が記載されている。　(2)　①　後嵯峨天皇は鎌倉時代中期の1242年に即位したが，1246年に後深草天皇に譲位して上皇となり，院政を始めた。後深草天皇は退位後に持明院殿を御所としたため，その系統は持明院統と呼ばれ，南北朝時代には京都の北朝となった。　②　後深草天皇は1259年に弟の亀山天皇に譲位した。亀山天皇の系統は，皇子の後宇多天皇(後醍醐天皇の父)が退位後に大覚寺で院政を行ったことから大覚寺統と呼ばれ，南北朝時代には吉野の南朝となった。　(3)　1335年，足利尊氏は後醍醐天皇の建武政権に反旗をひるがえし，翌1336年に京都を制圧して持明院統の光明天皇を立てた(エ)。1338年，光明天皇は尊氏を征夷大将軍に任じた(ア)。1350年，初代将軍足利尊氏の重臣高師直と尊氏の弟の足利直義が衝突したのをきっかけに観応の擾乱が起こった(ウ)。1378年，3代将軍足利義満は京都の室町に花の御所と呼ばれる邸宅をつくった(イ)。

【9】(1)　①　国土　　②　国際関係　　③　効果的　　(2)　①　歴史的な見方・考え方　　②　民主的　　③　相互の関連　　④　複数
(3)　①　小学校社会科　　②　有機的　　③　意義　　④　根拠
〈解説〉(1)　①　この文章は，「中学社会」という「教科の目標」の中で，柱書の後に示される中学社会で育成を目指す資質・能力の三つの柱のうちの(1)で，「知識及び技能」について書かれたものである。
②「我が国の〜(略)〜現代の政治，経済，国際関係等」の部分は，中学校社会科で扱う学習対象を示しており，「現代の政治，経済，国際関係等」はおもに公民的分野で扱う学習対象である。　③「調査や諸

資料から～(略)～効果的に調べまとめる技能」は，調査活動や諸資料の活用など手段を考えて，課題の解決に必要な社会的事象に関する情報を収集する技能，収集した情報を社会的な見方・考え方を働かせて読み取る能力，読み取った情報を課題解決に向けてまとめる技能のことである。 (2) ① 冒頭の4行は，歴史的分野の目標の柱書の部分である。平成29年に改訂された新学習指導要領では，全ての教科，科目，分野等を学ぶ本質的な意義が，各教科の特質に応じた「見方・考え方」として整理されている。「歴史的な見方・考え方」とは，「社会的事象を時期，推移などに着目して捉え，類似や差異などを明確にし，事象同士を因果関係などで関連付けること」である。 ②「グローバル化する～(略)～育成することを目指す」は，小・中学校の社会科の共通のねらいであり，小・中学校の社会科の指導を通して，その実現を目指す究極的なねらいを示している。 ③ 空所を含む文は，歴史的分野の目標の柱書に続く(1)～(3)の目標の(2)で，「思考力，判断力，表現力等」に関するねらいを示している。「時期や年代，～(略)～相互の関連や現在とのつながりなど」は，社会的事象の「歴史的な見方・考え方」に沿った視点の例を示している。 ④「多面的・多角的に～(略)～複数の立場や意見を踏まえて公正に選択・判断したりする力」は，社会的事象は，そのものが多様な側面をもつとともに，様々な角度からや，いろいろな立場に立って追求することが可能であることを示している。 (3) ① 小学校社会科の学習の成果を生かすとともに，地理的分野と歴史的分野を並行して学習させ，その基礎の上に公民的分野を学習させるのが，社会科の基本的な構造である。 ② 有機的とは，多くの部分から成り立ちながらも，各部分の間に緊密な関連や統一があり，全体としてうまくまとまっているさまである。 ③「意味」が言葉や行為によって示される内容，または物事がもつ価値を表すのに対し，「意義」は言葉や行為が表す内容や物事がもつ価値・重要性を表す。 ④ 平成20年改訂の学習指導要領において，言語能力とその育成のための言語活動の充実が求められてきた趣旨を，今回(平成29年)改訂の新学習指導要領に引き継ぎつつ，資料等を活用して論理的

に説明したり，立場や根拠を明確にして議論したりするなどの社会科ならではの言語活動に関わる学習を，一層重視する必要があるとしている。

地　理・歴　史

【1】(1)　(a)　有力な豪族のみが上品に推薦され，高級官職を独占する貴族として，強い勢力を持つようになった。　　(b)　ア　　(c)　イ
(2)　魏志倭人伝　　(3)　イ　　(4)　ギリシア正教　　(5)　四人の娘を天皇家の妃とし，天皇の母方の外祖父としての立場を利用した。
(6)　(a)　本領安堵，新恩給与　　(b)　荘園の土地を折半または一定の比率で領家分と地頭分に分け，境界線を引き相互に干渉しないようにすること。　　(7)　朱熹　　(8)　ウ　　(9)　アヘン戦争
(10)　ウ　　(11)　ア　　(12)　民衆の負担からの側面…地租の軽減　民権運動への制限に対する側面…言論・集会の自由　　(13)　(a)　大量(生産体制)　　(b)　IoT　　(14)　(a)　エ　　(b)　工場法
(15)　新婦人協会　　(16)　ウ

〈解説〉(1)　(a)　九品官人法は州・郡に置かれた中正官が，管内の人材を九等に分けてランク付けし(郷品)，中央政府が郷品に応じて官品を授ける制度。一部の有力豪族層が高い郷品を獲得することで，中央で高位高官を独占するようになり，門閥貴族を形成するようになった。一方，低い郷品しかもらえない一族は寒門と呼ばれた。　　(b)　シャープール1世はササン朝の第2代国王で，エデッサの戦いでローマのヴァレリアヌス(ウァレリヌス)を捕虜にした。その様子は磨崖浮彫として残されている。　イ　ホスロー1世はササン朝最盛期の国王である。ウ　ダレイオス1世はアケメネス朝の国王である。　エ　アレクサンドロス大王はマケドニア王国の国王である。　　(c)　212年の勅令は，カラカラ帝の本名であるマルクス＝アウレリウス＝セヴェルス＝アントニヌスにちなんで，アントニヌス勅令と呼ばれる。この勅令により，帝国の全自由民にローマ市民権が付与されたが，税収の増加を目的と

160

したものとされている。　ア　トラヤヌス帝は五賢帝の一人で帝国最大版図を築いた。　ウ　コンスタンティヌス帝はミラノ勅令でキリスト教を公認し，コンスタンティノープルに遷都した皇帝。　エ　テオドシウス帝は最後の統一皇帝で，キリスト教を国教化した。　(2)　晋(西晋)の陳寿が著した『三国志』のうち，「魏書」の東夷伝倭人の条が「魏志倭人伝」と通称されている。　(3)　686年に天武天皇が亡くなると，皇后が即位して持統天皇となり，689年に，後の「大宝律令」の基礎となったといわれる飛鳥浄御原令を施行した。持統天皇は694年に飛鳥浄御原宮から藤原京に都を移し，藤原京は710年に元明天皇が平城京に遷都するまで続いた。　(4)　ギリシア正教は，1054年にローマ＝カトリック教から分離したキリスト教で，ビザンツ帝国を背景とするコンスタンティノープル総主教を中心とする。東方正教とも呼ばれる。　(5)　藤原氏は娘を天皇の妃とし，皇子が生まれると天皇に立てて外祖父となり，天皇が幼い時は摂政，成長すると関白の職について，政治の実権を握った。これを摂関政治という。11世紀初め，藤原道長は4人の娘を天皇の妃として，子の頼通とともに摂関政治の全盛期を築いた。　(6)　(a)　鎌倉時代，御家人は，将軍(幕府)に領地を保護してもらう本領安堵，手柄によって新しい領地を与えられたり守護・地頭に任命されたりする新恩給与の御恩に対し，平時には京都大番役や鎌倉番役での警備，有事には命がけで戦う軍役などの奉公の義務を負った。　(b)　1221年の承久の乱後，地頭が支配権拡大の動きを見せ，多くの荘園領主はやむなく地頭に荘園の管理を一切任せ，一定の年貢納入だけを請け負わせた。この契約を地頭請所(地頭請)というが，契約を破る地頭が多かったため，下地中分が行われた。　(7)　朱熹は朱子とも呼ばれ，その学派を朱子学と呼ぶ。『四書集注』を著し，人間の本性を理とする「性即理」や大義名分論などを唱えた。

(8)　ボアソナードは明治政府の招聘を受けて1873年に来日し，1879年から民法の起草に当たり，1890年に公布された。しかし，その民法は民法典論争を引き起こし，施行が延期された。　(9)　対中国貿易の赤字に苦しむイギリスは，インド産のアヘンを清に密輸して代価として

銀を獲得することに成功した。アヘンの流入に苦しむ清は広州に欽差大臣(特命全権大臣)の林則徐を派遣して取締りを強化したが，これをきっかけにイギリスが清に宣戦してアヘン戦争が起こり，清は敗北した。　(10)　プロイセン＝フランス(普仏，ドイツ＝フランス)戦争は，1870年，ドイツ統一をめざすプロイセンと，それに対抗するフランスとの間に起こり，プロイセン(ドイツ)の圧勝に終わった。フランスは，1871年にドイツとフランクフルト講和条約を結んで，アルザス・ロレーヌをドイツに割譲した。なお，ア　ドイツ帝国の初代皇帝はヴィルヘルム1世である。　イ　文化闘争はビスマルクがカトリック教徒と妥協している。　エ　フランス二月革命は，1848年の，王政が倒れ共和政が成立した革命。　(11)　ファン＝ボイ＝チャウはベトナムの民族運動家。日本亡命中に『ベトナム亡国史』を著している。なお，イ　アギナルドはフィリピンの民族運動家である。　ウ　ホー＝チ＝ミンはベトナム独立運動の指導者である。　エ　チュラロンコン(ラーマ5世)はタイのラタナコーシン朝(チャクリ朝)の国王でチャクリ改革と呼ばれる近代改革を進めた。　(12)　1887年に起こった三大事件建白運動は，民衆の立場から地租軽減，自由民権運動家の立場から言論・集会の自由，広く国民の立場から外交の挽回(井上馨外相による極端な欧化政策に基づく条約改正交渉の失敗を責め，対等な立場での条約改正を求める)を要求する三大建白を元老院に提出して行った運動である。(13)　(a)　大規模な工場で，機械を使い多数の労働者を雇って行う生産体制を，大量生産体制という。施設の維持と賃金という固定費を補うためには，商品を大量に生産することが必要になる。　(b)　IoT: Internet of Thingsとは，「モノのインターネット」と訳される。情報・通信機器だけでなく，様々なモノに通信機能を持たせて，インターネットに接続できるようにすること。　(14)　(a)　ロバート＝オーウェンはイギリスの空想的社会主義者。アメリカに共産社会ニューハーモニーを建設したが失敗したほか，1833年の工場法成立に貢献した。ア　マルクスはドイツの科学的社会主義者で主著に『資本論』がある。イ　サン＝シモンはフランスの空想的社会主義者。アメリカ独立戦争

に参加したことでも知られる。　ウ　ルイ＝ブランはフランスの社会主義者。第二共和政府に参加し，国立作業場の設立を提案した。(b)　日本の工場法では，16歳未満の児童及び女子の労働時間が12時間に制限されて深夜労働も禁止され，12歳未満の児童の雇用は禁止されるなどした。しかし，資本家の強い反対にあい，適用は労働者を15人以上使用する工場に限定された。　(15)　1920年，平塚らいてう・市川房枝・奥むめおを発起人として，女性の参政権を要求し政治活動の自由などをめざす新婦人協会が設立され，この運動の結果，1922年には女性の政治演説会参加が認められた。　(16)　イスラーム教の影響で，女性の社会進出が進んでいないサウジアラビアが，女性の労働力率が最も低いアと考えられる。社会保障制度が整い，女性の社会進出が進んでいるスウェーデンがイと判断できる。日本とエチオピアは，総人口・労働力人口が共に近い数字で，若干日本が多い。しかし，高齢化が進む日本より若年層が多いエチオピアの方が労働力率全体は高いと思われるので，エがエチオピア，ウが日本である。

【2】(1)　神道の国教化をめざし，神仏習合を禁じた神仏分離令が出されたことにより，仏教を迫害する廃仏毀釈の風潮がおこった。(2)　教王護国寺　(3)　唐三彩　(4)　エ　(5)　河川名…ガンジス川　都市名…ヴァラナシ　(6)　(a)　国名…イスラエル　都市名…エルサレム　(b)　ウ　(7)　国王クローヴィスがローマ帝国で正統とされた宗派に改宗したことで，ローマ教会やローマ系住民の支持を得たから。　(8)　(a)　ナーガールジュナ　(b)　百済(9)　(a)　沖積平野　(b)　町人請負新田

〈解説〉(1)　1868年，明治新政府は神道の国教化をめざし，神仏習合を禁じた神仏分離令を出した。これを機に全国各地で仏教を迫害する廃仏毀釈の嵐が起こり，1876年ごろまでに多くの仏像・仏画・仏教建築などが破壊され，廃寺に追い込まれた寺も多数あった。資料1の切幡寺大塔は破壊を免れ，のちに移築されたものである。搬出できる仏像や仏画の多くは外国人の収集家に買い取られ，海外に流出した。

(2)　平安時代初期，平安京の正門の羅城門の東西に東寺と西寺が建てられた(西寺は現存しない)。823年，東寺は嵯峨天皇から空海に勅賜され，真言密教の根本道場となった。なお，教王護国寺という寺名は空海が名づけたものではなく，鎌倉時代が史料上の初出である。

(3)　低火度で焼成される軟陶の一種で，多くは明器(副葬品)として使われ，遼三彩や奈良三彩などに影響をあたえたとされる。　(4)　エは観心寺如意輪観音像で，平安時代前期に栄えた弘仁・貞観文化を代表する神秘的な密教彫刻の仏像である。なお，アは興福寺仏頭(白鳳文化)，イは六波羅蜜寺空也上人像(康勝作，鎌倉文化)，ウは東大寺法華堂執金剛神立像(天平文化)である。　(5)　ガンジス川はインド東部を流れてベンガル湾に注ぐ大河で，ヒンドゥー教徒が沐浴をする川として知られる。ヴァラナシは旧称をベナレスといい，ガンジス川流域で最大の都市で，ヒンドゥー教徒の聖地とされる。　(6)　(a)　嘆きの壁はエルサレム神殿の遺構の一部。ローマのハドリアヌス帝の治世中に起きたユダヤ人の反乱(132～135年)の後，ユダヤ人はエルサレム(現イスラエル)への立ち入りを禁止された。4世紀になってようやく，1年に1日だけ神殿の廃墟を訪れ，神殿の消失と故国の滅亡を嘆くことを許された。　(b)　ユダヤ教は選民思想を特徴とする。万人の救済を説いたのはキリスト教である。　(7)　ゲルマン人の多くは同じキリスト教でもアリウス派を信仰しており，その王国ではローマ系住民との軋轢が存在した。これに対し，フランク王国(メロヴィング朝)のクローヴィスはアタナシウス派に改宗することで，ローマ教会やローマ系住民の支持を得ることができ，国勢の伸長に寄与した。　(8)　(a)　ナーガールジュナ(竜樹)はサータヴァーハナ朝時代の仏僧・仏教学者。主著『中論』の中で「空」の思想を大成し，大乗仏教を理論化したとされる。インドやチベット，中国，日本で大乗仏教の祖とされている。(b)　仏教が公式に伝来したのは，朝鮮半島南西部にあった百済の聖明王が欽明天皇に仏像・経論などを伝えた時とされる。『上宮聖徳法王帝説』や『元興寺縁起』によると538年，『日本書紀』によると552年のことである。　(9)　(a)　沖積平野には，河川の上流から順に扇状

地・氾濫原・三角州が見られる。地形図は旧吉野川，今切川に挟まれた地域で，吉野川の河口部に位置する。三角州の一部と考えられる。

(b)　享保の改革で将軍徳川吉宗は年貢増収のために新田開発を奨励し，有力商人に協力を求めた。このような形で開発された新田を町人請負新田という。新田開発の形態には，その成立の事情によって，ほかに代官見立新田・土豪開発新田・村請新田などがある。

【3】(1)　エ　　(2)　イ　　(3)　亜熱帯高圧帯　　(4)　人口が少なく，国内市場も小さいため，生産量の大半が輸出用となっている。

(5)　都市の分類…政治都市　　記号…エ　　(6)　イ　　(7)　ウラル山脈　　(8)　鉄鉱石　　(9)　キープ　　(10)　イ　　(11)　ウ　　(12)　朱印船貿易は，幕府が発行した海外渡航許可の朱印状を得た西国大名や商人によって行われた。　　(13)　八幡製鉄所　　(14)　イ→エ→ウ→ア　　(15)　アジア＝アフリカ会議

〈解説〉(1)　経線①は，東京から真南に向かった線とほぼ同じであり，東経140度の線である。東経140度，つまり東京に最も近い都市は，千葉県の船橋市である。　　(2)　パースとアデレードは地中海性気候，メルボルンは西岸海洋性気候，シドニーは温暖湿潤気候に区分される。ア・ウ　夏は乾燥高温，降雨は冬に集中するのが特色である地中海性気候のものである。より降水量が少ないアがパース，残るウがアデレード。　イ　夏は冷涼，冬は温暖，降水量の季節変化が少ないので，西岸海洋性気候のメルボルンのものである。　エ　夏は高温多雨，冬は乾燥少雨で，気温の年較差が比較的大きいので，温暖湿潤気候のシドニーのものである。　　(3)　亜熱帯高圧帯では上昇気流が生じず，降水量が少ない。ここから高緯度側に偏西風，低緯度側に貿易風が吹き出す。　　(4)　資料1によると，羊毛の生産量は，オーストラリアは中国に次ぎ第2位である。資料2の「輸入」を見ると，中国は全体の45.2％を占め第1位であるが，「輸出」のランキングには入っていない。中国は人口が多いため，自国での生産量では必要量をまかなえず，輸入に頼っている。反対にオーストラリアは人口が少ないため，国内市

場が小さく，生産量の大半を輸出している。 (5) 最大の都市シドニーと，ゴールドラッシュ以降台頭してきたメルボルンのどちらを首都にするかで対立があったため，両都市の中間地点に首都を建設することになった。キャンベラが選定されて，1927年に国会議事堂が置かれ首都となった。キャンベラは国会議事堂を核とした放射環状型の都市である。 (6) オーストラリア大陸の西側には楯状地があるので，西側が低地となっているウとエは誤りである。中央部にはグレートアーテジアン盆地が広がり，その中に古期造山帯のフリンダーズ山脈があり，東海岸沿いにグレートディヴァイディング山脈がそびえている。 (7) グレートディヴァイディング山脈は，古期造山帯に分類される。古期造山帯の例として，他にはウラル山脈，アパラチア山脈，スカンディナビア山脈などがある。 (8) 北西部のピルバラ地区は，オーストラリア最大の鉄鉱石産地である。ポートヘッドランドは，鉄鉱石の日本への積出港となっている。 (9) キープとは，ケチュア語で「結び目」のこと。縄の結び方で意味や数を表す方法で，インカ帝国で記録に用いられたもの。 (10) 1991年・2010年当時は最も人数の多かったウが，イギリス連邦の長であるイギリスと考えられる。オーストラリアはかつてイギリスの植民地であり，最も関わりの深い国であったため，流入人口も多かった。逆に1991年には最も人数が少なく，その後飛躍的に人数が増えたアは，中国と考えられる。残るのはイとエであるが，隣国であるニュージーランドの方が，移動が容易であるという面からも，流入人口はフィリピンより多いと考えられる。よって，イがニュージーランド，エがフィリピンと推測できる。 (11) 最も引揚者数の多いアは中国で，3分の2が軍人・3分の1が民間人である。イは満州で，引揚者のほとんどは日本が作った「満州国」へ渡った開拓移民である。ウはオーストラリア，エはハワイで，それぞれ民間人はほぼおらず，軍人である。 (12) 朱印船貿易の渡航先は，シャム・ボルネオ・ジャワ・ルソンなどで，日本からは銅や鉄を輸出し，生糸や絹織物や砂糖などが輸入された。 (13) 八幡製鉄所は，軍備増強と産業資材用鉄鋼の生産増大を目的に設立された。

(14) ア　アイルランドは1922年にアイルランド自由国として自治領となっていたが，1937年にエールと国号を解消して共和国となり，1949年にアイルランド共和国と改称して，イギリス連邦を離脱した。　イ　アイルランドはイギリス革命期にクロムウェルにより1649年に征服された。　ウ　アイルランド自治法は1914年に成立したが，第1次世界大戦の勃発により，施行が延期された。　エ　アイルランド人の多くはカトリックを信仰しており，審査法により公職から排除されていたが，1829年のカトリック教徒解放法により差別が解消された。

(15)　地図中の▲印は，インドネシアのバンドンである。1955年の第1回アジア・アフリカ会議では，反帝国主義，反植民地主義を軸として参加国に連帯感をもたらしたが，1960年代のアフリカ諸国の独立後は開催意義が弱まり，2回目の会議は中止された。

【4】(1)　①　分布　　②　相互依存　　③　議論　　(2)　①　構造や変容　　②　方向性　　③　在り方　　(3)　①　近代化　　②　大衆化　　③　グローバル化　　(4)　①　外来　　②　伝統　　③　衣食住　　④　民俗学　　(5)　①　地球環境　　②　日常生活

〈解説〉(1)　①　「位置や分布〜(略)〜地域など」の部分は，社会的事象を「地理に関わる事象」として捉える際の，社会にみられる課題を「地理的な課題」として考察する際の視点である。　②　人間と自然環境との相互依存関係について考えることは，地域的特色を理解したり，地域の環境開発や環境保全を考えたりする際の重要な基礎となる。③　「概念などを活用して〜(略)〜それらを基に議論したりする力を養う」の部分は，地理歴史科の目標に示された表現と同趣旨である。目標の(2)は「思考力，判断力，表現力等」に関わるねらいを示すものなので，「説明したり」や「議論したり」する力を養うことが目標となる。　(2)　①　「地域の結び付き，構造や変容，持続可能な社会づくりなどに着目して」の部分は，現代世界におけるこれからの日本の国土像について，日本が抱える地理的な諸課題の解決の方向性や将来の国土の在り方などを考察する際に着目する視点を示したものである。

②　課題の解決の方向性を探求する事例としては，持続可能性を阻んでいる最も大きな要因に焦点を当て，その要因を排除する課題解決の方策を提案するなどの学習活動が考えられる。　③　将来の国土の在り方を探求する事例としては，持続可能な社会を実現するために従来とは異なる考え方を追求し，国土の在り方を提案するなど，新しい理念を打ち立てるような学習活動も考えられる。　(3)「歴史総合」は，現代的な諸課題の形成にかかわる近現代の歴史を考察，構想する科目として，今回の改訂で新たに設置された科目である。この科目では，現代的な諸課題の形成に関わる近現代の歴史の大きな変化として，A〜Dまでの大項目を設定している。　①「B　近代化と私たち」は，近代化(＝産業社会と国民国家の形成)を背景として，人々の生活や社会の在り方が変化したことから設定された項目である。　②「C　国際秩序の変化や大衆化と私たち」は，政治，経済，文化などの様々な面で国際的な結び付きが強まり，国家間の関係性が変化したことや個人や集団の社会参加が拡大したことを背景に，人々の生活や社会の在り方が変化したことから設定された項目である。　③「D　グローバル化と私たち」は，科学技術の革新を背景に人・商品・資本・情報等が国境を越えて一層流動するようになり，人々の政治や社会の在り方が変化したことから設定された項目である。　(4)　①　日本の文化は，各時代においてそれ以前の伝統を継承しながら，外来の文化を含む新たな要素を取り入れながら発展してきた。　②　新たな要素を取り入れながら発展してきた日本の伝統と文化について，系統的にかつ幅広い視野に立って総合的に考察することが大切である。　③　衣食住については，現代の生活との対比やそれへの結び付きに留意し，外国からの影響も視野に入れながら，各時代の衣食住の特色やその継承と変化に着目するようにする。　④　民俗学とは，民間伝承の調査を通して，一般庶民が作り上げてきた文化の現在までの発展の歴史を研究する学問のことである。　(5)　①　この中項目は，世界史学習の導入として，地球の誕生以降の人類の歴史と人類の特性を考察・表現する学習活動を通して，人類の歴史と地球環境との関わりを理解することを

ねらいとしている。　②　この中項目は，世界史学習の導入として，衣食住，家族，教育，余暇などの身の回りの諸事情から適切な事例を取り上げ，身の回りの諸事情と世界の歴史との関連性を考察・表現する活動を通して，私たちの日常生活が世界の歴史とつながっていることを理解することをねらいとしている。

公　民　科

【1】(1)　ア　自由獲得　　イ　試錬　　ウ　信託　　(2)　説明…特別の人や事件について裁判するために，通常の裁判所の組織から独立して設置されたもの。(42字)　　特別裁判所…行政裁判所

(3)　①　ア　マニフェスト　　イ　インターネット　　②　無党派層

(4)　エ，カ　　(5)　ア　40　　イ　50　　ウ　18　　エ　51

オ　6　　(6)　エ→ア→イ→ウ　　(7)　目的…内閣への権限の集中の緩和，専門性と中立性の確保等を目的としている。(33字)　　行政委員会…公正取引委員会，人事院　　(8)　①　社会や国家は自然状態にあった諸個人の契約によって成立したとする説。(33字)

②　リバイアサン

〈解説〉(1)　憲法第97条は第10章「最高法規」の条文。憲法改正には限界があり，基本的人権の保障を狭める趣旨の憲法改正は認められないとされている。なお，「侵すことのできない永久の権利」という文言は，憲法第11条にも登場する。　(2)　大日本帝国憲法下で存在していた特別裁判所の例としては，軍法会議や皇室裁判所もある。

(3)　①　ア　マニフェストは，政権を獲得した場合に実現を目指す，具体的な公約のこと。政権公約などとも呼ばれている。　イ　現在は，SNSなどで投票を呼びかけることができる。ただし，電子メールを用いた選挙運動は，なりすましを防ぐという理由から，一般の有権者には認められていない。　②　無党派層は特定の支持政党を持たないが，政治への関心がないとは限らない。選挙でも投票を棄権するわけでは

なく，投票先を情勢に応じて変えることから，その投票動向は選挙結果を左右することが多い。　(4)　エについては議会は大統領が署名を拒否した法案の再可決を行うことができる。　ア　間接選挙で選ばれる。　イ　議会解散権はない。　ウ　上院が各州2名の代表からなり，下院が各州から人口に比例して選出された議員によって構成されている。　オ　これらの権限は上院が持つ。　(5)　ア　また，解散総選挙後から30日以内に特別国会が召集されることになっている。　イ　事務監査請求に必要な署名数も同様。　ウ　2022年4月1日付けで成年年齢も18歳に引き下げられた。　エ　2021年末現在の加盟国数は193か国。　オ　評決は多数決だが，有罪と判断するためには，裁判官，裁判員のそれぞれ1名以上を含む過半数の賛成が必要である。

(6)　ア　キューバ危機は1962年の出来事。ソ連によるキューバのミサイル基地建設に端を発する米ソ対立である。　イ　東西ドイツ統一は1990年の出来事。前年の東欧の民主化革命で，ベルリンの壁も崩壊した。　ウ　ソ連消滅は1991年の出来事。ウクライナやベラルーシなど，旧ソ連の国々は独立した。　エ　北大西洋条約機構(NATO)設立は1949年の出来事。冷戦時代に西側諸国の軍事機構として発足したが，冷戦後は東欧諸国に勢力を拡大した。　(7)　行政委員会は合議制の行政機関であり，他の行政機関からはある程度独立した立場にある。国に設置された行政委員会の例としては，国家公安委員会や原子力規制委員会などもある。　(8)　①　王権神授説が王の統治権の根拠を神に求めたのに対し，ホッブズ，ロック，ルソーは，自然権を持つ個人を想定し，その契約によって社会や国家が成立したと唱えた。　②　リバイアサンは聖書に登場する怪獣のこと。ホッブズは，「万人の万人に対する闘争」から脱するため，人々は社会契約を結んで強大な権力を持つ国家を創設し，国家に自然権を譲渡するとした。ホッブズの説は絶対王政を正当化するものだった。

【2】(1)　オ→エ→イ→ア→ウ　　(2)　①　エ　　②　イ　　③　ウ　④　オ　　⑤　ア　　(3)　自己中心の考えではなく，他者の利益と幸

福を願い，他者が損害と苦しみから逃れることを思う心。(45字)

(4) ア 朱子 イ 陽明 ウ 伊藤仁斎 エ 古文辞

(5) 主客未分 (6) 心は白紙(タブラ―ラサ)であり，全ての観念は感覚的な経験から生まれると考えた。(39字) (7) イ (8) ウ

〈解説〉(1) ア 承認欲求と呼ばれている。 イ 帰属欲求と呼ばれている。 ウ 自己実現欲求と呼ばれている。また，成長欲求とされ，欠乏欲求である他の欲求とは区別されている。 エ 安全欲求と呼ばれている。 オ 生理的欲求と呼ばれている。 (2) ① 土・水・火・空気を万物の根源(＝アルケー)とした。 ② 火をアルケーとし，「万物は流転する(パンタ・レイ)」と主張した。 ③ 原子(アトム)をアルケーとした。 ④ 最古の自然哲学者。 ⑤ エレア派の始祖。論理を重視し，自然哲学者のアルケーの議論は拒絶した。 (3) 慈は人々に楽を与えたい心，悲は人々の心から苦を除いてやりたい心を意味しており，慈悲とは抜苦与楽のこととされている。

(4) ア・イ 朱子学は朱熹(朱子)が創始し，陽明学は王陽明が朱子学を批判的に継承し，展開した。 ウ 伊藤仁斎は論語を「最上至極宇宙第一の書」と評価した。 エ 荻生徂徠の古文辞学では，古語の意義を明らかにしながら古典を学ぼうとする。 (5) 西田幾多郎は，自らの参禅体験をもとに『善の研究』を著し，主客未分の純粋経験こそが，真の実在とした。 (6) 認識論について，ヨーロッパ大陸では主に合理論が展開されたのに対し，イギリスでは主に経験論が展開された。社会契約説を唱えたロックも経験論者の一人であり，その思想はバークリーやヒュームによって継承され，発展した。 (7) ヤスパースは，限界状況における超越者との出会いや他者との実存的交わりにより，人間は自己の実存に目覚めるとした。 ア レヴィ―ストロースに関する記述。 ウ サルトルに関する記述。ただし，ハイデガーも実存主義を唱えた哲学者である。 エ フランクフルト学派のホルクハイマーとアドルノに関する記述。 (8) サイードはオリエンタリズムを西洋人による歪んだ東洋観とし，これが植民地支配を正当化したとした。なお，アは自民族優越主義のこと，イは多文化主義のこと，

エは共同体主義のこと。共同体によって人格は形成されるとし，共同体で育まれる価値を重視する思想である。

【3】(1)　プライス・リーダーが一定の利潤を確保できるような価格を設定し，他社もそれに追随して形成された価格。(49字)
(2)　(A−C)−(B−D)　(3)　経済の二重構造　(4)　消費者は，商品の欠陥について，企業の過失を証明しなくてもよい。　　(5)　ウ
(6)　障害者雇用促進法

〈解説〉(1)　寡占市場では数社に絞られた供給側が価格支配力を持ち，需給に変化が生じても価格が下がりにくくなる。これを，価格の下方硬直性という。寡占市場では価格競争は停滞するが，デザインや広告などの非価格競争は活発化する傾向がある。　(2)　プライマリー・バランスは，歳入から公債金収入を除いた収入と，歳出から国債費を除いた支出を比べたもの。赤字の場合，新たに国債を発行しないと政策的に必要な財政支出ができないことを意味する。　(3)　わが国の企業の多くは中小企業であり，雇用者の多くも中小企業で働いているが，大企業と比べて中小企業の賃金や資本装備率などは劣っている。また，中小企業は大企業の下請としてその系列下に組み込まれ，景気の調整弁の役割を担わされる例も多い。　(4)　製造物責任法(PL法)は，消費者が欠陥製品によって受けた損害に対し，製造業者に賠償責任があることを定めた法律。無過失責任制が導入されており，消費者は損害が製品の欠陥によることさえ証明できれば，賠償を請求できる。

(5)　男女雇用機会均等法により，雇用における男女差別は禁止されている。　ア　労働関係調整法ではなく，労働基準法に規定されている。労働関係調整法は労働争議に関する法律。　イ　労働者派遣法が制定されている。　エ　育児休業法ではなく，育児・介護休業法が正しい。
(6)　障害者雇用促進法により，企業は法定雇用率を上回る数の障害者を雇用しなければならない。この法定雇用率を達成していない企業は，障害者雇用納付金を課せられる。障害者雇用納付金は，法定雇用率を達成した企業に支払われる助成金の原資となっている。

【4】(1)　外国での企業設立や，外国企業の経営権取得を目的とした株式投資。　　(2)　自由貿易に関し，WTOは多角主義を原則とするが，FTAは特定の国や地域との間で進められる。(45字)

〈解説〉(1)　直接投資に対して，株式の配当や債券の利子，売却差益などを目的とした海外投資を間接投資という。　　(2)　WTOは，自由・無差別・多角を原則としている。したがって，その前身であるGATT(関税及び貿易に関する一般協定)の時代から，ラウンド(多角的貿易交渉)によって，関税の引き下げ交渉などが行われてきた。FTAはWTOの原則に反する特定の数か国間のみによる協定であるが，WTO協定によって例外的に締結が認められている。

【5】(1)　①　態度　　②　涵養　　③　協力　　(2)　①　事実　②　合意形成　　③　議論　　(3)　①　心情　　②　伝統　　③　自然　　(4)　①　専門家　　②　協働　　(5)　特別活動などと連携し，自立した主体として社会に参画する力を育む中核的機能を担うこと。

〈解説〉(1)　①　この「態度」は，現代の諸課題について主体的に追究して，学習上の課題を意欲的に解決しようとする態度や，よりよい社会の実現に向けて，多面的・多角的に考察，構想したことを社会生活に生かそうとする態度などを意味している。　　②　涵養とは，自然に水がしみこむように，だんだんと養い育てるという意味である。③　目標の(3)は，「学びに向かう力，人間性等」に関するねらいを示したものである。「人間としての在り方生き方についての自覚」や「自国を愛し，その平和と繁栄を図ることや，各国が相互に主権を尊重し，各国民が協力し合うことの大切さについての自覚」が，まさしく公民科において育成されることが期待される「学びに向かう力，人間性等」である。　　(2)　①　現実社会の諸課題に向けて構想するときには，収集した資料の中から客観性のあるものを取捨選択しながら事実を捉え，様々な考え方があることを理解したうえで判断できるようになることを求められる。　　②　合意形成とは，多様な意見や持論をもつ利害関係者が，議論などを通じて互いの多様な価値観と利害を認

め合い，相互の意見の一致を図る過程のことである。　③　目標の(2)は，「思考力，判断力，表現力等」に関わるねらいを示している。「合意形成や〜(略)〜構想したことを議論する力を養う」の部分は，その中の「表現力」に関わるもので，「公共」の学習において養われる表現力とは，発表したりまとめたりする力を意味するだけでなく，学習の過程で考察・構想したことについて議論することも含むのである。(3)　①　「古来の日本人の心情と〜(略)〜先哲の思想」については，原始神道に見られる人間と自然との関わりについての意識，日本人の死生観，善悪についての道徳観，自然への感じ方に関して，民俗学の成果を利用したり，原典や原典の口語訳などをとりあげたりする学習が考えられる。　②　古来の日本人の心情と考え方，風土との深い関わりが日本の思想を育み，外来思想を受容し発展させた基礎となっているものであり，その後の日本の伝統思想を形成するにあたって底流となっていることを踏まえ，これらが外来思想を受容することによってどのように変化したのか，また何が変化しなかったかにも目を向けることを意味している。　③　日本人が自然との関わりをどのようにとらえていたのかを自己との関わりにおいて理解できるようにすることを意味している。　(4)　①　出題の文章は，高校公民科の選択科目である「政治・経済」の「内容の取扱いに当たっての配慮事項」の最初に出てくるもので，「政治・経済」の学習活動における「社会との関わりを意識することの重要性」を示している。　②　専門家や関係諸機関などとの「連携・協働」とは，具体的には，授業づくりへの参画，授業への招聘，資料の借用などが考えらえる。　(5)　「公共」は公民科の必修科目として設定されたものである。よりよい公共的な空間を作り出していく自立した主体になることが，各人のキャリア形成と自己実現に結びつくことを理解させ，特別活動などと連携してキャリア教育の充実を図ることが大切である。

2021年度 実施問題

中 学 社 会

【1】次の 略地図 を見て，(1)〜(5)の問いに答えなさい。

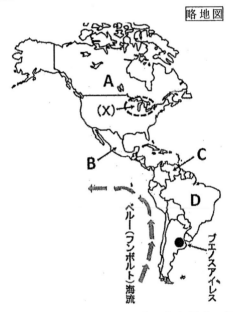

略地図

(1) ●で示したブエノスアイレスは，どの気候区分に属しているか，次のア〜エから1つ選び，記号で書きなさい。

　ア　サバナ気候(Aw)　　　イ　温暖湿潤気候(Cfa)
　ウ　亜寒帯湿潤気候(Df)　　エ　ステップ気候(BS)

(2) (X)の地域で，古くから工業が発達した要因を具体的に2つ書きなさい。

(3) ◀━━━ は，寒流のペルー(フンボルト)海流の一部である。寒流とはどのような流れか，緯度と水温に着目して書きなさい。

(4)　資料Ⅰ中のア〜エは，略地図中のA〜Dを示している。B・Cの国名を書きなさい。また，B・Cを示すものをア〜エから1つずつ選び，記号で書きなさい。

資料Ⅰ

国	人口(千人) (2019年)	人口密度 (人/1km²)	主要言語	輸出品 上位品目
ア	211050	25	ポルトガル語	大　豆　11.8%(2017年)
イ	28516	31	スペイン語	原　油　85.1%(2013年)
ウ	37411	4	英語・フランス語	自動車　14.6%(2017年)
エ	127576	65	スペイン語	機械類　36.1%(2017年)

(「世界国勢図会」2019/20年版より作成)

(5)　資料Ⅱは，各国の発電エネルギー源別割合を示したものである。資料Ⅱ中のa〜cにあてはまるエネルギー源の組み合わせとして正しいものを，下のア〜エから1つ選び，記号で書きなさい。

資料Ⅱ　各国の発電エネルギー源別割合

[※2016年]

	a	b	c	地熱 新エネルギー
アメリカ	6.8%	66.8%	19.4%	6.9%
日本	8.5%	87.9%	1.7%	1.9%
ブラジル	65.8%	25.6%	2.7%	5.8%
フランス	11.7%	10.3%	72.5%	5.3%

(「世界国勢図会」2019/20年版より作成)

ア　a　火力　　b　原子力　　c　水力

イ　a　火力　　b　水力　　　c　原子力

ウ　a　水力　　b　火力　　　c　原子力

エ　a　水力　　b　原子力　　c　火力

(☆☆☆◎◎◎)

【2】次の(1)〜(6)の問いに答えなさい。

(1)　発展途上国の農産物などを，適正な価格で継続的に購入・消費する取組を何というか，カタカナで書きなさい。

(2)　国や地域の中で，政治・経済・文化などの機能が極端に集中し，人口規模においても第2位の都市の規模を大きく上まわっている都市を何というか。

(3) 中部地方は異なる特色をもつ，日本海側，内陸部，太平洋側の3つの地域に区分することができる。それぞれの地域区分を何というか，対応する順に書きなさい。

(4) 中学校と市役所の直線距離は4kmで，地形図上では8cmで表されている。この地形図の縮尺を求めなさい。(中学校と市役所の標高は同じとする。)

(5) ブラジルの領土面積は約852万km²で，領海と排他的経済水域を合わせた面積は，約317万km²である。一方，日本の領土面積は約38万km²で，領海と排他的経済水域を合わせた面積は，約447万km²である。領海と排他的経済水域を合わせた面積ではブラジルよりも日本の方が広くなる理由を書きなさい。

(6) 東北地方の三陸海岸の沖合いが，豊かな漁場となっている理由を，海流名を使って書きなさい。

(☆☆☆◎◎◎)

【3】次の文を読んで，(1)〜(4)の問いに答えなさい。

> 日本国憲法では，国家の権力を立法・行政・（　ア　）に区分し，それぞれを国会・内閣・裁判所が担当し，互いに抑制し合い，均衡を保つ①三権分立をとっている。このうち，立法権を担う②国会は，国権の最高機関と位置づけられている。
>
> 日本国憲法は第8章において③地方自治の制度を規定しており，第92条で「地方公共団体の組織及び運営に関する事項は，地方自治の本旨に基づいて，法律でこれを定める。」と，地方自治の原則を定めている。地方自治の本旨は，住民自治と（　イ　）の要素からなる。

(1) 文中の（　ア　）・（　イ　）にあてはまる語句を書きなさい。

(2) 文中の下線部①に関して，［資料］を見て(a)・(b)に答えなさい。

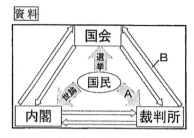

(a)　Aは，最高裁判所の裁判官が適任かどうかを問う制度である。この制度名を書きなさい。

(b)　Bは，日本国憲法第81条に規定されている権限である。Bの権限を何というか，書きなさい。

(3)　文中の下線部②について述べた次のア～エの説明のうち，誤っているものを1つ選び，記号で答えなさい。

ア　予算は，さきに衆議院に提出しなければならない。

イ　委員会で必要な場合には，専門家や関係者の意見を聞く公聴会が開かれる。

ウ　本会議を開くためには，総議員の半数以上の出席が必要である。

エ　両議院は国政調査権をもち，国政全般について調査することができる。

(4)　文中の下線部③に関して，地方公共団体の首長は，どのようにして選ばれるか，書きなさい。

(☆☆☆◎◎◎)

【4】日本経済について述べた次の文を読んで，(1)・(2)の問いに答えなさい。

A　我が国で通貨の流通量を管理する中央銀行は，日本銀行である。日本銀行は，通貨量を調節して，景気や物価の安定を図る①金融政策を行っている。

B　外国との貿易や投資では，外国の通貨と円を交換する必要がある。②円と外国通貨の交換比率は，各国の通貨に対する需

> 要と供給の関係により変動する。

(1)　次の文は，文中の下線部①の政策の例である。インフレーション・デフレーションのどちらの場合を説明したものか，書きなさい。

> 　銀行がもっている国債を買い上げるなどして，通貨が世の中に出まわるようにする。

(2)　文中の下線部②の交換比率が「1ドル＝120円」から「1ドル＝90円」に変動した場合，一般的にどのような影響があるか。次のア～エの説明のうち，正しいものをすべて選び，記号で書きなさい。

　ア　輸入品の自国での価格を引き上げるので，輸入産業が不利になる。

　イ　輸出品の外国での価格を引き上げるので，輸出産業が不利になる。

　ウ　輸入品の自国での価格を引き下げるので，輸入産業が有利になる。

　エ　輸出品の外国での価格を引き下げるので，輸出産業が有利になる。

(☆☆◎◎◎)

【5】次の(1)～(4)の問いに答えなさい。

(1)　医療現場における臓器提供の意思表示やインフォームド・コンセントなどは何という権利に基づいているか，漢字で書きなさい。

(2)　労働基本権の1つである団体交渉権とはどのような権利か，「使用者」・「労働条件」の2語を使って書きなさい。

(3)　『戦争と平和の法』を著し，「国際法の父」とも呼ばれるオランダの法学者は誰か，書きなさい。

(4)　国際連合の安全保障理事会には，常任理事国のうち1国でも反対すると決定できないしくみがある。このしくみにおいて常任理事国がもつ権利を何というか，書きなさい。

(☆☆☆◎◎◎)

【6】次の史料を読んで，(1)～(4)の問いに答えなさい。

> ①景初二年六月，②倭の女王，大夫難升米等を遣はして郡に詣り，天子に詣りて朝献せむことを求む。…其の年十二月，詔書して倭の女王に報じて曰く。「…今汝を以て親魏倭王と為し，金印紫綬を仮し，装封して帯方の太守に付し仮綬せしむ…」
>
> ③「魏志」倭人伝より作成

(1) 下線部①は紀元何世紀か，ア～エから1つ選び，記号で書きなさい。

　　ア　1世紀　　イ　2世紀　　ウ　3世紀　　エ　4世紀

(2) 下線部②が治めた国は何と呼ばれていたか，書きなさい。

(3) 下線部②は，史料中の「天子」から何が与えられたか，史料の内容を踏まえて，2つ書きなさい。

(4) 下線部③は，「魏書」の東夷伝倭人の条のことであり，晋の陳寿によって編纂された歴史書の一部である。この歴史書を何というか，書きなさい。

(☆☆☆◎◎◎)

【7】次の文を読んで，(1)～(5)の問いに答えなさい。

> A　李淵(唐の高祖)が，隋を倒して唐をたて，(　　)を都とした。
> B　李成桂が高麗を倒し，朝鮮王朝をたてて漢城(現在のソウル)に都をおいた。
> C　フビライが，大都(現在の北京)に都を移して，国名を元とした。
> D　将軍ペリクレスがアテネ民主政を完成させた。
> E　ランカスター派のヘンリが即位し，テューダー朝を開いた。

(1) Aについて，(　　)にあてはまる都市名を書きなさい。

(2) 次の文は，Aのころの唐の官制の一つである三省について述べた文である。(　①　)～(　③　)には，尚書省，門下省，中書省のい

180

ずれかがあてはまる。それぞれにあてはまるものを，書きなさい。

> （　①　）が詔勅などの草案を作成し，（　②　）が審議し，（　③　）が執行した。

(3) Bのころの日本では，どのようなできごとが起こったか，ア～エから1つ選び，記号で書きなさい。
ア　南北朝の合一　　イ　白河上皇の院政　　ウ　大政奉還
エ　建武の新政

(4) Cのころ，大都を中心とする交通路を活用して宿泊施設や交通手段を提供し，旅行者・物資・情報を運んだ制度により，東アジアからヨーロッパにいたる陸路交易が盛んに行われた。この制度を何というか，書きなさい。

(5) A～Eを，年代の古い順に並び替えなさい。

(☆☆☆◎◎◎)

【8】次の史料を読んで，(1)～(4)の問いに答えなさい。

> …上無レバ下ヲ責メ取ル奢欲モ無ク，下無レバ上ニ諂ヒ巧ムコトモ無ク。…貪リ取ル者無レバ貪ラルル者モ無ク，転定モ人倫モ別ツコト無シ，転定生ズレバ人倫耕シ，此ノ外一点ノ私事無シ。是レ自然ノ世ノ有様ナリ。

(1) この史料を著した人物の名前と作品名の組み合わせを，次のア～エから1つ選び，記号で書きなさい。
ア　石田梅岩－自然真営道　　イ　安藤昌益－統道真伝
ウ　安藤昌益－自然真営道　　エ　石田梅岩－統道真伝

(2) この史料は，どのような世の中を批判しているか，史料を踏まえて，書きなさい。

(3) この史料は，人間がどうすることが「自然ノ世ノ有様」であるとしているか，史料中の語句を用いて，書きなさい。

(4) この史料にあるような思想及び学問による新しい動きに対して，

　　江戸幕府は寛政の改革で，どのように対応したか，「正学」という
　語句を用いて，1つ書きなさい。

(☆☆☆◎◎◎)

【9】中学校学習指導要領「第2章　各教科」「第2節　社会」について，
(1)～(3)の問いに答えなさい。
(1)　次の文は，「第1　目標」の一部である。(　①　)～(　④　)にあ
　てはまる語句を書きなさい。

> (3)　社令的事象について，よりよい社会の(　①　)を視野に
>　　課題を(　②　)に解決しようとする態度を養うとともに，
>　　多面的・多角的な考察や深い理解を通して涵養される我が
>　　国の国土や歴史に対する愛情，(　③　)を担う公民として，
>　　自国を愛し，その平和と繁栄を図ることや，他国や他国の
>　　(　④　)を尊重することの大切さについての自覚などを深
>　　める。

(2)　次の文は，「第2　各分野の目標及び内容」〔公民的分野〕「3　内
　容の取扱い」の一部である。(　①　)～(　④　)にあてはまる語句
　を書きなさい。

> 3　内容の取扱い
> (1)　内容の取扱いについては，次の事項に配慮するものとす
>　　る。
>　　イ　生徒が内容の基本的な意味を理解できるように配慮し，
>　　　(　①　)の見方・考え方を働かせ，日常の社会生活と関
>　　　連付けながら具体的(　②　)を通して，政治や経済など
>　　　に関わる(　③　)や仕組みの意義や働きについて理解を
>　　　深め，多面的・多角的に考察，(　④　)し，表現できる
>　　　ようにすること。

(3)　次の文は，「第3　指導計画の作成と内容の取扱い」の一部である。

182

(①)～(③)にあてはまる語句を書きなさい。

> 2　第2の内容の取扱いについては，次の事項に配慮するもの
> とする。
> (3)　調査や諸資料から，社会的事象に関する様々な情報を
> (①)に収集し，(②)，まとめる技能を身に付ける
> 学習活動を重視するとともに，作業的で具体的な(③)
> を伴う学習の充実を図るようにすること。

(☆☆☆☆◎◎)

地　理・歴　史

【1】次の文章を読んで，(1)～(19)の問いに答えなさい。

　縄文時代に集団間の交易が行われていたことは，a石器の原材料な
どの分布状況からわかる。b弥生時代になると食料生産文化が広がっ
たが，c北海道や南西諸島では食料採取文化が続いた。やがて，d7世
紀後半から8世紀にかけて律令制による政治の仕組みが整えられ，東
北地方に住む蝦夷に対する軍事的な制圧も進められた。

　e13世紀には，蝦夷ヶ島に住むアイヌとf十三湊を根拠地としていた
安藤(安東)氏との間で交易が行われた。g15世紀中頃には，和人の進出
で生活が圧迫されたアイヌの人びとは蜂起したが，ほどなく制圧され
た。h17世紀中頃にも松前藩と対立して戦ったが敗れ，降伏すること
となった。江戸時代，幕府は鎖国政策をとり，i長崎・j対馬・薩摩・
松前の四つの窓口を通して，k明・清の交替があった中国を含め，異
国・異民族との交流をもった。やがて，l18世紀後半以降，ロシアが通
商を求めて日本に来航するようになると，幕府は北方対策として蝦夷
地やm樺太の探査を行った。

　明治に入ると，政府はn殖産興業政策を推し進め，蝦夷地を北海道
と改称して開拓使をおくとともに，oアメリカ式の大農場制度・畜産

技術の移植を図り，_p札幌農学校を開校した。また，士族授産の意味もあって北方の警備と開拓にあたる_q屯田兵制度を設けた。一方，この開発の陰で，1899年にアイヌの人びとの救済と保護を目的とした（　A　）を制定し，同化政策を進めたことから，アイヌの伝統的な生活・風俗・習慣・信仰の多くが失われていく時代が続いた。そのため，日本政府は1997年に（　B　）を，さらに，2019年にはアイヌの人びとを_r先住民族と明記し，共生する社会の実現を目的とする（　C　）を制定した。

(1) 下線部aについて，北海道の十勝・白滝などを産地とする，ガラス質の火山岩の一種である岩石は何か，答えなさい。

(2) 下線部bについて，弥生時代後期から赤色顔料の「朱」の原料となる辰砂の採掘が行われた徳島県の遺跡は何か，ア～エから1つ選びなさい。

　ア　名東遺跡(徳島市)　　　イ　若杉山遺跡(阿南市)
　ウ　矢野遺跡(徳島市)　　　エ　黒谷川郡頭遺跡(板野郡)

(3) 下線部cについて，南西諸島の食料採取文化を何というか，答えなさい。

(4) 下線部dについて，戦後の古代史研究において地方行政単位に関する論争が展開された。その単位は，藤原宮出土の木簡などから大宝令の施行以前と以降で変わったことが明らかとなった。大宝令の施行以前と以降でどのように変わったのか，説明しなさい。

(5) 下線部eの出来事について，(a)～(e)に答えなさい。

　(a) 1202年に始まる第4回十字軍を提唱した他，イギリス王ジョンと聖職叙任権を争って屈服させるなど，強大な教皇権を実現したローマ教皇は誰か，ア～エから1つ選びなさい。

　　ア　ボニファティウス8世　　　イ　グレゴリウス7世
　　ウ　インノケンティウス3世　　エ　ウルバヌス2世

　(b) バトゥの指揮するモンゴル軍が1241年にドイツ・ポーランド連合軍を撃破した戦いは何か，答えなさい。

　(c) 1250年にアイユーブ朝を滅ぼして創始し，カイロを都としてエ

ジプト，シリア，アラビア半島のヒジャース地方などを支配した王朝は何か，答えなさい。

(d) 元代の中国ではイスラーム文化の影響により天文学が発展した。フビライの命により郭守敬がつくった暦は何か，答えなさい。

(e) この時期の我が国の出来事について述べた文として正しいものはどれか，ア〜エから2つ選びなさい。

ア 承久の乱後に配流となった土御門上皇が阿波の地で崩御した。

イ 『土佐日記』を著した紀貫之が，帰京の途中，土佐泊に立ち寄った。

ウ 鹿ヶ谷の陰謀が発覚し，阿波出身の西光(藤原師光)が殺害された。

エ 時宗の開祖である一遍上人が，正応2年に阿波へ来訪した。

(6) 下線部fについて，次の地形図中の十三湖は砂州によって外洋から切り離された湖である。また，十三湖に注ぐ岩木川は河口付近に小地形をつくっている。それぞれの地形の名称の組合せとして正しいものはどれか，ア〜エから1つ選びなさい。

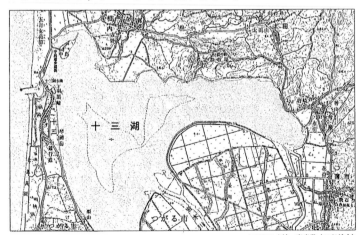

1:50000 小泊－青森県（50％縮小）

185

	ア	イ	ウ	エ
十三湖	トンボロ	ラグーン	トンボロ	ラグーン
岩木川河口	Ｖ字谷	三角州	氾濫原	扇状地

(7)　下線部gについて，1467年に山口の大内氏の庇護により，明へ渡った人物の作品はどれか，ア～エから1つ選びなさい。

ア　　イ　　ウ　　エ　

(8)　下線部hについて，(a)・(b)に答えなさい。

(a)　1648年に結ばれた三十年戦争の講和条約は何か，答えなさい。

(b)　1652年，オランダ東インド会社が東方との貿易の中継基地とするためにアフリカ南端に建設した植民地は何か，答えなさい。

(9)　下線部iについて，次のア～エを年代の古い順に並べかえなさい。

ア　オランダ商館医であったシーボルトによって，長崎郊外に鳴滝塾が開かれた。

イ　長崎の商人たちが糸割符仲間をつくり，中国産の輸入生糸を一括購入した。

ウ　信仰の告白をした長崎浦上の隠れキリシタンが捕らえられ，各地に配流された。

エ　正徳の治の海舶互市新例によって，長崎の貿易額が制限された。

(10)　下線部jについて，徳川家康は対馬の宗氏を介して朝鮮との国交を回復した。朝鮮から来日した使節のうち，第1回から3回までは回答兼刷還使と呼ばれた。刷還使としての目的を説明しなさい。

(11)　下線部kについて，(a)～(c)に答えなさい。

(a)　明では，銀の流通に伴い，16世紀には各種の税や徭役を銀に一本化して納入する改革が実施された。この税法を何というか，答えなさい。

(b) 明朝末期の鄭成功をモデルに，遺臣の子が中国に渡り明朝を再興させる『国性爺合戦』を著した元禄期の脚本家は誰か，答えなさい。

(c) 明末から清初にかけて，中国におけるキリスト教の布教方法をめぐり，イエズス会と他のカトリック諸派との間で論争がおこった。イエズス会の布教方法を説明しなさい。また，清朝におけるキリスト教布教への対応について，康熙帝，雍正帝の政策をそれぞれ説明しなさい。

(12) 下線部lについて，この頃のイギリスと北米植民地の出来事について述べた次のア～エを出来事の古い順に並べかえなさい。

ア イギリス本国議会が北米植民地に対して印紙法を制定した。

イ イギリス本国がボストン港を封鎖した。

ウ ボストン港で，いわゆる「ボストン茶会事件」が起きた。

エ フィラデルフィアで第1回大陸会議が開かれた。

(13) 下線部mについて，(a)・(b)に答えなさい。

(a) 図1中Aの海峡名は，1808年から翌年にかけて樺太(サハリン)から黒竜江までを探査し，樺太が島であることを明らかにした人物に由来している。この海峡名を答えなさい。

図1

(b) 1990年代以降，樺太(サハリン)東部沖の大陸棚において開発が進んだエネルギー資源の名称を答えなさい。

(14) 下線部nについて，1872年群馬県に設立された官営模範工場は何か，答えなさい。

(15) 下線部oに関連して，アメリカ合衆国中西部のグレートプレーン

ズでは，地下水を利用した大規模な灌漑が発達している。資料1の
ような農場に見られる灌漑方法を何というか，答えなさい。

資料1

(16)　下線部pについて，この学校で学び，1920年に設立された国際連
盟の事務局次長となった人物を答えなさい。

(17)　下線部qについて，屯田兵制度のもとでの開拓は18世紀後半から
19世紀前半のアメリカ合衆国における土地区画制度にならったとさ
れる。この制度を何というか，答えなさい。

(18)　下線部rについて，次の4つの国に多く居住する先住民族の名称
は何か，正しい組合せをア～エから1つ選びなさい。

	ア	イ	ウ	エ
ノルウェー	イヌイット	イヌイット	サーミ	サーミ
カナダ	サーミ	サーミ	イヌイット	イヌイット
ニュージーランド	マオリ	アボリジニ	マオリ	アボリジニ
オーストラリア	アボリジニ	マオリ	アボリジニ	マオリ

(19)　文中の空欄（　A　）～（　C　）にあてはまる語句の組合せとして正
しいものはどれか，ア～エから1つ選びなさい。

ア　A　北海道旧土人保護法　　B　アイヌ民族支援法
　　C　アイヌ文化振興法

イ　A　アイヌ民族支援法　　　B　アイヌ文化振興法
　　C　北海道旧土人保護法

ウ　A　アイヌ文化振興法　　　B　北海道旧土人保護法
　　C　アイヌ民族支援法

エ　A　北海道旧土人保護法　　B　アイヌ文化振興法
　　C　アイヌ民族支援法

（☆☆☆◎◎◎）

【2】南アジアについて，(1)～(7)の問いに答えなさい。

(1) 資料1は世界の主な国々におけるインド系住民の分布を示している。この分布は，人々の移動に着目すると，大きく次の①～④に類型される。空欄(ア)～(ウ)にあてはまる語句は何か，答えなさい。

資料1

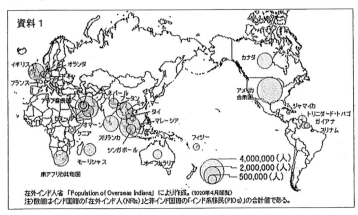

在外インド人省「Population of Overseas Indians」により作成。(2020年4月現在)
注)数値はインド国籍の「在外インド人(NRIs)」と非インド国籍の「インド系移民(PIOs)」の合計値である。

① (ア)の旧植民地への農場労働者としての移動
② ヨーロッパなどの先進国への非熟練労働者としての移動
③ 中東の(イ)国への出稼ぎ型の非熟練労働者としての移動
④ アメリカ合衆国などへの(ウ)技術者としての移動

(2) インドの気候に関して，図1中の西岸のムンバイ，東岸のチェンナイは同じサバナ気候区に属するが，資料2・3のように多雨の時期が異なる。この違いが生じる理由について，違いを明記した上で，次の語句を用いて説明しなさい。

【語句】 地形性降雨　モンスーン

図1

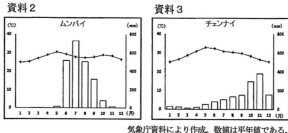

気象庁資料により作成。数値は平年値である。

(3)　インドの産業に関して述べた文として，誤っているものはどれか，ア～エから1つ選びなさい。

　ア　植民地時代から製鉄業や綿工業を中心に，インド人の資本によって工業化に取り組んできた。

　イ　1991年以降の経済の自由化により，インドの低廉で豊富な労働力と市場を目当てに諸外国からの直接投資が増加した。

　ウ　工業化の進展に伴い，2012年の第一次産業人口は就業人口のうち約20％にまで減少した。

　エ　2018年の主な輸出品は石油製品や宝石・宝飾品であり，最大の輸出相手国はアメリカ合衆国である。

(4)　1893年に神戸からインドのムンバイ(ボンベイ)に向けて日本初の遠洋定期航路が開かれた。

　(a)　この航路を開いた会社の名称は何か，答えなさい。

　(b)　明治期に発展した具体的な産業と関連付けながら，この航路が

開かれた目的を説明しなさい。

(5) 1943年，自由インド仮政府のチャンドラ＝ボースが東条内閣のもと東京で開かれた会議に参加した。この会議を何というか，答えなさい。

(6) 資料4は，1949年に大部分を焼損した法隆寺金堂壁画の一部である。この壁画と類似性がみられる壁画がインドの石窟寺院にある。この寺院の名称は何か，答えなさい。

資料4

(7) 1954年に中華人民共和国首相の周恩来と会談し，平和五原則を確認し合ったインド連邦の初代首相は誰か，答えなさい。

(☆☆☆◎◎◎)

【3】次のユーラシア大陸の一部を示した地図を見て，(1)～(12)の問いに答えなさい。

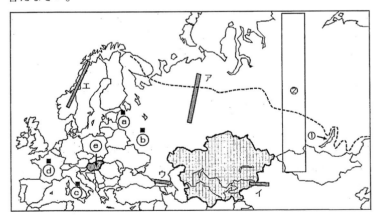

(1)　地図中の ■■■ ア〜エは山脈を表している。(a)・(b)に答えなさい。

　(a)　ア〜エの山脈のうち，大地形の区分が異なる山脈を1つ選びなさい。また，その山脈名を答えなさい。

　(b)　アの山脈はロシア連邦を地域区分する上で重要な境界であり，ある経度とほぼ一致する。その経度を答えなさい。

(2)　地図中の点線(- - -)は，ある分布の限界線を示している。この線の説明として正しいものはどれか，ア〜エから1つ選びなさい。

　ア　高距限界　　イ　永久凍土の限界　　ウ　耕地の限界

　エ　極限界

(3)　地図中の①の湖の名称を答えなさい。また，湖①と同じ成因である日本の湖はどれか，ア〜エから1つ選びなさい。

　ア　諏訪湖　　イ　洞爺湖　　ウ　霞ケ浦　　エ　十和田湖

(4)　地図中の ▥▥ で示した5か国は旧ソ連から独立した国々である。これらの国の一部の地域では，現在でもロシア連邦との関係が不安定である。その理由を民族構成と宗教に着目し，ロシア連邦のそれと比較しながら，説明しなさい。

(5)　地図中の ☐ ②について，枠内の高緯度から低緯度に向かっての土壌の変化として正しいものはどれか，ア〜エから1つ選びなさい。

　ア　ポドゾル－ツンドラ土－砂漠土－栗色土

　イ　ポドゾル－ツンドラ土－栗色土－砂漠土

　ウ　ツンドラ土－ポドゾル－砂漠土－栗色土

　エ　ツンドラ土－ポドゾル－栗色土－砂漠土

(6)　慢性的な水不足等，水資源の諸課題を克服し，安全・安心な水の供給を実現することは国際社会共通の目標である。資料1・2からわかる，「水」という資源の特徴を説明しなさい。なお，資料1・2の両方を必ず用いること。

資料1　地球上の水の量

水の種類	割合（%）	
海水	97.4	
陸水	2.6	氷河等 76.4
		地下水 22.8
		湖水・河川水 0.59
		その他 0.21

資料2　主な国の水資源量と1人当たりの水資源量

国名	水資源量 （km³/年）	1人当たり 水資源量 （m³/人・年）
ロシア	4,508	31,510
日本	430	3,398
中国	2,840	2,080
ノルウェー	382	79,024
トルコ	214	2,973

国土交通省平成30年版「日本の水資源」ほかにより作成

(7)　資料3はロシアと日本の電源構成を表したものである。資料3中のア～エはそれぞれ，石炭・天然ガス・原子力・水力のいずれかの割合を示している。水力に該当するものはどれか，ア～エから1つ選びなさい。

資料3

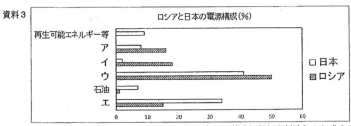

経済産業省「平成29年度国際エネルギー情勢調査」「諸外国のエネルギー政策動向に関する調査報告書」により作成

(8)　地図中ⓐはサンクトペテルブルクである。1700年から始まったある戦争中，ロシア皇帝ピョートル1世がスウェーデンから奪ったこの地に新都を建設した。ある戦争とは何か，答えなさい。

(9)　地図中ⓑについて，1812年にフランス皇帝ナポレオン1世が遠征を行い，一時この地を占領した。ナポレオン1世がこの遠征を行った理由について，彼が1806年に出したある命令とその内容を明らかにしつつ，「ロシアが」に続く形で説明しなさい。

(10)　地図中ⓒはローマである。(a)・(b)に答えなさい。

(a)　イエズス会宣教師ヴァリニャーニの勧めで，1582年に日本からこの地へ派遣された少年使節を何というか，答えなさい。

(b)　資料4は，この地と南イタリアのブルンディシウムを結ぶ，紀元前312年に建設が開始された古代ローマの街道である。この街道の名称は何か，答えなさい。

資料4

(11)　地図中ⓓについて，(a)～(c)に答えなさい。

(a)　フランスの外相とアメリカの国務長官が働きかけ，イギリス，ドイツ，日本など15か国が参加し，1928年にこの地で調印された条約の名称は何か，答えなさい。

(b)　上記(a)の時のアメリカの国務長官は誰か，ア～エから1つ選びなさい。

　　　ア　ジェファソン　　イ　モンロー　　ウ　ジョン＝ヘイ
　　　エ　ケロッグ

(c)　上記(a)の条約を調印した時の日本の首相は誰か，ア～エから1つ選びなさい。

　　　ア　高橋是清　　イ　原　敬　　ウ　田中義一　　エ　浜口雄幸

(12)　地図中ⓔについて，この国の大多数を占めるある民族は，9世紀に東方からパンノニア平原に移動し，定住して10世紀末に王国を建国した。この民族は何か，ア～エから1つ選びなさい。

　　ア　マジャール人　　イ　チェック人　　ウ　ブルガール人
　　エ　フィン人

(☆☆☆◎◎)

【4】高等学校学習指導要領「地理歴史」について，(1)～(5)の問いに答えなさい。

(1)　次の文は，「地理総合」の「1　目標」の(1)である。（　①　）～（　③　）にあてはまる語句を書きなさい。

> 　地理に関わる諸事象に関して，世界の生活文化の(　①　)や，(　②　)，地域や地球的課題への取組などを理解するとともに，地図や地理情報システムなどを用いて，調査や諸資料から地理に関する様々な情報を適切かつ効果的に(　③　)技能を身に付けるようにする。

(2)　次は，「地理探究」の「2　内容」を構成する大項目A〜Cを列挙したものである。(　①　)〜(　③　)にあてはまる語句を答えなさい。

A　現代世界の(　①　)的考察

B　現代世界の(　②　)的考察

C　現代世界におけるこれからの日本の(　③　)

(3)　次の文は，「歴史総合」の「3　内容の取扱い」の(1)において，内容の全体にわたって配慮する事項の「ア」である。(　①　)〜(　③　)にあてはまる語句を書きなさい。

> 　この科目では，中学校までの学習との(　①　)に留意して諸事象を取り上げることにより，生徒が興味・関心をもって近現代の歴史を学習できるよう指導を工夫すること。その際，近現代の歴史の変化を(　②　)して理解し，考察，表現できるようにすることに指導の重点を置き，(　③　)のみの理解にとどまることのないよう留意すること。

(4)　次の文は，「日本史探究」の「1　目標」の(3)である。(　①　)〜(　③　)にあてはまる語句を書きなさい。

　　　我が国の歴史の展開に関わる諸事象について，よりよい社会の実現を視野に課題を主体的に探究しようとする態度を養うとともに，多面的・多角的な考察や深い理解を通して涵養される（　①　）としての自覚，我が国の歴史に対する（　②　），他国や（　③　）を尊重することの大切さについての自覚などを深める。

(5)　次は，「世界史探究」の「2　内容」を構成する大項目A～Eを列挙したものである。（　①　）～（　③　）にあてはまる語句を答えなさい。

　A　世界史へのまなざし

　B　諸地域の（　①　）の形成

　C　諸地域の交流・再編

　D　諸地域の（　②　）

　E　（　③　）の課題

(☆☆☆◎◎◎)

公 民 科

【1】次の(1)～(10)の問いに答えなさい。

(1)　次の文章を読んで①～③の問いに答えなさい。

　　　日本国憲法は第25条で，「すべて国民は，健康で文化的な最低限度の生活を営む権利を有する」と，生存権を保障している。そして，国の責務として，「（　ア　），社会保障及び（　イ　）の向上及び増進」を掲げている。現実には，少子高齢社会をむかえ，負担と（　ウ　）など社会保障のあり方が大きな問題となっている。

　①　（　ア　）～（　ウ　）に適する語句を漢字で答えなさい。

　②　生存権に関する訴訟の一つに「朝日訴訟」がある。この訴訟において最高裁判所は，憲法第25条の生存権規定についての考えを

示した。一般にプログラム規定説と呼ばれるが，この考え方を30字〜50字で説明しなさい。

③ 国民が，健康で文化的な最低限度の人間らしい生活をするために，憲法第26条において，すべての国民にどのような権利を保障しているか。15字〜20字で答えなさい。

(2) 次の文章を読んで①〜④の問いに答えなさい。

日本国憲法は第14条で，法の下の平等を定めている。しかし，現実の社会には，部落差別や性別による差別，性的少数者に対する差別，在日韓国・朝鮮人，アイヌ民族，外国人，障がい者に対する差別などがあり，大きな問題になっている。

性別による差別については，1979年に国連総会で(ア)が採択され，日本でも1985年に(イ)が制定されたが，現実には，就職や賃金・昇進などでの差別が見られる。

アイヌ民族に対する差別の解消のため，1997年に「アイヌ文化振興法」が制定された。同法は，(ウ)の批准(1995年)を機に制定されたものである。これに伴い，アイヌの日本への同化を目的とし明治時代に制定された(エ)は廃止された。

① (ア)〜(エ)に適する条約名または法律名を漢字で答えなさい。ただし，通称・略称でも可とする。

② 日本国憲法における「法の下の平等」に関して，かつて刑法は，尊属を殺した者を，それ以外の殺人を犯した者よりも重く処罰する規定を置いていた。1973年，最高裁判所は法の下の平等に反すると判断し，1995年，この規定は削除された。この「尊属」の意味を20字〜30字で説明しなさい。

③ 2001年，配偶者や同居する交際相手による暴力や虐待を防止するために制定され，2013年に改正された法律名を答えなさい。ただし，通称・略称でも可とする。

④ 人種や性別など，歴史的に差別されてきた側に特別な措置を設けることを何というか。ア〜エから1つ選び，記号で答えなさい。
ア シビリアン・コントロール

　　　　イ　コーポレートガバナンス
　　　　ウ　アファーマティブ・アクション
　　　　エ　ディスクロージャー

(3)　肥大化した行政機構をスリム化するため，2001年に省庁再編が行われ，1府22省庁から1府何省庁に再編されたか答えなさい。

(4)　2009年の衆議院議員総選挙で自民党が大敗し，民主党が与党第一党となる政権交代が実現した。脱官僚・政治主導を掲げて首相となった人物名を漢字で答えなさい。

(5)　次の表は，衆議院議員比例代表選挙におけるある比例区(定数8)の選挙結果である。名簿届け出政党は，A～Cの3つのみである。現在の衆議院議員総選挙の比例代表区における各政党の獲得議席数の組み合わせとして最も適切なものをア～キから1つ選び，記号で答えなさい。

政　　　党	A　　　党	B　　　党	C　　　党
獲得票数	２００，１２０	１０３，０００	７５，０００
獲得議席数	a	b	c

　　ア　a－3　　b－3　　c－2　　イ　a－4　　b－3　　c－1
　　ウ　a－4　　b－2　　c－2　　エ　a－5　　b－3　　c－0
　　オ　a－5　　b－2　　c－1　　カ　a－6　　b－1　　c－1
　　キ　a－6　　b－2　　c－0

(6)　政府の役割を治安・国防などに限定して必要最小限のはたらきをする国家のことをドイツの社会主義者ラッサールは何と呼んだか。漢字4文字で答えなさい。

(7)　「アナウンスメント効果」について25字～35字で説明しなさい。

(8)　国会議事堂の中央広間には，議会政治の基礎を作るために功労のあった3人の銅像がある。1人は板垣退助である。残りの2人の名前を漢字で答えなさい。

(9)　次の文章を読んで(ア)・(イ)に適する国名を答えなさい。
　　ヨーロッパの植民地であったアフリカの大半は，第二次世界大戦後に相次いで独立した。そのような状況下で氏族や部族，民族間の

対立が起こった。国際的な紛争として(ア)内戦がある。この内戦は，多数派のフツ族と少数派のツチ族の対立である。(イ)の植民地政策によって少数派のツチ族が優遇され，民族対立が煽られた。

(10) 次の文章を読んで，(ア)・(イ)に適する語句を答えなさい。

　　1950～60年代のアメリカで，黒人やマイノリティが差別に抗議し，白人と同等の権利の保障を要求した(ア)が起こった。この運動の中心的人物である(イ)は，ワシントン大行進(1963年)において，「私には夢がある」と人種平等の実現を目指した演説を行った。

(☆☆☆○○○)

【2】次の(1)～(9)の問いに答えなさい。

(1) アリストテレスは，習性的徳(倫理的徳)とは超過と不足の両極端を退け，バランスのとれた行動や判断をくり返すことで得られるとしている。この両極端を避けた状態のことを何というか，漢字で答えなさい。

(2) キリスト教道徳の最高の教えとされるイエスの黄金律とはどのようなものか，その内容を40字～50字で説明しなさい。

(3) 孔子が重視した親への愛情である「孝」，年長者への愛情である「悌」などを含む家族的な親愛の情をさす語句を漢字一文字で答えなさい。

(4) 日本仏教の記述として適切なものを，ア～エから1つ選び，記号で答えなさい。

　ア　奈良時代には，仏教により民衆を救済することが政治の重要な任務とされ，渡来僧の鑑真などにより信仰は広く民衆へ普及した。

　イ　平安時代初期には，最澄は天台宗をひらいて即身成仏を説き，空海は真言宗をひらいて大日如来こそ宇宙や万物の本体と説いた。

　ウ　平安時代中期以降は，社会不安と末法思想の流行の中，阿弥陀

　　仏の救いにより死後に極楽浄土に往生することを願う浄土信仰が
　　広まり，空也や源信らが活動した。
　エ　鎌倉時代には，新たな宗派が相次いで登場した。そのうちの一
　　つである日蓮宗は，「南無妙法蓮華経」の唱題による身心脱落の
　　境地をめざした。

(5)　中江藤樹は，陽明学に深く共鳴し，善悪を判断する力である「良
　　知」を極めることと善の実践は一体であると説いた。これを何とい
　　うか，漢字四文字で答えなさい。

(6)　次の文章の[　ア　]・[　イ　]に適する語句を答えなさい。ただ
　　し，同じ記号には同じ語句が入るものとする。

　　　カントは，自ら立てた道徳法則に自ら従うことを意志の[　ア　]
　　とよび，これが人間の真の自由であるとした。そして，道徳法則に
　　[　ア　]的に従う主体を人格とよび，互いの人格を目的として尊重
　　しあう理想の社会を[　イ　]と名づけた。

(7)　キルケゴールやニーチェを先駆とする，個人が主体性を弱め画一
　　化していく社会の中にあって，本来的な自己のあり方・生き方を回
　　復しようとする思想を何というか，漢字四文字で答えなさい。

(8)　社会心理学者のフロムは，人々は，自由のもたらす孤独感と無力
　　感にたえきれず，かえって権威への服従を求めるようになると説い
　　た。フロムは，こうした人々の傾向(社会的性格)を何と呼んだか，
　　答えなさい。

(9)　活版印刷の発明がもたらしたのと同様の大きな変化を，現代では，
　　情報メディアがもたらしたと説いたカナダの思想家を，ア～エから
　　1つ選び，記号で答えなさい。
　　ア　マクルーハン　　イ　リースマン　　ウ　リップマン
　　エ　ブーアスティン

(☆☆☆◎◎◎)

【3】次の(1)〜(6)の問いに答えなさい。

(1) 政府の裁量的な財政政策を排し，通貨供給量を経済成長率にあわせて一定に保つべきとするフリードマンの考え方を何というか，答えなさい。

(2) 公共財とはどのような特徴を持つ財をいうか。「非排除性」と「非競合性」の内容に触れつつ，40字〜60字で説明しなさい。

(3) 次の①〜③の語句の意味として，適切なものをア〜カから1つ選び，記号で答えなさい。

① CSR ② メセナ ③ フィランソロピー

ア 企業の芸術・文化支援活動 イ 企業の説明責任
ウ 企業の社会的責在 エ 企業の情報開示
オ 企業統治 カ 企業の社会貢献活動

(4) 国の経済規模を示す経済指標に関する記述として適当なものを，ア〜エから1つ選び，記号で答えなさい。

ア 国富とは，その国が蓄積している建物・機械・設備などの実物資産と国内の金融資産の合計をさす。

イ 三面等価の原則とは，国民所得を生産・消費・支出のいずれの面から見ても，その額が等しいことをさす。

ウ 国民総所得(GNI)は，国内総生産(GDP)から海外純所得(海外からの所得−海外への所得)を差し引くことで求められる。

エ 物価下落が生じた場合，実質成長率の値の方が名目成長率の値を上回る。

(5) 日本銀行が行う公開市場操作(オープン・マーケット・オペレーション)について，景気が停滞し金融緩和が必要な際にはどのようなことが行われるか，30字〜50字で説明しなさい。

(6) 産業構造の高度化について，30字〜50字で説明しなさい。

(☆☆☆◎◎◎)

【4】次の(1)〜(3)の問いに答えなさい。

(1) 19世紀のイギリスの経済学者リカードは，比較生産費説を用いて

国際分業がもたらす利益を説明した。次の図は比較生産費説を説明するためのものである。次の図のアとエに入る数値を答えなさい。

特化前

	A国	B国
毛織物1単位を生産するのに必要な労働量	１００	９０
ぶどう酒1単位を生産するのに必要な労働量	１２０	８０
生産量	2 単位	2 単位

特化後

	A国	B国
毛織物生産に関わる労働量	ア	イ
ぶどう酒生産に関わる労働量	ウ	エ
生産量	２．２単位	２．１２５単位

(2) 次のア〜エは国際通貨体制に関する合意や協定である。これを古い順に並べなさい。

ア　キングストン合意　　　イ　プラザ合意

ウ　ブレトンウッズ協定　　エ　スミソニアン協定

(3) 南北問題を国際的な協力のもと解決するため，発展途上国側の働きかけにより，南北対話の場として1964年に設立された国際連合の機関を何というか，答えなさい。

(☆☆◎◎◎)

【5】高等学校学習指導要領「公民」について，(1)〜(5)の問いに答えなさい。

(1) 次の文は，「第2款　各科目」「第1　公共」「1　目標」の一部である。（　①　）〜（　③　）にあてはまる語句を答えなさい。

「人間と社会の在り方についての見方・考え方を働かせ，（　①　）を追究したり解決したりする活動を通して，広い視野に立ち，グローバル化する国際社会に（　②　）平和で民主的な国家及び社会の有為な形成者に必要な（　③　）としての資質・能力を次のとおり育成することを目指す。」

(2) 次の文は，「第2款　各科目」「第1　公共」「2　内容」「A　公共の扉」「(2)　公共的な空間における人間としての在り方生き方」の一部である。（　①　）〜（　③　）にあてはまる語句を答えなさい。

　「主体的に社会に参画し，他者と(①)することに向けて，
(②)，正義，(③)などに着目して，課題を追究したり解決
したりする活動を通して，次の事項を身に付けることができるよう
指導する。」

(3) 次の文は，「第2款　各科目」「第2　倫理」「2　内容」「A　現代に
生きる自己の課題と人間としての在り方生き方」「(1)　ア　次のよ
うな知識及び技能を身に付けること。」として次の(ア)〜(オ)が示さ
れている。(①)〜(③)に適する語句の組み合わせとして最
も適切なものをa〜fから1つ選び，記号で答えなさい。

(ア)　個性，感情，認知，発達などに着目して，豊かな自己形成に
向けて，他者と共によりよく生きる自己の生き方についての思索
を深めるための手掛かりとなる様々な人間の心の在り方について
理解すること。

(イ)　(①)などに着目して，人間としての在り方生き方につい
て思索するための手掛かりとなる様々な人生観について理解する
こと。その際，人生における宗教や芸術のもつ意義についても理
解すること。

(ウ)　(②)などに着目して，社会の在り方と人間としての在り
方生き方について思索するための手掛かりとなる様々な倫理観に
ついて理解すること。

(エ)　(③)などに着目して，世界と人間の在り方について思索
するための手掛かりとなる様々な世界観について理解すること。

(オ)　古今東西の先哲の思想に関する原典の日本語訳などの諸資料
から，人間としての在り方生き方に関わる情報を読み取る技能を
身に付けること。

a　① 善，正義，義務　　② 真理，存在
　　③ 幸福，愛，徳

b　① 善，正義，義務　　② 幸福，愛，徳
　　③ 真理，存在

c　① 幸福，愛，徳　　　② 真理，存在

　　　③　善，正義，義務

d　①　幸福，愛，徳　　　②　善，正義，義務

　　　③　真理，存在

e　①　真理，存在　　　　②　幸福，愛，徳

　　　③　善，正義，義務

f　①　真理，存在　　　　②　善，正義，義務

　　　③　幸福，愛，徳

(4) 次の文は，「第2款　各科目」「第3　政治・経済」「2　内容」「A 現代日本における政治・経済の諸課題」「(1)　イ　次のような思考力，判断力，表現力等を身に付けること。」として，(ア)〜(エ)が示されている。(　①　)〜(　④　)にあてはまる語句を答えなさい。

(ア)　民主政治の本質を基に，(　①　)と現代政治の在り方との関連について多面的・多角的に考察し，表現すること。

(イ)　政党政治や選挙などの観点から，望ましい政治の在り方及び(　②　)の在り方について多面的・多角的に考察，構想し，表現すること。

(ウ)　経済活動と(　③　)との関連について多面的・多角的に考察し，表現すること。

(エ)　市場経済の機能と限界，(　④　)及び租税の在り方，金融を通した経済活動の活性化について多面的・多角的に考察，構想し，表現すること。

(5) 「第2款　各科目」「第3　政治・経済」「2　内容」「B　クローバル化する国際社会の諸課題」「(1)　現代の国際政治・経済」において，国際平和と人類の福祉に寄与しようとする自覚を深めることに向けて，着目する視点として，「個人の尊厳と基本的人権の尊重」の他に4つ示されている。示されたもののうち2つ答えなさい。

(☆☆☆◎◎)

解答・解説

中　学　社　会

【1】(1)　イ　　(2)　・鉄鉱石や石炭などの鉱産資源に恵まれていた。
・五大湖の水運を利用できた。　　(3)　高緯度側から低緯度側に流れ
る，相対的に低水温の流れのこと。　　(4)　B　国名…メキシコ
記号…エ　　C　国名…ベネズエラ　　記号…イ　　(5)　ウ

〈解説〉(1)　アルゼンチンの首都ブエノスアイレスは，南半球の，日本
の対蹠点に近いところに位置する。すなわち緯度も同じくらいで大陸
東岸に位置することから，温暖湿潤気候。南米大陸にはブラジル高原
がサバナ気候，また，南半球には亜寒帯気候はない。西岸の砂漠地帯
の周囲にはステップ気候がみられる。　　(2)　五大湖周辺では鉄鉱石の
産出が多く，特にスペリオル湖西岸のメサビ鉄山が知られる。五大湖
の水運を利用して運搬し，アパラチア山脈で採れる石炭と共にピッツ
バーグを中心に鉄鋼業が栄えた。またデトロイトでは自動車工業が盛
んであったが，いずれも衰退し，現在では錆びついた地域を意味する
ラストベルトと呼ばれ，再興をはかっている。　　(3)　南米大陸南端は
南緯60度に近く，ドレーク海峡をはさんですぐ南極大陸である。その
海域から北上するペルー(フンボルト)海流は低温の寒流で，沿岸部の
大気が安定し，上昇気流ができないためにアタカマ砂漠が形成されて
いる。エクアドル沖合で西へ向きを変え，その流れは貿易風との関係
でエルニーニョ現象を引き起こすことでも知られる。　　(4)　南北アメ
リカ大陸でポルトガル語が公用語なのはDのブラジルのみ。Bはメキシ
コ，Cはベネズエラ。いずれも旧宗主国はスペインでスペイン語が公
用語。原油モノカルチャー経済のイはベネズエラである。マラカイボ
湖周辺に油田があり，南米唯一のOPEC加盟国であるが，近年は国情
が不安定である。エのメキシコはNAFTAの締結により自動車産業が盛
んだが，2020年7月新NAFTA(USMCA)に移行した。Aのカナダは，東

部ケベック州にフランス系住民が多く，独立運動も見られるため，カ
ナダ公用語は英語とフランス語両方とされている。　　(5)　日本のデー
タから，最も多いbが火力発電，少ないcが原子力発電，残るaが水力発
電とわかる。ブラジルでは，ラプラタ川上流のパラナ川にイタイプダ
ムがあるが，これは中国の三峡ダムに次いで最大出力が世界第2位を
誇る。下流には世界三大瀑布の1つ，イグアスの滝がある。フランス
は原子力発電が盛んな国である。

【2】(1)　フェアトレード　　(2)　首位都市　　(3)　日本海側…北陸
　内陸部…中央高地　　太平洋側…東海　　(4)　5万分の1
　(5)　日本は島国(海洋国)であり，離島も多いため。　　(6)　寒流の親
　潮と暖流の黒潮が出合う潮目があり，多くの種類の魚が集まるため。
〈解説〉(1)　発展途上国では，先進国へ輸出することを目的に，大規模
　農園であるプランテーションにおける商品作物栽培が行われてきた。
　多数の労働力を安価に利用して天然ゴム，カカオ豆，コーヒー豆，サ
　トウキビなどの熱帯作物を中心に栽培し，輸出してきた国々では，独
　立した後も，特定の一次産品の輸出に経済が依存するモノカルチャー
　経済が見られ，公正な価格で貿易を行うフェアトレードが求められて
　いる。　　(2)　人口が過度に集中した1つの都市を首位都市またはプラ
　イメートシティという。発展途上国で，都市と農村部の経済格差が原
　因として大都市に仕事を求めて若年層を中心に人々が流入して起こ
　る。都市はインフラの整備が追いつかず，不良居住地であるスラムが
　形成され，衛生面，治安が悪くなりインナーシティ問題が生じること
　がある。代表例として，メキシコの首都メキシコシティ，ブラジルの
　サンパウロなどがある。　　(3)　中部地方の日本海側の北陸は，冬の豪
　雪により降水量が豊富で夏は高温となり，稲作が盛んである。伝統工
　芸品も多い。内陸部の中央高地は，日本の中では隔海度が高く，降水
　量が比較的少ない。夏の冷涼な気候を生かしてかつては精密機械工業
　が発展した。高原野菜の生産も多い。太平洋側の東海地方の特色は，
　夏は暑いが冬も温暖で，降水量が多い。工業，漁業のほか，茶の生産

が多い。 (4) 実際の距離4kmが地形図上では8cmで表されていると
いうことから，400,000÷8＝50,000より，5万分の1。国土地理院発行
の地形図には1万分の2万5千分の1と5万分の1があり日本全土をカバー
している。 (5) 領海は，海岸線が最も陸地から離れたときである低
潮線を基準＝基線として，そこから12海里まで，基線から200海里の
ところまでが排他的経済水域である。海上保安庁は「周囲100メート
ル以上」の島の総数を6,852島としており，その中には無人島も多数含
んでいる。領海，排他的経済水域を合わせた面積は，アメリカ，ロシ
ア，オーストラリア，インドネシア，カナダに次いで6位になる。

(6) 豊かな漁場は，暖流と寒流が出会う「潮目」と呼ばれる地域に多
い。日本列島周辺では，南から暖流の日本海流(黒潮)，北から寒流の
千島海流(親潮)が流れ，三陸海岸沖合に潮目ができる。大陸棚やバン
ク(浅堆)も良い漁場である。

【3】(1) ア 司法 イ 団体自治 (2) (a) 国民審査 (b) 違
憲立法審査権 (3) ウ (4) 地方公共団体の首長は，住民から直
接選挙によって選ばれる。

〈解説〉(1) ア 裁判所が持つ権限。具体的な訴訟や犯罪事件を，法に
基づき裁くこと。 イ 地方公共団体の財産の管理や事務処理，条例
の制定など，各都道府県や市町村の議会や首長が行うものが主として
含まれる。日本国憲法第94条で規定されている。 (2) (a) 任命後，
初めて行われる衆議院議員総選挙と，その後10年を経過するごとの衆
院選のときに国民の審査を受ける制度。憲法第79条の規定。 (b) 初
めての違憲判決は，旧刑法第200条の尊属殺重罰規定を違憲としたも
の。その他，衆議院議員定数配分規定，非嫡出子法定相続分規定，女
性の再婚禁止期間規定などに対して，違憲判決が出された。

(3) 「総議員の半数以上」が誤り。正しくは総議員の3分の1以上。採
決は，特別の場合を除き，出席議員の過半数の賛成を要する。

(4) 内閣総理大臣は，国民が選挙で選んだ国会議員の投票によって選
ばれるため，間接選挙であるといえる。

【4】(1)　デフレーション　　(2)　イ・ウ
〈解説〉(1)　市中の通貨供給量を増やすことでデフレ解消を図る金融政
　　策。これを買いオペレーション(または買いオペ)という。　　(2)　外貨
　　よりも自国通貨の価値が高くなる円高が起こったときに見られる影響
　　を選択する。

【5】(1)　自己決定権　　(2)　労働者が使用者と対等な立場で賃金など
　　労働条件について交渉する権利　　(3)　グロティウス　　(4)　拒否権
〈解説〉(1)　自己の個人的事項について，公権力に干渉されずに自ら決
　　定する権利。人格権の一部として捉えられている。　　(2)　労働基本権
　　は，団体交渉権のほか，団結権と団体行動権がある。　　(3)　三十年戦
　　争を受け，正当な戦争とそうでない戦争を区別し，戦争を行うときも
　　相互に守るべき法があると述べた。『自由海論』では公海自由の原則
　　を説いた人物でもある。　　(4)　「常任理事国」は，アメリカ，フラン
　　ス，イギリス，中国，ロシア。いずれも第二次世界大戦における連合
　　国。冷戦下では，この権利の発動による安保理の機能不全が問題とな
　　った。

【6】(1)　ウ　　(2)　邪馬台国　　(3)　倭王の称号・金印　　(4)　三国
　　志
〈解説〉(1)　史料は「魏志」倭人伝なので，魏に使いを送った「倭の女
　　王」とは邪馬台国の女王卑弥呼。「景初二年」は239年で，3世紀の前
　　半である。この年，卑弥呼は大夫難升米らの使者を魏の都の洛陽に送
　　り，「天子」＝明帝から倭王の称号と金印，銅鏡100枚などを与えられ
　　た。　　(2)　3世紀の日本(倭国)には30余りの小さな国々が連合してつく
　　った邪馬台国があった。その場所は大和(奈良県)説と九州北部説があ
　　り，大和説では奈良県桜井市の纒向遺跡の南側にある前方後円墳の箸
　　墓古墳を卑弥呼の墓とみなす説が有力である。　　(3)　「魏志」倭人伝
　　によると，明帝は卑弥呼に「親魏倭王」の称号と「金印紫授」を授け
　　た。57年に倭の奴国の王が後漢の都の洛陽に使者を送り，光武帝から

授けられた「漢委奴国王」と刻まれた金印は1784年に志賀島(現在の福岡市)で農民によって発見されたが，この時に卑弥呼が授けられた金印は発見されていない。　(4)　西晋の陳寿は3世紀末に「魏書(魏志)」30巻・「蜀書」15巻・「呉書」20巻の全65巻からなる三国時代の正史『三国志』を著した。「魏書」のみに本紀があり巻数も最も多いので，魏を正統とみなしていると考えられ，その中の「魏書」の東夷伝倭人の条が「魏志」倭人伝と通称されている。

【7】(1)　長安　　(2)　①　中書省　　②　門下省　　③　尚書省
(3)　ア　　(4)　駅伝制　　(5)　D→A→C→B→E
〈解説〉(1)　隋は旧長安の東南に新たに大興城を建設して都としたが，唐はこれを引き継ぎ長安として都を置いた。　(2)　唐の三省は中書省が皇帝の詔勅を起草し，門下省が詔勅を審議，尚書省が執行した。門下省は詔勅を審議するため，貴族層の牙城といわれる。また尚書省の下には六部(吏戸礼兵刑工)が置かれた。　(3)　朝鮮王朝の成立は1392年。日本ではこの年に南北朝の統一が実現している。なお，イの白河上皇の院政は1086年に始まった。ウの大政奉還は1867年。エの建武の新政は1334年に始まった。　(4)　大モンゴル国の駅伝制はチンギス＝ハンが導入し，その子のオゴタイの代に整備・拡充された。約10里ごとに駅が置かれ，牌符を持つ使節や軍人・官吏などに食料や馬などを提供した。　(5)　A　李淵が唐を建国したのは618年。　B　李成桂が朝鮮王朝を建国したのは1392年。　C　フビライが大都に遷都したのは1264年，国号を元と称したのは1271年。　D　ペリクレスは前5世紀の人。　E　イギリスのテューダー朝の成立は1485年。

【8】(1)　ウ　　(2)　上下の階級が無いことを理想としているから，身分制を批判している。　(3)　耕シ　　(4)　朱子学を正学とし，朱子学以外の学問を聖堂学問所で教授するのを禁止した。
〈解説〉(1)　石田梅岩は，正直・倹約を重んじる商人の道を説く石門心学の創始者。『統道真伝』は安藤昌益の著作だが，儒教や仏教の批判

を主な内容とする書。　(2)　「上」と「下」を対比させている一文から，身分制度を批判していることを読み取る。彼はこのような封建社会を法世と呼び，批判した。　(3)　安藤昌益が理想としたのは，万人が直接田を耕して自給自足の生活を営む万人直耕によって形成される平等な社会(自然世)であった点に留意。　(4)　正学とは朱子学のこと。寛政の改革では，朱子学以外の学問を禁じる寛政異学の禁が出された。

【9】(1)　①　実現　　②　主体的　　③　国民主権　　④　文化

(2)　①　現代社会　　②　事例　　③　制度　　④　構想

(3)　①　効果的　　②　読み取り　　③　体験

〈解説〉(1)　①　新学習指導要領の「目標」は，まず「柱書」が示され，その後に(1)～(3)として，「知識及び技能」，「思考力，判断力，表現力等」，「学びに向かう力，人間性等」という，育成を目指す資質・能力の3つの柱に沿った目標が示される。本問は教科の目標の(3)とあるので，「学びに向かう力，人間性等」に沿った目標ということになる。「社会的事象について，よりよい社会の実現を視野に課題を主体的に解決しようとする態度」とは，よりよい社会の実現に向けて，多面的・多角的に考察，構想したことを社会生活に生かそうとする態度などを意味している。　②　「社会的事象について，よりよい社会の実現を視野に課題を主体的に解決しようとする態度」とは，また，社会的事象について，主体的に調べ分かろうとして学習上の課題を意欲的に解決しようとする態度なども意味している。　③　「国民主権を担う公民として，自国を愛し，その平和と繁栄を図ること」は，公民的分野の目標(3)の文言と全く同じなので覚えておこう。　④　「他国や他国の文化を尊重することの大切さについての自覚などを深める」とは，教育基本法第2条第五号に示される「伝統と文化を尊重し，それらをはぐくんできた我が国と郷土を愛するとともに，他国を尊重し，国際社会の平和と発展に寄与する態度を養うこと」の精神を実現することを意味している。　(2)　①　今日の，グローバル化，情報化の進展をはじめとして大きく変化している社会と考えられる。　②　中学

校の段階においては，政治・法・経済などに関する基本的な概念や考え方を具体的な事例を通して学び，自らの現代社会の見方・考え方を鍛えることが大切であると考えられている。　③　なぜそのような制度や仕組みを作ったのか，なぜそのような仕組みがあるのか，例えば，金融の制度や仕組みについて，なぜ金融機関はあるのか，金融機関にはどのような役割があるのかなどについて理解を深めるという意味である。　④　社会に見られる課題を把握してその解決に向けて構想(選択・判断)するという意味である。　(3)　①　技能を身に付けることに関する「様々な情報を効果的に調べまとめる技能を身に付ける」という文言は，3分野すべての目標に記されている。　②　本問の「第3指導計画の作成と内容の取扱い」の2の(3)の文章は冒頭3行の文章であり，この後に，「その際，地図や年表を読んだり作成したり，〜略〜関連する新聞，読み物，東経その他の資料に平素から親しみ適切に活用したり〜」という言語活動の充実を一層図るための活動が示されている。　③　「作業的で具体的な体験を伴う学習」は，今回の改訂で大変重視されている。それは，作業的で具体的な体験を伴う自らの直接的な活動を通して社会的事象を捉え，認識を深めていくことを期待しているからである。

地 理 ・ 歴 史

【1】(1)　黒曜石　(2)　イ　(3)　貝塚(文化)　(4)　大宝令の施行以前は「評」が用いられ，大宝令の施行以降は「郡」が用いられた。(5)　(a)　ウ　(b)　ワールシュタット(の戦い)　(c)　マムルーク(朝)　(d)　授時(暦)　(e)　ア，エ　(6)　イ　(7)　ア(8)　(a)　ウェストファリア(条約)　(b)　ケープ(植民地)　(9)　イ→エ→ア→ウ　(10)　文禄・慶長の役で日本に連行された朝鮮人捕虜が返還された。　(11)　(a)　一条鞭法　(b)　近松門左衛門(c)　＜イエズス会＞…信者に孔子の崇拝や祖先の祭祀などの伝統的儀

礼を認めた。　　＜康熙帝＞…イエズス会以外の布教を禁止した。
＜雍正帝＞…キリスト教の布教を禁止した。　　(12)　ア→ウ→イ→エ
(13)　(a)　間宮(海峡)　　(b)　天然ガス　　(14)　富岡製糸場
(15)　センターピボット(灌漑)　　(16)　新渡戸稲造　　(17)　タウン
シップ(制)　　(18)　ウ　　(19)　エ

〈解説〉(1)　北海道では約300万年前から巨大噴火や火山活動が続き，地
上に吹き上げられた溶岩が急速に冷却されたことによって黒曜石が見
られる。割れると鋭利な割れ口ができることから，包丁や斧，槍など
の道具として利用されてきた。十勝石沢露頭は十勝平野ではなく，サ
ロマ湖に近い白滝地区にある。　　(2)　1984年からの発掘調査で，徳島
県阿南市の若杉山の標高140〜250mの山腹から石杵・石臼などととも
に，辰砂の採掘跡が発見された。2018年には日本最古の可能性もある
坑道も発見された。全国でも唯一の辰砂を採掘する遺跡で，若杉山辰
砂採掘場遺跡とも呼ばれる。　　(3)　沖縄などの南西諸島で12世紀ごろ
まで続いた文化で，沖縄貝塚文化・南島文化ともいう。年中温暖な気
候のもと，農耕は行わず，貝類を中心とする採取で生活した。

(4)　『日本書紀』には701年の大宝律令施行以前も「郡」と記されてい
るが，これを701年以降の修飾とする学者と，これに反論する学者と
の間で1950年代から郡評論争と呼ばれる論争となった。1967年，藤原
宮跡から出土した701年以前の木簡に「評」と記されていたことを機
に，一応の決着をみた。　　(5)　(a)　教皇権最盛期の教皇。英王ジョン
を破門し，フィリップ2世治下のフランスに聖務停止を命じるなど，
世俗権に対して優位に立った。なお，アは仏王フィリップ4世と争い
アナーニ事件で屈した教皇である。イは叙任権闘争で皇帝ハインリヒ
4世を破門してカノッサ事件(カノッサの屈辱)を引き起こした教皇であ
る。エはクレルモン宗教会議を開催した教皇である。　　(b)　1241年に
現在のポーランド領リーグニッツ付近で行われた戦い。モンゴル軍が
勝利したが，バトゥ軍はオゴタイの訃報を受けて1242年にハンガリー
から引き返した。　　(c)　アイユーブ朝のマムルークが建てた王朝。ト
ルコ系マムルークの建てた前期のバフリー・マムルーク朝とチェルケ

ス人マムルークの建てた後期のブルジー・マムルーク朝に分かれる。フラグにより滅ぼされたアッバース朝の一族をカリフに擁立したことでも知られる。　(d)　授時暦はイスラームの暦法の影響を受けて作成された太陰太陽暦で，江戸時代に渋川春海の作成した貞享暦の基となった。　(e)　ア　1221年，鎌倉幕府方に敗れた土御門上皇は自らの意思で幕府に申し出て初め土佐，ついで阿波に移り，1231年に崩御した。エ　時宗の開祖一遍は1289年(正応2年)に阿波へ来訪した。　イ　紀貫之が阿波の土佐泊に立ち寄ったのは935年。　ウ　鹿ヶ谷の陰謀が発覚したのは平清盛が専制政治を行っていた1177年。　(6)　十三湖は津軽半島の西部にある湖。岩木川ほか13の河川が流れ込むことに由来する。砂州に十三湖大橋があって外海とつながり，汽水湖になっていて，宍道湖のようにシジミが特産。図南部の「つがる市」と書かれた近くが河口で，十三湖に注ぐところが円弧を描いていることから，円弧状三角州である。　(7)　雪舟は明に渡って水墨画を学び，帰国後に日本的な水墨画の様式を確立した。代表作はアの『秋冬山水図』のほか，『四季山水図巻』，『天橋立図』など。なお，イは狩野芳崖の『悲母観音』(1888年)，ウは『薬師寺吉祥天像』(奈良時代)，エは狩野永徳の『唐獅子図屏風』(安土桃山時代)。　(8)　(a)　ドイツのウェストファリア地方で締結された条約。この条約により，領邦はほぼ完全な主権を認められて神聖ローマ帝国が有名無実化したほか，フランスはアルザスとロレーヌの一部，スウェーデンは西ポンメルンを獲得し，スイスとオランダの独立が国際的に認められた。また神聖ローマ帝国ではルター派に加えてカルヴァン派の信仰が認められた。　(b)　ケープ植民地はオランダが建設し，ウィーン会議によりイギリス領となった。イギリスの支配を嫌ったブール人(オランダ系移民の子孫，アフリカーナー)は内陸に移動して，オレンジ自由国やトランスヴァール共和国を建設したが，南アフリカ戦争でイギリスに征服され，南アフリカ連邦の一部とされた。　(9)　アは1824年，イは1604年，ウは1868～73年，エは1715年である。　(10)　対馬藩主の宗氏は1609年に朝鮮との間に己酉約条(慶長条約)を結び，朝鮮との貿易を独占するとともに，朝鮮

使節の派遣の際には先導役を務めた。初期の3回の使節を，朝鮮側では家康からの国書(対馬藩が偽造したもの)に回答し，連行された捕虜を連れ帰る，回答兼刷還使ととらえていた。　(11)　(a)　16世紀後期から両税法にかわり導入され，張居正が宰相だった時期に普及した。清代に入ると，土地税に人頭税を繰り入れた地丁銀に切り替えられた。(b)　元禄文化の時代，大坂の竹本座の近松門左衛門は人形浄瑠璃や歌舞伎の脚本を書き，『曽根崎心中』などの世話物のほか，日本人を母とする鄭成功をモデルとした『国性(姓)爺合戦』などの時代物で人気を博した。　(c)　イエズス会は布教に際し，祖先祭祀や孔子崇拝などの「典礼」への参加を容認したため，フランチェスコ会やドミニコ会との間に論争(典礼問題)が起こった。教皇は典礼容認を禁止したが，清では康熙帝がイエズス会以外の宣教師を国外退去させた。その後，雍正帝はキリスト教の布教を禁じた。　(12)　ア　印紙法の制定は1765年のこと。　イ　ボストン茶会事件に対し，本国は1774年3月にボストン港を封鎖する条例を定めた。　ウ　茶法を不満とする13植民地人がボストン茶会事件を引き起こしたのは1773年のこと。　エ　ボストン港封鎖に対して，13植民地側が第1回大陸会議を開催したのは1774年9月のこと。　(13)　(a)　1804年のロシア使節レザノフの長崎来航など対外情勢が緊迫するなか，江戸幕府は北方の防備を増強するため，間宮林蔵らに北方探検を命じた。その結果，樺太が島であることがわかり，大陸との間の海峡は，のちにシーボルトによって間宮海峡と名づけられた。　(b)　サハリン東部は，大陸棚に大規模な油田，ガス田が存在する。鉱区によってサハリンプロジェクト1～9と区分されて契約，着工したものもあったが，現在出荷しているのは1と2のみとされている。日本を含む外資が参加していたが，ロシアとの契約に問題が生じ，パイプラインで日本に原油や天然ガスを送る事業はまだ始まっていない。　(14)　生糸は最も重要な外貨獲得源であり，明治政府は近代産業を育てる殖産興業のため，群馬県西部の富岡に官営模範工場の富岡製糸場を設立し，フランスから技術者を招き，最新の器械を輸入して，生糸の品質向上に努めた。工女は全国から集められ，習

得した技術を各地に広めることを期待された。　(15)　円形に形成された農場では，地下水を利用して巨大スプリンクラーのようなもので放水するセンターピボットと称する灌漑方法によって小麦を生産している。グレートプレーンズの地下にはオガララ帯水層という大規模な地下水層があり，ステップ気候であるにもかかわらず豊富な水資源を得てきたが，近年では地下水の枯渇や土壌の塩類化など，過灌漑の弊害が指摘されている。　(16)　国際連盟が発足すると，日本はイギリス，フランス，イタリアとともに常任理事国となり，新渡戸稲造が1926年まで事務局次長を務めた。新渡戸は内村鑑三らとともに札幌農学校でクラークに学び，キリスト教徒となった。1899年に英語で書かれてアメリカで出版された『BUSHIDO(武士道)』は多くの言語に翻訳された。　(17)　アメリカ合衆国のアパラチア山脈以西の開拓地では，緯線・経線に沿って碁盤目状に土地を区画するタウンシップ制と呼ばれる制度が行われた。屯田兵村も，開拓使のお雇い外国人ケプロン(元アメリカ合衆国農務局長)らの指導のもと，タウンシップ制をモデルにしたといわれる。　(18)　スカンディナヴィア半島にはサーミの人々が住む。イヌイットはかつてエスキモーと呼ばれ，現在では定住化が進んでいる。ニュージーランドのマオリは，ラグビーのハカで知られるようになった。オーストラリアのアボリジニは激しい迫害の歴史の後，ようやく1960年代頃から先住民として認められ，復権が進む。(19)　A　1899年，アイヌ民族の救済と保護を名目として同化をはかる北海道旧土人保護法が制定された。　B　1997年，Aの法は廃止され，アイヌ文化の振興と国民への知識の普及をはかるアイヌ文化振興法が制定された。　C　2019年，Bの法は廃止され，アイヌ民族を先住民族と法律に初めて明記し，共生社会をめざすアイヌ民族支援法が制定された。

【2】(1)　ア　イギリス　イ　産油　ウ　IT　(2)　ムンバイは南西モンスーンが西ガーツ山脈に吹きつけ，典型的な地形性降雨となる6～8月頃に多雨となる。一方，チェンナイはベンガル湾を吹いてくる

北東モンスーンの影響を受ける10〜12月頃が多雨となっている。

(3)　ウ　　(4)　(a)　日本郵船会社　　(b)　産業革命により発展した綿による紡績業・綿織物業の，原料となる綿花を輸入するため。

(5)　大東亜(会議)　　(6)　アジャンター(石窟寺院)　　(7)　ネルー

〈解説〉(1)　インド系住民の移動は，奴隷としての売買はなかったものの，イギリスの植民地での労働者としてスリランカやケニアの茶のプランテーションのほか，南アフリカ，オーストラリアなどに動員された。中東の産油国では潤沢なオイルマネーで飛行場や港湾施設，ビルの建設が進み，中でもアラブ首長国連邦には350万人にも及ぶインド人がいる。インド国内でのIT(ICT)関連事業の発展はアメリカからの外資導入や受注によるものだが，アメリカに渡る技術者も多い。

(2)　日本列島の季節風とインド半島のそれでは，季節による風向きが逆であることに注意したい。両都市とも北回帰線より南に位置し，サバナ気候に該当する。　　(3)　インド人資本としてジャムシェドプルを中心とした製鉄業，綿工業にタタ財閥などがある。また，独立当初は社会主義的政策をとっていたが，1991年以降混合経済として外資の導入が進み，BRICSの1つとして大きく経済成長を遂げた。しかし14億に迫ろうとする人口は貧富の差が大きく，依然として第一次産業人口従事者は50％近い。インドのダイヤモンド研磨技術は進んでおり，スーラトやムンバイで盛んである。　　(4)　(a)　1885年，郵便汽船三菱会社と半官半民の共同運輸会社が合併して日本郵船会社が設立され，1893年には神戸とインドのムンバイ(ボンベイ)を結ぶ日本初の遠洋定期航路を開いた。　　(b)　1882年，渋沢栄一らがイギリス製の紡績機械を導入した大阪紡績会社を設立し，翌年に操業を開始した。日本初の1万錘規模で，日本の紡績業・綿織物業を牽引し，軽工業の産業革命が進展したが，原料の綿花は輸入に依存していた。そこで，綿花を大量かつ安定的に確保するため，ボンベイ航路が開かれた。　　(5)　東条英機内閣は日本の勢力下にあった中華民国国民政府・タイ・満州国・フィリピン・ビルマと自由インド仮政府(チャンドラ＝ボース)の代表を東京に集めて大東亜会議を開催し，「大東亜共栄圏」の共存共栄・独立

尊重・互恵提携などをうたった大東亜共同宣言を採択した。

(6) 法隆寺金堂壁画の模写をしていた画家の電気座布団のスイッチの切り忘れが原因とみられる出火により，12面の大半を焼損した。この壁画はムンバイの北東のアジャンター石窟寺院にあるグプタ様式の壁画との類似性が指摘されている。 (7) マハトマ＝ガンディーの影響を受けて反英民族運動に参加し，国民会議派議長となり，1929年の国民会議派ラホール大会ではプールナ＝スワラージを採択した。1947年のインド・パキスタン分離独立の際にはインドの首相兼外相に就任した。

【3】(1) (a) ＜記号＞…ウ ＜名称＞…カフカス(山脈) (b) 東経60(度) (2) イ (3) ＜名称＞…バイカル(湖) ＜記号＞…ア (4) ロシアはロシア正教を信仰するスラブ系民族が多く，この地域はイスラム教を信仰するトルコ系民族等が多いため，宗教の違いが紛争の一つの原因となっている。 (5) エ (6) 利用できる水資源は限られた貴重な資源であるとともに，地域によって偏在している資源であると言える。 (7) ア (8) 北方(戦争) (9) ロシアが大陸封鎖令を無視してイギリスとの貿易を行っていたことに対する制裁のため。 (10) (a) 天正遣欧使節 (b) アッピア(街道)

(11) (a) 不戦(条約) (b) エ (c) ウ (12) ア

〈解説〉(1) (a) アのウラル山脈，イのテンシャン山脈，エのスカンディナヴィア山脈は古期造山帯だが，ウのカフカス山脈はアルプス＝ヒマラヤ造山帯に属する新期造山帯である。 (b) ウラル山脈は東経60度線とほぼ一致するなだらかな褶曲山脈である。鉄鉱石，銅鉱のほか，金，石炭，石油など地下資源が豊富。 (2) 作物の耕作には気温や降水量の限界条件があり，最暖月平均気温が10度以下では生育できないことを気温限界という。極限界または寒冷限界ともいう。降水量250mm以下では栽培できない乾燥限界，標高が高くなって気温が下がり，耕作できなくなることを高距限界または垂直限界ともいう。点線はいずれの耕地の限界線も表してはおらず，永久凍土の限界を示して

いる。　(3)　バイカル湖は断層湖特有の細長い形状をしており，水深が深いことで知られる。諏訪湖は断層湖であり，洞爺湖，十和田湖はカルデラ湖。霞ヶ浦は海跡湖で，現在は海から離れており汽水湖ではない。　(4)　地図中の5か国のうち最大のものはカザフスタン，南部の4つは西から順にトルクメニスタン，ウズベキスタン，タジキスタン，キルギス。ロシアとは民族系統や宗教が異なる。カフカス山脈周辺の国々でも同様の事情がある。　(5)　最北はツンドラ土で，地下は永久凍土。ポドゾルは亜寒帯に分布するやせた土壌で，タイガとよばれる針葉樹林帯が広がる。バイカル湖の南にあるのはモンゴルだが，ゴビ砂漠が南部にあるため，モンゴル北部のステップ気候帯では栗色土，その次に砂漠土と考える。　(6)　資料1から，地球上の水の大半は海水であること，そして陸水の大半は氷河等で，実施に水資源として利用できる水は地下水，湖水・河川水などとても少ないことがわかる。また資料2から水資源が豊富なロシアでは1人当たり水資源量も多いが，人口の少ないノルウェーでは水資源総量のわりに1人当たり水資源量は多く，むしろ余っているといえる。　(7)　日本では火力発電が最も多く，その内訳として1980年代頃から石炭より天然ガスが増加し，ロシアでも天然ガスの利用が多いことを合わせて考えるとウが天然ガス，エが石炭である。原子力発電は日本で最も少ないイで，残るアが水力発電。　(8)　北方戦争(1700～21)はバルト海帝国を築いていたスウェーデンとロシア・ポーランド・デンマークとの間の戦争。スウェーデンは敗れ，ニスタット条約でバルト海沿岸の領土をロシアに割譲して，バルト海の覇権を失った。この戦争中，ロシアはサンクトペテルブルクを建設し1712年にモスクワから遷都した。　(9)　ナポレオン1世は大陸封鎖令を発して，欧州大陸の同盟国にイギリスとの通商を禁じた。イギリスを孤立させるとともに，欧州大陸をフランスの製品市場とする狙いがあったとされる。しかし，イギリスに穀物を輸出していたロシアはこれを嫌い，対英穀物輸出を再開したため，ナポレオン1世はロシア遠征を敢行し，モスクワを占領したが最終的に敗れた。　(10)　(a)　ヴァリニャーニ(ヴァリニャーノ)は九州のキリシ

タン大名の大友義鎮(宗麟)・有馬晴信・大村純忠に勧めて，伊東マンショ・千々石ミゲル・中浦ジュリアン・原マルチノの4少年による天正遣欧使節の派遣を実現させ，1585年にローマに到着，教皇グレゴリウス13世に謁見を許された。　(b)　紀元前312年，古代ローマのケンソル(監察官)アッピウス・クラウディウス・カエクスによって，建設が開始された。南イタリアのサムニウム人を制圧するための軍事目的だった。　(11)　(a)　フランス外相ブリアンとアメリカ国務長官ケロッグが主導して締結されたため，ブリアン・ケロッグ条約とも呼ばれる。　(b)　ケロッグはクーリッジ大統領期の国務長官(在任1925～29)。不戦条約の成立に尽力し，1929年にはノーベル平和賞を受賞している。(12)　マジャール人はウラル語族に属するハンガリー人の自称。レヒフェルトの戦い(955)でオットー1世に敗れた後，パンノニア平原に定住してキリスト教化した。なお，イのチェック人は西スラブの一派でチェコの主要構成民族。10世紀にベーメン王国を建国した。ウのブルガール人はもとトルコ系遊牧民族で後にスラブ化した。ブルガリア帝国(王国)を建設しビザンツ帝国と争ったことで知られる。エのフィン人はウラル語族に属すフィンランドの主要構成民族。

【4】(1)　①　多様性　　②　防災　　③　調べまとめる
(2)　①　系統地理　　②　地誌　　③　国土像　　(3)　①　連続性
②　大観　　③　個別の事象　　(4)　①　日本国民　　②　愛情
③　他国の文化　　(5)　①　歴史的特質　　②　結合・変容
③　地球世界

〈解説〉(1)　この文は，「地理総合」の学習を通じて育成される資質・能力のうち，「知識及び技能」に関するねらいを示したものである。教科や科目の「目標」は，学習指導要領の中で最も出題されるところであり，出題形式は空欄補充形式が最も多い。　(2)　「地理探究」は，地理歴史科の選択科目で，必履修科目である「地理総合」の学習を前提に，まず，系統地理的学習，地誌的学習を行う各大項目を学習して，最後に日本の地理的な諸課題を探究する大項目を設けている。

(3) 「歴史総合」は,「地理総合」とともに,高校地理歴史科の中に設けられた必履修科目である。その内容の全体にわたって配慮する事項の「ア」では,中学校までの学習との「連続性」に留意するよう記されている。　(4) 「目標」の(3)は,どの科目においても,その教科や科目の学習を通じて育成される資質・能力のうち,「学びに向かう力,人間性等」に関わるねらいを示している。文中の空欄部分を含む「日本国民としての〜自覚などを深める」の部分は,教育基本法(教育の目標)第2条第五号の精神を実現することを意味している。　(5) 諸資料を比較したり,関連付けたりして読み解き,諸地域の歴史的特質の形成,諸地域の結合・変容,歴史的に形成された地球世界の課題を理解することをねらいとしている。

公　民　科

【1】(1) ① ア　社会福祉　　イ　公衆衛生　　ウ　給付　　② 国民の具体的な権利を保障したものではなく,国の政策上の指針を示したもの。(36字)　③ 能力に応じて等しく教育を受ける権利(17字)
(2) ① ア　女子差別撤廃条約　　イ　男女雇用機会均等法
ウ　人種差別撤廃条約　　エ　北海道旧土人保護法　　② 両親や祖父母など,自分より先の世代にある親族のこと。(26字)　③ DV防止法　　④ ウ　(3) 12省庁　(4) 鳩山由紀夫　(5) オ
(6) 夜警国家　(7) マス・メディアの報道が有権者の投票行動に影響を及ぼすこと。(29字)　(8) 大隈重信,伊藤博文　(9) ア　ルワンダ　イ　ベルギー　(10) ア　公民権運動　イ　キング牧師
〈解説〉(1) ① ア・イ　社会福祉と公衆衛生は,公的扶助と社会保険とともに,わが国の社会保障の4本柱とされている。　ウ　少子高齢化によって,勤労世代の税や社会保険料負担を増やさないと,給付水準を維持することが難しくなっている。　② 権利を保障する体裁を

取りつつも，実際には政策目標を示したに過ぎない規定をプログラム規定という。プログラム規定説とは，憲法の生存権規定などを，このプログラム規定と見なす説。自由主義経済における自助努力の原則とも合致する憲法学説である。　③　憲法第26条は，教育を受ける権利の規定。教育を受ける権利も社会権に分類される権利の一つである。近年は教育の受け手の主体性を尊重して，学習権と呼ばれることもある。また，同第2項は，子女に普通教育を受けさせる義務と，義務教育の無償に関する規定である。　(2)　①　ア・イ　女子差別撤廃条約の批准に伴う国内法の整備として，男女雇用機会均等法が制定された。ウ　南アフリカで実施されていたアパルトヘイト(人種隔離政策)などを背景に，採択された。ただし，人種差別撤廃条約の批准とアイヌ文化振興法に直接の関係はない。　エ　現在ではアイヌ文化振興法も廃止され，アイヌが先住民族であることが明記されたアイヌ民族支援法が制定されている。　②　実父による性暴力の被害を受けていた娘が実父を殺害した事件で，最高裁は尊属殺人罪の重罰規定は法の下の平等に反すると判断し，通常の殺人罪によって執行猶予付きの有罪判決を下した。その後，尊属殺人罪で起訴される例はなかったが，尊属殺人罪を廃止する刑法改正は，20年以上を経て実現した。　③　DVとはドメスティック・バイオレンスの略。配偶者や恋人間の暴力を意味する言葉である。なお，児童虐待に関しては，児童福祉法や児童虐待防止法が改正され，体罰が禁止された。また，民法の懲戒権規定の廃止も検討されている。　④　アファーマティブ・アクションは「積極的差別是正措置」と訳されるが，逆差別との批判もある。なお，アは文民統制。文民(非軍人)が軍隊の指揮，監督を行うこと。イは企業統治。株主らが企業経営を監視すること。エは情報公開。　(3)　中央省庁の再編後，防衛庁が省に格上げされ，新たに観光庁や消費者庁などが発足したが，「1府12省庁」という表現は国務大臣が主任の大臣を務める官庁のみを指す言葉なので，現在も1府12省庁である。また，現在では，庁は警察庁を管理下に置く国家公安委員会のみを意味する。(4)　2009年の総選挙で民主党が大勝し，民主党を中心とする連立政権

が発足した。首相には民主党の代表を務めていた鳩山由紀夫が就任したが，公約としていた普天間基地の県外移転が実現できず，「政治とカネ」の問題も浮上するなど，稚拙な政権運営により，短期間で失脚した。　(5)　わが国の比例代表選挙では，ドント式を用いて議席配分が行われている。ドント式では，各政党の得票数を自然数で順に割っていくことで，各政党の議席数を求める。定数が8名ならば，割り算の答えの大きいものから8つを選ぶ。すると，A党からは5つ，B党からは2つ，C党からは1つ選ばれる。これが，各党の議席数となる。

	A党	B党	C党
÷1	200,120	103,000	75,000
÷2	100,060	51,500	37,500
÷3	66,707	34,333	25,000
÷4	50,030	25,750	18,750
÷5	40,024	20,600	15,000

(6)　国家社会主義者のラッサールは，社会福祉に取り組まない当時の国家を批判する意味合いで，夜警国家という言葉を用いた。似た意味を持つ言葉として，消極国家がある。また，20世紀後半以降は，福祉国家化による大きな政府の弊害に対し，小さな政府を目指す動きが高まった。　(7)　アナウンスメント効果には，優勢と報道された政党・候補者がより一層優勢となることもあれば，劣勢と報道された政党・候補者に有利に作用することもある。前者をバンドワゴン効果といい，後者をアンダードッグ効果という。　(8)　大隈重信は，わが国初の政党内閣(隈板内閣)で首相を務めた政治家。早稲田大学の創設者としても有名である。板垣退助は隈板内閣で内務大臣を務めたが，首相に就任したことはない。また，伊藤博文は初代首相である。

(9)　ア　1990年代にはツチ族とフツ族の対立が激化し，フツ族過激派によるツチ族のジェノサイド(ルワンダ虐殺)も発生した。現在は復興して飛躍的な経済成長を遂げており，アフリカの奇跡と呼ばれている。イ　元はドイツの植民地だったが，第一次世界大戦後にベルギーの植民地となった。　(10)　ア　黒人のローザ・パークスがバス内で白人

に席を譲ることを拒否して逮捕されたことに抗議した黒人によるバス利用のボイコット運動(モンゴメリー・バス・ボイコット運動)を発端に，公民権運動が巻き起こった。　イ　キング牧師はインド独立の父ガンディーの影響を受け，非暴力による運動を主導した。

【2】(1)　中庸　　(2)　何事も人にしてもらいたいと望むことは，あなたがたも同じように人々にしなさいという教え。(43字)　　(3)　仁
(4)　ウ　　(5)　知行合一　　(6)　ア　自律　　イ　目的の(王)国
(7)　実存主義　　(8)　権威主義的性格　　(9)　ア

〈解説〉(1)　アリストテレスは，徳を理論や知識に関わる知性的徳と実践的な習性的徳(倫理的徳)に分けた上で，後者は感情や欲求が超過と不足の極端を避け，中庸を選ぶことを習慣づけることによって得られるとした。例えば無謀と臆病の中庸は，勇気である。　(2)　新約聖書の「マタイによる福音書」と「ルカによる福音書」には，イエスが山上の説教において黄金律を唱えたことが記されている。　(3)　仁は，儒学で義・礼・智・信とともに五常の一つとされるが，孔子はそれらの中でも最高の徳目とした。対して，墨家の墨子は仁を差別的な愛(別愛)であると批判し，分け隔てのない愛として，兼愛を唱えた。
(4)　空也は市聖と呼ばれ，称名念仏を広めた。また，源信は経典の極楽浄土に至る方法に関する記述を『往生要集』にまとめ，観想念仏を唱えた。なお，アの鑑真は民衆への布教は行わなかった。イの即身成仏を唱えたのは空海。エの身心脱落は禅宗の一派である曹洞宗の開祖である道元が唱えた。　(5)　陽明学は，王陽明が創始した儒学の一派。心即理や致良知，知行合一が説かれる。中江藤樹はわが国の陽明学の祖であり，近江聖人と呼ばれた。孝を重んじ，時・処・位を唱えた。弟子に熊沢蕃山らがいる。　(6)　カントは『実践理性批判』において，道徳論を展開した。意志の自律に人格の尊厳を求め，条件付きの仮言命令ではなく，無条件の定言命令に自ら従うことを，真に道徳的な行為とした。また，人々が互いを目的として尊重しあう社会を目的の(王)国とよび，理想とした。　(7)　キルケゴールは実存主義の祖。ヘ

ーゲル哲学を批判し，「あれか，これか」の選択を迫られる現実の人間にとっての主体的真理を求めた。また，キルケゴールやヤスパースらが有神論的な実存主義を唱えたのに対し，ニーチェやハイデッガー，サルトルらは無神論的な実存主義を唱えた。　(8)　フロムは，ドイツ市民には強者に弱く弱者に冷淡といった権威主義的な性格の持ち主が多かったことが，ナチスの台頭をもたらしたとした。また，アドルノは，権威主義的な性格傾向の強さを数値化するF尺度を考案した。(9)　マクルーハンは『グーテンベルクの銀河系』において，メディア自体がメッセージであるとした。なお，イのリースマンは現代人に支配的な性格類型を周囲の他者や世論に同調的な他人指向型とした。ウのリップマンはマスメディアは世論に多大な影響力を及ぼすとした。エのブーアスティンはメディアが本当らしく演出した出来事を疑似イベントとした。

【3】(1)　マネタリズム　　(2)　対価を払わない人を排除できず，誰かが消費しても，他者の消費がその分減ることはない性質を持つ財のこと。(50字)　　(3)　①　ウ　　②　ア　　③　カ　　(4)　エ
(5)　日本銀行が金融機関の持つ国債などを買い，金融市場に資金を供給することで金利を下げる。(42字)　　(6)　産業の比重が第一次産業から第二次産業，そして第三次産業へ移行していくこと。(37字)
〈解説〉(1)　マネタリズムは，フリードマンが唱えた経済理論。ケインズが唱えた裁量的な財政・金融政策の有効性を否定する内容であり，サプライサイド経済学と並び，新自由主義(ネオ・リベラリズム)を代表する経済理論として知られている。　　(2)　公共財は，非排除性と非競合性を有するため，市場では供給されない。ゆえに，政府が供給する必要がある。公共財の存在は，市場メカニズムでも財の効率的な配分が実現できない「市場の失敗」の例の一つである。　　(3)　①　CSRはCorporate Social Responsibilityの略。　　②　メセナは芸術家の支援に熱心だった古代ローマの政治家マエケナスの名前に由来する言葉。　③　フィランソロピーは人類愛を意味する古代ギリシャ語に由来する

言葉。なお，イはアカウンタビリティ，エはディスクロージャー，オはコーポレート・ガバナンスという。　(4)　名目経済成長率－物価上昇率＝実質経済成長率の関係にある。なお，アは実物資産と海外金融資産の合計。国内金融資産は除かれる。イは「生産・消費・支出」ではなく，「生産・分配・支出」。ウは差し引くのではなく，加えることで求められる。　(5)　公開市場操作とは，中央銀行が金融政策として市中銀行と国債や手形などを売買すること。不況期には，金融緩和のために，中央銀行は市中銀行から国債などを買い入れ，資金を供給する。これを買いオペという。現在の日銀の金融政策の主要な手段である。　(6)　産業の中心が第一次産業から第二次，第三次産業に推移していくことを，ペティ＝クラークの法則という。また，産業構造の高度化とも呼ばれるが，こちらは軽工業中心から重工業中心への変化なども含まれる概念である。

【4】(1)　ア　220　　エ　170　　(2)　ウ→エ→ア→イ　　(3)　国連貿易開発会議

〈解説〉(1)　A国は毛織物，B国はぶどう酒の生産において比較優位にある。ゆえに，A国は全労働量を毛織物生産に投入すれば，毛織物を220÷100で2.2単位生産でき，B国は全労働量をぶどう酒生産に投入すれば170÷80で2.125単位生産できる。　(2)　古い順に並べると，ウは1944年の出来事。IMF(国際通貨基金)やIBRD(国際復興開発銀行)の設立のほか，固定相場制のもとでの自由貿易の推進が決まった。エは1971年の出来事。ニクソンショック後に固定相場制の維持のために締結した協定だが，短期間で崩壊した。アは1976年の出来事。変動相場制への移行が追認された。イは1985年の出来事。ドル高を是正するための先進5か国による合意である。　(3)　国連貿易開発会議(UNCTAD)は，国連の補助機関の一つ。途上国の経済発展による南北問題の解消を目標に，設立された。第1回会議に初代事務局長のプレビッシュが提出した討議用資料(プレビッシュ報告)では，途上国からの輸出品に対する特恵関税制度の導入などが提案された。

【５】(1)　①　現代の諸課題　　②　主体的に生きる　　③　公民
(2)　①　協働　　②　幸福　　③　公正　　(3)　d　　(4)　①　日本
国憲法　　②　主権者としての政治参加　　③　福祉の向上
④　持続可能な財政　　　(5)　個人の尊厳と基本的人権の尊重・対立・
協調・効率・公正　　から2つ

〈解説〉(1)　①　「公共」は，高校公民科で唯一の必履修科目である。本
問の文章は，その冒頭に(1)(2)などと付記されていないので，「公共」
の「目標」の柱書の文章であることがわかる。①は，「公共」の学習
において主体的・対話的で深い学びを実現するためには，適切な課題
を設定し，課題を追究したり解決したりする活動が展開されるように
学習を設計することが不可欠であることから，「現代の諸課題」であ
る。　②　「広い視野に立ち」から以降は，教科公民科の目標と共通
する表現である。生きる力を育むことは従来学習指導要領が学校教育
の大目標としていることで，主体的とは，自らの意思や判断に基づい
て行うさまを意味している。　③　高校公民科の目標に記された「公
民としての資質・能力」とは，小・中学校社会科の目標に一貫した表
現である「公民としての資質・能力の基礎」の上に立って育成が目指
されるものである。　(2)　「公共」の導入の大項目「Ａ　公共の扉」は，
3つの項目で構成されている。2番目の項目である「(2)　公共的な空間
における人間としての在り方，生き方」は，社会に参画し，他者と協
働する倫理的主体となることに関する適切な問いを設け，選択・判断
の手がかりとなる行為の結果である個人や社会全体の幸福を重視する
考え方や，行為の動機となる公正などの義務を重視する考え方につい
て理解できるようにするとともに，大項目B，Cの学習で扱う社会的事
象について関心を高め，課題を意欲的に追究する態度を養うことを主
なねらいとしている。　(3)　高校公民科の選択科目である「倫理」は
2つの大項目で構成される。その1つ目の「Ａ　現代に生きる自己の課
題と人間としての生き方，在り方」はやはり2つの中項目で構成され
ており，本問はその1つ目の中項目「(1)　人間としての在り方生き方
の自覚」の中で「身に付けることができるよう指導する知識や技能」

を5つ挙げた部分である。選択肢の語句の組み合わせは3通りである。(イ)の①は，様々な人生観について理解するために何に着目するか，(ウ)の②は，様々な倫理観について理解するために何に着目するか，(エ)の③は様々な世界観について理解するために何に着目するか，を考えて選択しよう。　(4)　①　今回改訂された学習指導要領の「内容」の表記は，項目ごとに「ア」で「身に付けるよう指導する知識や技能」，「イ」で「身に付けるよう指導する思考力，判断力，表現力等」が列挙される。本問は中項目「(1)現代日本の政治・経済」の中で「身に付けるよう指導する思考力，判断力，表現力等」についてである。憲法とは国民の自由や基本的人権を保障するために，国の組織や政府の行為について規定するものであるという立憲主義の考え方に基づいて，日本国憲法と現代政治の在り方との関連について多面的・多角的に考察し，表現できるようにすることを意味している。　②　「主権者としての政治参加の在り方」については，主権者としての政治に対する関心を高め，主体的に社会に参画する意欲を持たせるよう指導することが必要である。　③　経済の発展を促進する効率性の追求と，国民福祉の向上で求められる公平性や公正さとは必ずしも一致するとは限らないので，経済活動と福祉の向上との関連について多面的・多角的に考察し，表現できるようにすることが必要となる。　④　現代の経済社会では，税収だけでは財政活動が維持できない現状がある。財政赤字が常態化し，国債の償還ができなくなると財政破綻が発生する。そのような事態にならないために，持続可能な財政の在り方を多面的・多角的に考察し，表現できるようにすることが求められる。

(5)　この中項目において，国際平和と人類の福祉に寄与しようとする自覚を深めることに向けて，着目する視点として示されているのは，「個人の尊厳と基本的人権の尊重」，「対立」，「協調」，「効率」，「公正」の5つである。

中 学 社 会

【1】次の略地図を見て，(1)〜(6)の問いに答えなさい。

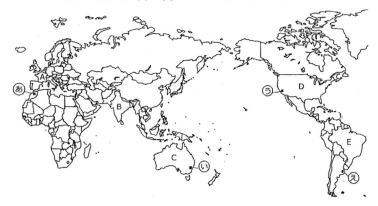

(1)　略地理中で示した⑧〜②の都市の中で，最も早く2020年1月1日を迎える都市はどれか，⑧〜②から1つ選び，記号で書きなさい。

(2)　略地図中に示している5つの大陸のうち，三大洋すべてに面している大陸名を書きなさい。

(3)　世界を6つの州に区分したとき，略地図中のC国が含まれる州名を書きなさい。

(4)　略地図中のE国の公用語は何語か，書きなさい。

(5)　略地図中のB国やE国には，サバナ気候に属する地域がある。サバナ気候の特徴について，降水量と植生に着目して説明しなさい。

(6)　[資料]の①〜③は，ある農産物の2016年における輸出国別の割合を示したものである(資料中のA・C・D・Eは略地図中の国を示している)。①〜③にあてはまる農産物をア〜オから，それぞれ1つずつ選び，記号で答えなさい。

ア　大豆　　イ　米　　ウ　とうもろこし　　エ　砂糖
オ　小麦

[資料]

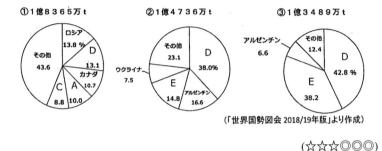

①1億8365万t　　②1億4736万t　　③1億3489万t

（「世界国勢図会 2018/19年版」より作成）

(☆☆☆◎◎◎)

【2】次の(1)〜(5)の問いに答えなさい。

(1)　日本の南端と北端にあたる島名をそれぞれ書きなさい。

(2)　メルカトル図法では，高緯度の地域ほど，距離や面積はどのよう
に描かれるか，説明しなさい。

(3)　地域区分された地域には，等質地域(同質地域)と機能地域(結節地
域)がある。等質地域(同質地域)とは，どのような地域か，説明しな
さい。

(4)　都市が拡大していく過程で，以前からあった農地の中に住宅や工
場などが無秩序に広がっていく現象を何というか，書きなさい。

(5)　東北地方の太平洋側で，夏に冷害を発生させる原因となる冷たく
湿った北東の風を何というか，書きなさい。

(☆☆☆◎◎◎)

【3】次は日本国憲法の条文の一部である。(1)～(4)の問いに答えなさい。

> 第14条　すべて国民は，(ア)であつて，人種，信条，性別，社会的身分又は門地により，政治的，経済的又は社会的関係において，差別されない。
>
> 第25条　すべて国民は，健康で文化的な最低限度の生活を営む権利を有する。
>
> 　2　国は，すべての生活部面について，社会福祉，社会保障及び公衆衛生の向上及び増進に努めなければならない。
>
> 第30条　国民は，法律の定めるところにより，納税の義務を負ふ。
>
> 第98条　この憲法は，国の(イ)であつて，その条規に反する<u>法律</u>，命令，詔勅及び国務に関するその他の行為の全部又は一部は，その効力を有しない。

(1)　条文中の(ア)・(イ)にあてはまる語句を書きなさい。

(2)　第25条により，国は社会保障制度を整備している。年齢別人口構成の変化を見据えて，2000年から導入された社会保険は何か，書きなさい。

(3)　第30条の納税について，次のア～カのうち，間接税をすべて選び，記号で書きなさい。

ア　法人税　　イ　消費税　　ウ　固定資産税　　エ　揮発油税
オ　相続税　　カ　軽自動車税

(4)　条文中の下線部について，次の文中の(　)にあてはまる最も適切な語句を漢字で書きなさい。

> 法律案には，議員提出の法律案と(　)提出の法律案がある。

(☆☆◎◎◎)

【4】次の文を読んで，(1)・(2)の問いに答えなさい。

> 私たちの毎日の生活には，様々な財やサービスが必要である。その財やサービスを作り出す活動を生産といい，それを組織的・専門的に行っているのが企業である。

(1) 国内において一定期間に新しく生産された財やサービスを合計したものを何というか，書きなさい。

(2) 次のア～エの説明のうち，正しいものをすべて選び，記号で書きなさい。

　ア　地方公営企業，独立行政法人は，公企業である。

　イ　株式会社では，株主は原則として株主総会で100株につき1票の議決権をもつ。

　ウ　米や野菜を生産する農家や個人商店は，私企業に分類できる。

　エ　国内の企業数のうち，大企業が占める割合は，90％以上である。

(☆☆◎◎◎)

【5】次の(1)～(4)の問いに答えなさい。

(1) 衆議院で内閣不信任の決議案が可決された場合について，憲法ではどのように規定されているか，書きなさい。

(2) 成年年齢を18歳に引き下げることを内容とする「民法の一部を改正する法律」が施行されるのは何年か，西暦で書きなさい。

(3) オランダのハーグに本部がある国際連合の主要な司法機関を何というか，書きなさい。

(4) 2015年9月の国連サミットにおいて，全会一致で採択された2030年を年限とする17の国際目標を何というか，書きなさい。

(☆☆☆◎◎◎)

【6】次の史料を読んで，(1)～(4)の問いに答えなさい。

> …(　)死して弟武立ち，自ら使持節都督倭・百済・新羅・任那・加羅・秦韓・慕韓七国諸軍事安東大将軍，倭国王と称す。順帝の昇明二年，使を遣はして表を上る。曰く。「封国は偏遠にして藩を外に作す。昔より祖禰躬ら甲冑を擐き，山川を跋渉し，寧処に遑あらず。東は毛人を征すること五十五国，西は衆夷を服すること六十六国，渡りて海北を平ぐること九十五国。…」と。詔して，武を使持節都督倭・新羅・任那・加羅・秦韓・慕韓六国諸軍事，安東大将軍，倭王に除す。
>
> （「宋書」倭国伝より）

(1) (　)にあてはまる倭国王(倭王)を，ア～エから1つ選び，記号で書きなさい。

　　ア　済　　イ　興　　ウ　讃　　エ　珍

(2) 順帝が倭国王(倭王)に対して支配を認めなかった国名を，史料中の語句を用いて，書きなさい。

(3) 倭国(倭)はある資源を獲得するために加羅諸国と密接な関係をもっていた。ある資源とは何か，書きなさい。

(4) 史料から，倭国王(倭王)が中国の南朝に朝貢したことが分かる。倭国王(倭王)は，どのような目的で南朝に朝貢したのか，書きなさい。

(☆☆☆◎◎)

【7】次の文を読んで，(1)～(5)の問いに答えなさい。

> A　イギリスが，東インド会社を設立した。
> B　オスマン帝国が，バルカン半島に進出してアドリアノープルを首都にした。
> C　(　)2世がクレルモン宗教会議を招集し，聖地回復の聖戦を提唱した。

> D　イグナティウス＝ロヨラらが，同志とともにイエズス会を結
> 　成した。

(1)　文中の(　　)にあてはまる人名を書きなさい。

(2)　Aについて，東インド会社設立による海外進出は，イギリスでど
　のような産業が発展していたことと関わっているか，ア～エから1
　つ選び，記号で書きなさい。
　　ア　毛織物工業　　イ　綿織物工業
　　ウ　重化学工業　　エ　石油化学工業

(3)　Cについて，聖地回復の聖戦に派遣された遠征軍を何というか，
　書きなさい。

(4)　Dについて，イエズス会が結成された背景に深く関わっているで
　きごとを，漢字4字で書きなさい。また，イエズス会はどのような
　活動を行ったか，簡潔に書きなさい。

(5)　A～Dを，年代の古い順に並び替えなさい。

(☆☆☆◎◎◎)

【8】次の史料を読んで，(1)～(4)の問いに答えなさい

> 　小説の主脳は人情なり。世態風俗これに次ぐ。人情とはいか
> なるものをいふや。曰く，人情とは人間の情慾にて，所謂百八
> 煩悩是れなり。(略)此人情の奥を穿ちて，賢人，君子はさらなり。
> 老若男女，善悪正邪の心の中の内幕をば洩す所なく描きいだし
> て周密精到，人情を灼然として見えしむるを，我が小説家の務
> めとはするなり。(略)

(1)　この史料を発表した人物を，ア～エから1つ選び，記号で書きな
　さい。
　　ア　坪内逍遙　　イ　夏目漱石　　ウ　森鴎外　　エ　樋口一葉

(2)　この史料により提唱された下線部の考え方を何というか，漢字で
　書きなさい。

(3)　この史料が発表された年に，政府はある制度を廃止し，内閣制度を制定した。ある制度とは何か，漢字で書きなさい。

(4)　史料が発表された時代の作者と作品名の組み合わせとして，誤っているものを，すべて選び，記号で書きなさい。

　　ア　二葉亭四迷－浮雲　　　イ　永井荷風－夜明け前
　　ウ　志賀直哉－その妹　　　エ　尾崎紅葉－金色夜叉

(☆☆☆◎◎)

【9】中学校学習指導要領「第2章　各教科」「第2節　社会」について，(1)～(3)の問いに答えなさい。

(1)　次の文は，「第1　目標」の一部である。(①)～(④)にあてはまる語句を書きなさい。

> (2)　社会的事象の意味や意義，特色や相互の関連を多面的・多角的に(①)したり，社会に見られる課題の解決に向けて(②)・判断したりする力，思考・判断したことを(③)したり，それらを基に(④)したりする力を養う。

(2)　次の文は，「第2　各分野の目標及び内容」〔地理的分野〕「2　内容」「C　日本の様々な地域」の一部である。
(a)～(d)にあてはまる語句を書きなさい。

> (2)　日本の地域的特色と地域区分
> 　次の①から④までの項目を取り上げ，(a)や地域などに着目して，課題を追究したり解決したりする活動を通して，以下のア及びイの事項を身に付けることができるよう指導する。
> ①　自然環境　　　　　　②　人口
> ③　資源・エネルギーと産業　④　(b)
> ア　次のような知識及び技能を身に付けること。
> 　(ア)　日本の地形や気候の特色，海洋に囲まれた日本の国土の特色，(c)と(d)への取組などを基に，日本の自然環境に関する特色を理解すること。

(3) 次の文は,「第3 指導計画の作成と内容の取扱い」の一部である。
(①)～(③)にあてはまる語句を書きなさい。

---

2 第2の内容の取扱いについては,次の事項に配慮するもの
とする。
(2) 情報の収集,処理や発表などに当たっては,(①)
や地域の公共施設などを活用するとともに,コンピュー
タや(②)などの情報手段を積極的に活用し,指導に生
かすことで,生徒が主体的に調べ分かろうとして学習に
取り組めるようにすること。その際,課題の追究や解決
の見通しをもって生徒が主体的に情報手段を活用できる
ようにするとともに,(③)の指導にも留意すること。

(☆☆☆◎◎◎)

地 理 ・ 歴 史

【1】次の文章を読んで,(1)～(13)の問いに答えなさい。

　_a4世紀から6世紀にかけて,朝鮮半島では高句麗が南に勢力を拡大
していった。この動きに対応して,_b百済や_c新羅は国家体制を整える
とともに,ヤマト政権と密接な関係にあった朝鮮半島南部の加耶諸国
に勢力を伸ばした。この結果,ヤマト政権の朝鮮半島における影響力
は低下していった。さらに,589年に_d南北朝を統一した_e隋が,大陸
に強大な国家を形成した。このような動きの中,倭国(日本)において
も推古天皇のもと,厩戸王(聖徳太子)が蘇我馬子らと協力して,国家
体制を整えていった。

　_f7世紀の初めには,中国に隋にかわって_g唐が成立した。この唐の高
句麗への侵攻は東アジアに新たな緊張をもたらした。倭国(日本)では,
_h645年の乙巳の変で中大兄皇子らが蘇我蝦夷・入鹿を倒すと,_i中央集
権国家形成を目指した。さらに,663年の白村江の戦いで,唐・新羅

の連合軍に大敗すると，この動きはより一層加速した。唐の都長安に
ならい694年には藤原京が，710年には平城京が造営され，視覚的に中
央集権国家の偉容を示すこととなった。また，701年には大宝律令が
完成し，_j律令制度による政治の仕組みもほぼ整った。なお，現在の
_k奈良市を中心とした地域には，_l平城京に都があった時代の貴重な文
化財が数多く残っており，1998年「古都奈良の文化財」として_mユネ
スコの世界文化遺産に登録されている。

(1) 下線部aについて，(a)〜(c)に答えなさい。

(a) この時期に日本列島各地に築造された古墳のうち，徳島県域で
最大の前方後円墳は何か，答えなさい。

(b) 北インドではグプタ朝が興亡した。この王朝について述べた文
として誤っているものはどれか，ア〜エから1つ選びなさい。

ア　チャンドラグプタ2世の時に最盛期を迎えた。

イ　宮廷詩人カーリダーサにより，戯曲『シャクンタラー』がつ
くられた。

ウ　パータリプトラを都とした。

エ　ガンダーラを中心とする仏教美術が生まれた。

(c) 地中海世界西方ではゲルマン諸国家が興亡した。このうち，5
世紀に北アフリカに建国され，6世紀に東ローマ皇帝ユスティニ
アヌスによって滅ぼされた国は何か，ア〜エから1つ選びなさい。

ア　ヴァンダル王国　　　イ　西ゴート王国

ウ　ランゴバルド王国　　エ　ブルグンド王国

(2) 下線部bについて，この国から倭国(日本)に暦法を伝えたとされる
渡来人は誰か，ア〜エから1つ選びなさい。

ア　弓月君　　イ　曇徴　　ウ　観勒　　エ　王仁

(3) 下線部cについて，この国の氏族的な身分制度を何というか，答
えなさい。

(4) 下線部dについて，西魏から始まり，後に隋で取り入れられた兵
制は何か，答えなさい。

(5) 下線部eは，統一後30年足らずで滅んだ。農民が疲弊し各地で反

乱が起こるきっかけとなった理由の1つに，大土木事業があるが，どのような事業か，答えなさい。

(6) 下線部fの出来事について，(a)・(b)に答えなさい。

  (a) 622年，ムハンマドは少数の信者を率いてメッカからメディナに移住した。この出来事を何というか，答えなさい。

  (b) ムアーウィヤが開いたウマイヤ朝において，ハラージュとジズヤはそれぞれどのような人々に課せられたか，民族，宗教の面から説明しなさい。

(7) 下線部gについて，(a)～(d)に答えなさい。

  (a) 唐の初期には，征服した6つの辺境地において，服属した異民族をどのように統治したか，設置した機関名を明らかにして，「首長」，「中央」という語句を用いて，70字程度で説明しなさい。

  (b) 製紙法が西方に伝わるきっかけとなったといわれる，唐軍がアッバース朝に敗れた751年の戦いを何というか，答えなさい。

  (c) 資料1は，都長安に建てられた「大秦景教流行中国碑」である。景教とはキリスト教の一派の呼称であるが，何という一派か，答えなさい。また，この一派が異端とされた公会議は何か，ア～エから1つ選びなさい。

資料1

  ア　エフェソス公会議　　イ　トリエント公会議
  ウ　ニケーア公会議　　　エ　コンスタンツ公会議

  (d) 唐の僧義浄は，旅行記『南海寄帰内法伝』において，インドからの帰路スマトラ島とマレー半島を支配していたある王国に滞在したときの様子を伝えている。ある王国とは何か，答えなさい。

(8)　下線部h以降に起こった次の出来事のうち，7世紀の出来事として誤っているものはどれか，ア〜エから1つ選びなさい。

ア　富本銭の鋳造　　　イ　八色の姓の制定
ウ　三世一身法の施行　　エ　淳足柵・磐舟柵の設置

(9)　下線部iについて，中央集権国家とは中央政府に様々な権限が集中している国家の一形態であるが，アメリカ合衆国のように各州に強い権限があり，中央政府は国防や外交を主に担う国家形態を何というか，答えなさい。

(10)　下線部jについて，日本の律令制で定められた税負担である租・調・庸について，次の語句を用いて，負担者の性別，納入物，地方・中央のいずれの財源になったかを明確にして100字程度で説明しなさい。ただし，負担者の年齢区分による負担の違いには触れなくてよい。

「特産品」　　　「労役にかわる布」　　　「稲二束二把」

(11)　下線部kについて，(a)〜(c)に答えなさい。

(a)　史料1は，奈良市郊外の，柳生に存在する石碑の碑文である。史料1中の□□□に入る適切な元号は何か，答えなさい。

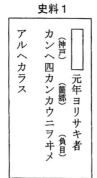

史料1

アルヘカラス
カンヘ四カンカウニヲ＊メ
（神戸）　　（箇郷）　　（負目）
□□元年ヨリサキ者

(b)　江戸時代には，各地で特産品が生産されるようになった。奈良の特産品として最も正しいものはどれか，ア〜エから1つ選びなさい。

ア　晒　　イ　奉書紙　　ウ　藺草(畳表)　　エ　紅花

(c)　奈良市は現在，大阪大都市圏に含まれる都市の1つである。資料2は，人口規模がほぼ同程度の奈良市，所沢市，和歌山市，長野市の人口に関する指標を示したものである。奈良市に該当するものはどれか，ア～エから1つ選びなさい。

資料2　　　　　　　　　　　　　　　　　　　　（単位：%）

	昼夜間人口比率	産業別人口比率		
		第1次産業	第2次産業	第3次産業
ア	86.1	1.4	20.1	78.5
イ	103.6	6.3	22.6	71.1
ウ	94.8	1.5	18.6	79.8
エ	104.5	2.0	24.0	74.1

平成27年国勢調査報告により作成

(12)　下線部lについて，(a)・(b)に答えなさい。

(a)　この時代に編纂された歴史書の1つである『古事記』を筆録した人物は誰か，答えなさい。

(b)　同時期の726年，ビザンツ皇帝のレオン3世が発布したある法令は，ローマ教会とコンスタンティノープル教会との対立をさらに強めることになった。このときの法令を何というか，答えなさい。

(13)　下線部mに関連して，日本においては2019年4月現在，有珠山や島原半島など9地域が認定されており，自然と人間とのかかわりを理解する場所として，科学教育や防災教育，また，新たな観光資源として，地域の振興に生かすことを目的として行われているユネスコの事業のことを何というか，答えなさい。

（☆☆☆☆◎◎）

【2】19世紀以降の出来事について，(1)～(8)の問いに答えなさい。

(1)　明治時代に来日した外国人教師と主な業績の組合せとして誤っているものはどれか，ア～エから1つ選びなさい。

ア　モース　　　－　動物学・考古学

イ　コンドル　－　建築

ウ　ミルン　　　－　地震学

エ　クラーク　－　彫刻

(2) 1884〜85年のベルリン会議によってコンゴ自由国がある国の国王の所有地として認められて以後，アフリカの分割が進んだ。ある国とはどこか，ア〜エから1つ選びなさい。

　　ア　ポルトガル　　　イ　スペイン
　　ウ　ベルギー　　　　エ　イタリア

(3) 日清戦争にいたる次のア〜エの出来事を，年代の古い順に並べかえなさい。

　　ア　日朝修好条規　　　　イ　甲午農民戦争(東学の乱)
　　ウ　甲申事変(甲申政変)　エ　壬午軍乱(壬午事変)

(4) 1898年の米西戦争に勝利したアメリカ合衆国が，スペインから獲得した地域として誤っているものはどれか，ア〜エから1つ選びなさい。

　　ア　グアム　　　イ　フィリピン
　　ウ　ハワイ　　　エ　プエルトリコ

(5) 第一次世界大戦とその影響について，(a)〜(d)に答えなさい。

　(a) ドイツ軍の根拠地があったことから日本軍が攻撃した中国の都市はどこか，ア〜エから1つ選びなさい。

　　　ア　大連　　イ　威海衛　　ウ　重慶　　エ　青島

　(b) 日本軍との戦闘で捕虜となったドイツ人兵士を収容した施設の1つである板東俘虜収容所において，国際法に則り，人道主義的な管理を行った所長は誰か，ア〜エから1つ選びなさい。

　　　ア　井上高格　　イ　松江豊寿
　　　ウ　芳川顕正　　エ　関寛斎

　(c) 大戦中，イギリスがアラブ人にオスマン帝国からの独立を約束したある協定は，西アジアにおいて現在まで続く深刻な対立の要因の1つとなった。ある協定とは何か，答えなさい。

　(d) 敗戦国であるドイツが大戦後設立された国際連盟に加盟するきっかけとなった，ドイツと西欧諸国との間の国境維持などが決められた1925年の条約を何というか，ア〜エから1つ選びなさい。

　　　ア　カルロヴィッツ条約　　イ　ローザンヌ条約

　　ウ　ロカルノ条約　　　　　エ　サン=ステファノ条約

(6)　日中戦争開始当初，「国民政府を対手とせず」との声明を発し，自ら和平の道を閉ざした当時の日本の首相は誰か，答えなさい。

(7)　日本のポツダム宣言受諾から1960年までの間に起こった次のア〜エの出来事を，年代の古い順に並べかえなさい。

　　ア　サンフランシスコ平和条約調印

　　イ　五大改革指令

　　ウ　日本国憲法施行

　　エ　日ソ共同宣言

(8)　1978年，福田赳夫内閣の時に日本と中華人民共和国との間に締結された条約は何か，答えなさい。

（☆☆☆◎◎◎）

【3】太平洋を中心とした地域について，(1)〜(11)の問いに答えなさい。

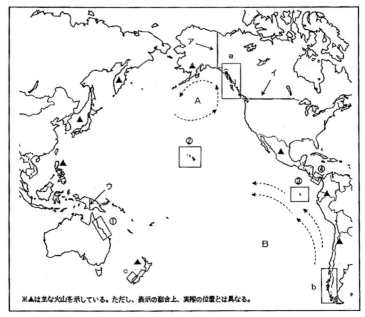

※▲は主な火山を示している。ただし，表示の都合上、実際の位置とは異なる。

(1)　地図中の国境線ア〜ウは人為的国境である。アとウについては経度を，イについては緯度を答えなさい。

(2)　地図中のa〜cはある共通した海岸地形がみられる地域である。その海岸地形を何というか，答えなさい。

(3)　地図中の①について，オーストラリア北東岸に広がる大規模な珊瑚礁地帯を何というか，答えなさい。また，珊瑚礁地形の区分ではどれに該当するか，ア〜ウから1つ選びなさい。

　　ア　裾礁　　　イ　堡礁　　　ウ　環礁

(4)　地図中の②と③の島は火山島であるが，▲の火山とは異なる分布の特徴を持っている。その特徴とは何か，「プレート」という語句を用いて説明しなさい。

(5)　地図中の④について，カリブ海と太平洋をつなぐパナマ運河を管理するパナマは世界的な海運国家である。日本とも関連が深く，2017年における日本の外航船隻数の約60％がパナマ船籍となっている。パナマのように税制上の優遇措置をとるなどして，外国船主を積極的に誘致している国を何というか，答えなさい。

(6)　太平洋地域は広範囲であるため，多様な気候因子の影響を受け，気候も多様である。地図中の---➤は海流を示しているが，海流Aとその沿岸部の気候について述べた次の文のうち，正しいものはどれか，ア〜エから1つ選びなさい。

　　ア　海流Aは北太平洋海流で暖流であるため，沿岸部には西岸海洋性気候が見られる。

　　イ　海流Aは北太平洋海流で寒流であるため，沿岸部には亜寒帯冬季少雨気候が見られる。

　　ウ　海流Aはアラスカ海流で暖流であるため，沿岸部には西岸海洋性気候が見られる。

　　エ　海流Aはアラスカ海流で寒流であるため，沿岸部には亜寒帯冬季少雨気候が見られる。

(7)　資料1は国別(日本・中国・インドネシア・ペルー)の漁獲量の推移を示したものである。日本とペルーに該当するものはどれか，ア〜

エから1つずつ選びなさい。また，そう判断した理由をそれぞれ説明しなさい。なお，ペルーについては，海流Bとの関連性について触れること。

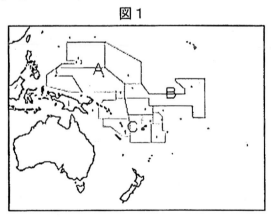

資料1

世界の国別漁獲量の推移

平成29年度水産白書より作成

(8) 図1は，太平洋の島嶼国を中心とした地域を示したものである。
(a)・(b)に答えなさい。

図1

(a) 図1中のA～Cはミクロネシア，メラネシア，ポリネシアの3地域のおおよその位置を示している。それぞれどの地域に該当するか，答えなさい。また，A～Cの地域の特徴を述べた文として適切なものを，ア～ウからそれぞれ選びなさい。

　　ア　天然ガスなどのエネルギー資源やニッケルなどの鉱産資源が
　　　　産出され，日本の輸入元ともなっている。

　　イ　農業や漁業など第一次産業中心の国が多く，他国への移民労
　　　　働者による送金経済が特徴である。

　　ウ　かつて日本が統治していた時代があり，現在でも同系人が居
　　　　住している。

　(b)　太平洋の島嶼地域の経済発展と安定は世界的な課題であり，エ
　　　ネルギー資源や水産資源の供給元でもある日本にとっては，とり
　　　わけ重要な意味を持っている。この地域は，国土が非常に狭く，
　　　首都がある島に人口が集中している国が多いが，この地域性から
　　　考えられる克服すべき課題とは何か，答えなさい。

(9)　東京が2月1日午前9時の時，ロサンゼルスは何月何日の何時か。
　　ロンドンを中心とした計算方法ではなく，日付変更線を用いた計算
　　により，解答しなさい。なお，生徒に説明することをイメージしな
　　がら，解答の過程を記述すること。ただし，東京の時刻は日本の標
　　準時子午線を使用するものとし，ロサンゼルスの標準時は，西経
　　120度を使用するものとする。

(10)　沖縄について，(a)・(b)に答えなさい。

　(a)　中山王尚巴志によって琉球王国が統一された時期と同じ15世紀
　　　の出来事は何か，ア～エから1つ選びなさい。

　　ア　正中の変　　　　イ　後三年合戦

　　ウ　播磨の土一揆　　エ　保元の乱

　(b)　江戸時代における琉球王国と，薩摩藩，江戸幕府，中国との関
　　　係を，100字程度で説明しなさい。ただし，江戸幕府との関係に
　　　ついては，琉球王国から派遣された2つの使節の違いを明確にす
　　　ること。

(11)　メキシコ高原で14世紀から16世紀初めに栄えた王国で，スペイ
　　ン人のコルテスによって滅ぼされた国は何か，答えなさい。

（☆☆☆◎◎◎）

244

【4】高等学校学習指導要領「地理歴史」について，(1)～(5)の問いに答えなさい。

(1) 次の文は，「第1款　目標」の柱書である。(　①　)～(　④　)にあてはまる語句を書きなさい。

> (　①　)を働かせ，課題を(　②　)したり(　③　)したりする活動を通して，広い視野に立ち，グローバル化する国際社会に(　④　)平和で民主的な国家及び社会の有為な形成者に必要な公民としての資質・能力を次のとおり育成することを目指す。

(2) 次は，「地理総合」の「2　内容」を構成する大項目A～Cを列挙したものである。(　①　)～(　④　)にあてはまる語句を答えなさい。

A　地図や(　①　)で捉える現代世界

B　国際(　②　)と国際(　③　)

C　(　④　)な地域づくりと私たち

(3) 次の文は，「地理総合」の「3　内容の取扱い」の(1)において，内容の全体にわたって配慮する事項の「エ」である。(　①　)・(　②　)にあてはまる語句を書きなさい。

> 学習過程では取り扱う内容の歴史的背景を踏まえることとし，政治的，経済的，生物的，地学的な事象なども必要に応じて扱うことができるが，それらは(　①　)や(　②　)を理解するのに必要な程度とすること。

(4) 次の文は，「歴史総合」の「1　目標」の(2)である。(　①　)～(　④　)にあてはまる語句を書きなさい。ただし，同じ数字には同じ語句が入る。

> 　近現代の歴史の変化に関わる事象の意味や意義，特色など
> を，時期や年代，推移，（　①　），相互の関連や（　②　）など
> に着目して，（　③　）などを活用して多面的・多角的に考察し
> たり，歴史に見られる課題を把握し解決を視野に入れて
> （　④　）したりする力や，考察，（　④　）したことを効果的に
> 説明したり，それらを基に議論したりする力を養う。

(5)　次は，「歴史総合」の「2　内容」の大項目「B　近代化と私たち」
を構成する(1)～(4)の中項目を列挙したものである。（　①　）・
（　②　）にあてはまる語句を答えなさい。

(1)　近代化への問い

(2)　結び付く世界と（　①　）

(3)　（　②　）と明治維新

(4)　近代化と現代的な諸課題

(☆☆☆◎◎◎)

公　民　科

【1】国連総会についての次の文章を読み，(1)～(4)の問いに答えなさい。
　　総会は，国連の目的達成に関わる様々な問題について，加盟国や安
全保障理事会に対して（　①　）を行う。全加盟国が1票を持ち，表決は
多数決で行われる。特定の問題に対処するために，(a)UNICEFなどの
(b)総会設置機関を設けている。安全保障理事会の要請や加盟国の過半
数の要請があった場合に開かれる総会は（　②　）とよばれ，(c)国連事
務総長が招集する。

(1)　（　①　）・（　②　）にあてはまる語句を漢字で答えなさい。

(2)　下線部(a)のUNICEFは，日本では何と呼ばれるか，漢字で答えな
さい。

(3)　下線部(b)の総会設置機関のうち，本部が東京にある機関の略称を

アルファベットで答えなさい。

(4) 下線部(c)について，2017年に就任した第9代国連事務総長の名前を，次のア〜エから1つ選び，記号で答えなさい。

ア デクエヤル　　イ 潘基文　　ウ アナン　　エ グテーレス

(☆☆☆◎◎)

【2】次の(1)〜(8)の問いに答えなさい。

(1) 次の文は，日本国憲法第1条である。(①)〜(③)にあてはまる語句を答えなさい。

「天皇は，(①)の象徴であり(②)の象徴であつて，この地位は，主権の存する(③)に基く。」

(2) 日本国憲法第95条には，1つの地方公共団体のみに適用される特別法の制定には，住民投票でその過半数の同意が必要であると定められている。この特別法として1949年5月に可決された「広島市の都市建設に関する法律」の正式名称を答えなさい。

(3) 次のア〜オは，日本のPKO協力法における参加5原則について述べたものである。(①)・(②)にあてはまる語句を答えなさい。

ア 紛争当事者の間で(①)が成立していること。

イ 紛争当事者が，PKOへの日本の参加に同意していること。

ウ PKOが特定の紛争当事者に偏ることなく，中立的立場を厳守すること。

エ 上記の基本方針のいずれかが満たされない状況が生じた場合には，日本の独自の判断で中断，撤収すること。

オ 武器の使用は，要員の生命等の(②)のために必要な最小限に限られること。

(4) 日本においては，裁判官が罷免されるケースは3つのみである。「裁判により，心身の故障のため職務遂行不能と決定された場合」，「最高裁判所裁判官の国民審査で罷免を可とされた場合」と，もう1つはどのような場合か，答えなさい。

(5)　世論の形成にとって重要な役割を果たしているのが，新聞，テレビなどのマス・メディアである。マス・メディアは，立法・行政・司法の三権を監視し，批判する役割も果たしている。このため，マス・メディアは何と呼ばれているか，答えなさい。

(6)　自宅や自宅近くの小規模事業所などでパソコンやインターネットを活用して仕事をする新しい労働形態が注目されている。このような労働形態を何というか，アルファベット4文字で答えなさい。

(7)　北朝鮮の核保有を受けて，2003年から北朝鮮の核問題を協議する場として6カ国協議が開催されてきた。この6カ国協議の参加国は，日本，北朝鮮，アメリカ，中国と，あとの2カ国の国名を答えなさい。

(8)　国際人権規約を日本は1979年に批准したが，A規約については，一部を留保した上での批准であった。批准した当時，日本が留保した3つの事項について，50〜100字以内で答えなさい。

(☆☆☆◎◎◎)

【3】次の(1)〜(9)の問いに答えなさい。

(1)　欲求不満に対して無意識に自己の精神的安定を図ろうとするはたらきを，フロイトは防衛機制とよんだが，防衛機制のうち，「昇華」についての例として適当なものを，次のア〜エから1つ選び，記号で答えなさい。

　　ア　欲しい物が得られないとき，理由をつけて自分を納得させる。
　　イ　失恋した作家が創作に没頭する。
　　ウ　子供のいない人が犬をかわいがる。
　　エ　子供が英雄の本を読んで英雄になったつもりでいる。

(2)　古代の哲学者ソクラテスに関係のないものを，次のア〜エから1つ選び，記号で答えなさい。

　　ア　魂への配慮　　　　イ　無知の知
　　ウ　よく生きること　　エ　ミレトス学派

(3)　儒家の思想として適当なものを，次のア〜エから1つ選び，記号

で答えなさい。

　ア　四端説のうち，自他の不善を憎む気持ちは羞悪の心といわれ，義の徳の端緒とされている。

　イ　仁の基礎とされる忠・恕のうち，忠とは年長者に従順なことであり，恕とは他者への思いやりのことである。

　ウ　荀子の説いた性悪説は，人間の悪へと傾きがちな本性を，法や刑罰によって矯正することを重んじた。

　エ　孟子は民衆の支持を得た指導者が，横暴な王を討って新しい王朝をうちたてることは，天意にかなうことであるという克己復礼の思想を説いた。

(4)　古代日本人が神に対する心のありようとして重んじた，うそ偽りなく，何も包み隠さず，つくろい飾るところのない心を何というか，答えなさい。

(5)　フランスの啓蒙思想家ルソーの『社会契約論』を『民約訳解』として翻訳するなど，「東洋のルソー」と呼ばれ，自由民権運動を理論的に支えた土佐藩出身の人物は誰か，答えなさい。

(6)　質的功利主義を説いたイギリスの哲学者・経済学者J. S. ミルが，人間の利己的な行為をおさえる内的な制裁として重んじたものは何か，漢字2文字で答えなさい。

(7)　アメリカ合衆国の哲学者・心理学者ジェームズは，著書『プラグマティズム』で，「"それは真理であるから[　A　]である"と，"それは[　A　]であるから真理である"という二つの言い方は，同じことを意味している。」と述べている。[　A　]にあてはまる語句を漢字2文字で答えなさい。

(8)　「世代間倫理」について，30字～50字で説明しなさい。

(9)　発展途上国の生産者や労働者が搾取されることなく，経済的に自立した暮らしを営むことができるよう正当で公正な価格で取引しようとする貿易のしくみを何というか，答えなさい。

(☆☆☆◎◎◎)

【4】次の(1)～(7)の問いに答えなさい。

(1) 規模の大きな株式会社では，株主ではなく，従業員や外部の専門家が取締役に就任し経営を担うケースが多いが，これを何というか，答えなさい。

(2) 2006年に施行された新会社法により，設立が新たに認められるようになった会社を何というか，答えなさい。

(3) 公債発行の問題点の一つである「財政の硬直化」について，30字～50字で説明しなさい。

(4) 1950年代半ばから1970年代初頭までは高度経済成長期とよばれるが，この高度経済成長を可能にした要因として適当でないものを，次のア～エから1つ選び，記号で答えなさい。

　　ア　活発な設備投資　　イ　国民の旺盛な購買意欲

　　ウ　安価な石油価格　　エ　輸入に有利な為替相場

(5) 労働基準法に規定されている内容として適当なものを，次のア～エから1つ選び，記号で答えなさい。

　　ア　不当労働行為の禁止　　イ　男女同一賃金の原則

　　ウ　労働争議の予防・解決　　エ　育児休業の取得

(6) 新たな開発行為が環境に与える影響を事前に調査・予測し，その結果を公表して，住民の意見を聞き，開発事業の適否を審査する制度を定めた法律が1997年に制定された。この法律を何というか，答えなさい。

(7) 次のア～エは，消費者保護政策について述べた文である。その内容として正しいものを，次のア～エから1つ選び，記号で答えなさい。

　　ア　国民生活センターは，各都道府県に設置されている。

　　イ　製造物責任(PL)法は，過失責任制を原則としている。

　　ウ　クーリング・オフは，成立後の契約を解除できる制度である。

　　エ　消費者基本法は，消費者契約法に改められている。

(☆☆☆◎◎◎)

【5】次の(1)～(3)の問いに答えなさい。

(1) 「非関税障壁」について，20字～40字で説明しなさい。

(2) 日本の政府開発援助(ODA)についての説明として適当なものを，次のア～エから1つ選び，記号で答えなさい。

　ア　日本のODAは，資金援助のみである。

　イ　日本のODAは，インフラへの援助の割合が高い。

　ウ　日本のODAは，金額でも対GNI比でも世界の中で5位以内の高い水準である。

　エ　日本のODAは，国際機関への拠出が非常に多い。

(3) 「南南問題」について，15字～30字で説明しなさい。

(☆☆☆◎◎◎)

【6】高等学校学習指導要領「公民」について，(1)～(5)の問いに答えなさい。

(1) 次の文は，「第1款　目標」の一部である。(①)～(③)にあてはまる語句を答えなさい。

　「社会的な(①)を働かせ，現代の諸課題を追究したり解決したりする活動を通して，広い視野に立ち，(②)する国際社会に主体的に生きる平和で民主的な国家及び社会の(③)に必要な公民としての資質・能力を次のとおり育成することを目指す。

(2) 次の文は，「第1　公共」の「1　目標(3)」である。(①)～(③)にあてはまる語句を答えなさい。

　「よりよい社会の実現を視野に，現代の諸課題を主体的に解決しようとする態度を養うとともに，(①)な考察や深い理解を通して涵養される，現代社会に生きる人間としての(②)についての自覚や，公共的な空間に生き国民主権を担う公民として，自国を愛し，その平和と繁栄を図ることや，各国が相互に主権を尊重し，各国民が(③)ことの大切さについての自覚などを深める。」

(3) 次の文は，「第2　倫理」の「1　目標(2)」である。(①)・(②)にあてはまる語句を答えなさい。

「自立した人間として他者と共によりよく生きる自己の生き方について より深く思索する力や，現代の（　①　）を解決するために倫理に関する概念や理論などを活用して，（　②　）に思考し，思索を深め，説明したり対話したりする力を養う。」

(4) 「第2　倫理」の「3　内容の取扱い　(1)イ」において，配慮する事項として，「中学校（　①　）及び（　②　），高等学校公民科に属する他の科目，この章に示す地理歴史科，家庭科及び情報科並びに特別活動などとの関連を図るとともに，項目相互の関連に留意しながら，全体としてのまとまりを工夫し，特定の事項だけに指導が偏らないようにすること。」とあるが，（　①　）・（　②　）にあてはまる語句を答えなさい。

(5) 「第3　政治・経済」の「1　目標(1)」の中には，諸資料から社会の在り方に関わる情報に対し，どのような技能を身に付けるようにすると示されているか。

(☆☆☆◯◯◯)

解答・解説

中　学　社　会

【1】(1)　◌　　(2)　ユーラシア大陸　　(3)　オセアニア州　　(4)　ポルトガル語　　(5)　熱帯に属し，雨季と乾季がはっきりしていて，樹高の低い木がまばらに生え，草原も広がっている。　　(6)　①　オ　②　ウ　③　ア

〈解説〉(1)　太平洋上で屈曲を伴いながら，ほぼ東経および西経180度線にそって南北に走り，その西側と東側で日付が変更する線を日付変更線という。この線を越えて西に行くと次の日に，東側に行くと前の日

になる。したがって，日付変更線に最も近い西側の地点が，一番早く2020年1月1日を迎えることになる。設問のケースでは，略地図ⓐはモロッコのマラケシュあたりで，UTC(協定世界時)との時差はプラス1時間。ⓘはオーストラリアのシドニーで，UTCとの時差はプラス11時間。ⓤはアメリカのロサンゼルスで，UTCとの時差はマイナス8時間。ⓔはアルゼンチンのブエノスアイリスで，UTCとの時差はマイナス3時間。よって，この中ではⓘのシドニーが最も早く日付が変わる。なお，現在，世界で最も早く日付が変わる国は，太洋上の島々を領土とするキリバス共和国(UTCとの時差はプラス12時間)となっている。
(2) 太平洋，大西洋，インド洋の三大洋に面するのはユーラシア大陸である。ヨーロッパの西側にあるのが大西洋。インド半島の周囲と南側にあり，アフリカの東海岸とオーストラリアの西海岸に囲まれているのがインド洋。アジア東側とオーストラリア，南北アメリカ大陸に囲まれているのが太平洋である。 (3) 世界を地理学的に6つの州に分けるとアジア州，ヨーロッパ州，アフリカ州，北アメリカ州，南アメリカ州，オセアニア州に分けられる。略地図中のC国(オーストラリア)は，太平洋上の島々とともにオセアニア州に含まれる。なお，オーストラリア州は，地理学上，メラネシア・ミクロネシア・ポリネシアに分けられる。 (4) E国はブラジルで，公用語はポルトガル語。1500年にポルトガル人のカブラルが上陸して探検を行い，その後ポルトガル領となった。なお，ブラジルには多種多様な民族が暮らしているため，公用語以外に使われている言語は，100種類以上あるともいわれている。 (5) B国はインド。サバナ気候は，雨季と乾季の区別が明確な熱帯気候である。熱帯雨林気候，中緯度の乾燥帯の間に分布する。疎林と丈の長い草原が卓越し，サトウキビ，コーヒー，綿花などの栽培が行われる。樹高の低い木がまばらに生え，乾季になると樹木は落葉し，草原も枯れる。 (6) 略地図中のA国はフランス，C国はオーストラリア，D国はアメリカ，E国はブラジルである。まず，資料の③は，アメリカとブラジル両国で8割以上を輸出していることから，選択肢アの大豆が該当する。次に，②はアメリカ，アルゼンチン，

ブラジルで7割近くを輸出していることから，ウのとうもろこしが該当する。①は，ロシアが最も多く輸出していることから，イの米ではない。また，3位にカナダ，4位にフランスが入っていることから，エの砂糖も当てはまらない。よって，残るオの小麦が該当する。小麦は中国・インド・ロシアで多く生産されているが，中国とインドは自国で大部分が消費されるため，輸出は少ない。

【２】(1)　南端…沖ノ鳥島　　北端…択捉島　　(2)　高緯度になるほど，距離や面積が拡大される。　　(3)　ある指標を基に，基本的に同じような性質を有する範囲で区分された地域のこと。　　(4)　スプロール現象　　(5)　やませ

〈解説〉(1)　日本の東端は南鳥島(東京都小笠原村)，西端は与那国島(沖縄県与那国町)，南端は沖ノ鳥島(東京都小笠原村)，北端は択捉島(北方領土)である。無人島の沖ノ鳥島は満潮時には露岩のみの環礁となり，領土と排他的経済水域を守るため，水没対策として護岸工事が行われた。択捉島は千島列島で最も大きな島であり，国後水道を挟んで国後島と，択捉水道を挟んでウルップ島と対峙する。　　(2)　メルカトル図法は，正角円筒図法とも呼ばれる。作成の仕方は展開図法で，地球を中心から円筒に投影したのち，切り開いて展開する。その特徴は，どの点のどの角度であっても，地図上に正しく投影される(正角図法)。常に，経線と一定の角度で交わる航路(等角航路)が図上に直線で表されるので，海図に利用される。　　(3)　等質地域は，全体的に均等性(一様性)が認められる地域のことをいう。これは自然現象や社会現象など，ある指標を基に区分され，気温と降水量を組み合わせた気候区や，成因や構成物質で区分けされる地形区などがある。なお，機能地域(結節地域)は，ある中心地を核として一定の役割をもった場所が結びついた地域のこと。例としては，生活圏や通勤圏がある。　　(4)　スプロールとは，虫食い状のことをいう。日本では1970年代以降，地価高騰などによって3大都市圏を中心にこの現象が顕著となり，居住環境が整備されないまま市街地化が進んでいくことが問題視されてい

る。 (5) やませ(山背)は， 寒流(親潮)の上を吹き渡ってくるため，冷涼で多湿の北東風となる。東北地方の太平洋側では，これが長引くと冷夏を引き起こし，水稲の作柄不良を招く。ただ，脊梁山脈を越えることはほとんどないので，日本海側への影響は少ない。

【3】(1) ア 法の下に平等 イ 最高法規 (2) 介護保険
(3) イ・エ (4) 内閣
〈解説〉(1) ア 法の下の平等とは，国民すべてが法律上，平等に取り扱われなければならないという考え方で，近代憲法の基本原則となっている。平等則，平等原則などとも呼ばれる。 イ 最高法規とは，国家の法体系の中で，憲法が最も強い効力を持つ法規であることをいう。そのため，憲法の定めに反する法律や命令をつくることはできない。 (2) 介護保険は，介護が必要になったとき，介護サービスを受けられる社会保険制度である。被保険者は40歳以上，運営主体は市区町村となっている。 (3) 間接税は，納税者(税金を納める人)と担税者(税金を負担する人)が別の税金のことで，「水平的公平＝一律の税率」を特徴とする。これに対し，直接税は納税者と担税者が同じ税金のことで，「垂直的公平＝累進課税」を特徴とする。 (4) 議員提出の法律案は議員立法，内閣提出の法案は閣法とも呼ばれる。議員立法を提出するためには，衆議院で20人以上，参議院で10人以上，予算措置を伴う場合は衆議院50人以上，参議院20人以上の議員の賛成を必要とする。ただし，近年は，閣法と比べて議員立法の成立率が非常に低い状況が続いている。

【4】(1) GDP(国内総生産) (2) ア・ウ
〈解説〉(1) GDP(国内総生産)には，名目GDPと実質GDPの2種類がある。名目GDPは，物価変動の影響を考慮しないで計算したGDP，実質GDPは，物価変動の影響を考慮したGDPである。なお，国民が国内外で一定期間に新しく生産した財やサービスの合計は，国民総生産(GNP)と呼ばれる。 (2) イ 株式会社の議決権は，「100株につき1票」では

なく，「1株につき1票」が正しい。株主総会は，株式会社の最高意思決定機関であり，定款の変更，取締役や監査役の選任，会社の解散や合併など，会社の基本的事項についての決定を行う。決議は，通常の場合，多数決で行われる。　エ　大企業が占める割合は，「90％以上」ではなく「約1％」にすぎず，大部分は中小企業(零細企業を含む)である。中小企業の中には，大企業の系列企業や下請け企業になっているところも多い。

【5】(1)　内閣は10日以内に衆議院が解散されない限り，総辞職をしなければならない。　　(2)　2022年　　(3)　国際司法裁判所
(4)　持続可能な開発目標(SDGs)

〈解説〉(1)　日本国憲法第69条では，「内閣は，衆議院で不信任の決議案を可決し，又は信任の決議案を否決したときは，十日以内に衆議院が解散されない限り，総辞職をしなければならない」と規定されている。これは，内閣が議会の信任によって成立していることを物語っている。
(2)　成年年齢を18歳に引き下げる民法改正は，2018年6月に成立し，2022年4月1日から施行される予定となっている。そのほか，女性の婚姻開始年齢についても，現行の16歳から18歳に引き上げられる。ただし，飲酒・喫煙ができる年齢は20歳のままで，変更はない。また裁判員裁判に参加する裁判員も，当分の間20歳以上の有権者から選任される。　　(3)　国際司法裁判所は，紛争を平和的に解決するために設置された機関であるが，審判には当事国双方の同意を要する。また，判決は法的拘束力を伴い，判決に従わなければ安全保障理事会で制裁決議が行われ得るが，強制執行はできない。なお，集団殺害罪，人道に対する罪，戦争犯罪などの重大犯罪をおかした個人に対しては，同じくハーグに本部を置く国際刑事裁判所で裁かれる。　　(4)　SDGsは「Sustainable Development Goals」の略で，ミレニアム開発目標(MDGs＝2001年策定)の後継として採択された。持続可能な世界を実現するため，17のゴール(目標)と169のターゲット(ねらい)で構成されており，「誰一人として取り残さない世界の実現」が謳われている。

【6】(1) イ　　(2) 百済　　(3) 鉄　　(4) 朝鮮半島南部をめぐる外交・軍事上の立場を有利にするため。

〈解説〉(1)　設問の史料は，いわゆる「倭の五王」について書かれたものである。『宋書』には，「讃・珍・済・興・武」と記されている倭の五王が，421～502年の間に計13回，中国の南朝に朝貢したことが記されている。なお，イの興は，第20代の安康天皇との説が有力となっている。　(2)　武は，自ら七国諸軍事安東大将軍を名乗ったが，順帝が任命したのは六国諸軍事安東将軍で，武の称号から百済が除かれている。これは，百済がすでに宋に朝貢して称号を受けていたことによる。(3)　倭の五王が活躍した5世紀より前の4世紀半ばに，倭は統一の遅れた加羅(伽耶)地方とのつながりを深めた。4世紀後半には高句麗と対立し，4世紀末には，倭の軍隊が朝鮮に出兵して高句麗と戦っている。倭の朝鮮への進出は，鉄資源の獲得と先進技術の獲得を目的としていたといわれている。　(4)　倭国王(倭王)は南朝に朝貢し，高句麗の南下に対抗できる高い称号を得ようとしていた。そのほか，国内に対する支配の権威付け，大陸文化の導入も朝貢の目的であったと考えられている。

【7】(1)　ウルバヌス　　(2)　ア　　(3)　十字軍　　(4)できごと…宗教改革　活動…海外で積極的な宣教活動を行った。　　(5)　C→B→D→A

〈解説〉(1)　ウルバヌス2世はクリュニュー修道院出身で，教会改革や叙任権闘争で活躍した。ビザンツ皇帝からの要請を受け，クレルモン宗教会議を招集して，聖地イェルサレムの奪回を呼びかけた。フランス中南部の都市クレルモンで開催された宗教会議では，集まった数千人の聖職者や民衆の前で熱烈な演説を行い，大きな反響を呼んだとされる。　(2)　ア　正答。14世紀以降のイギリスは，毛織物業が経済的基盤となった。17世紀には，問屋制・マニュファクチュアによる生産が拡大し，18世紀には世界最大の毛織物工業国へと成長を遂げる。(3)　十字軍は，西欧キリスト教勢力が，イェルサレム奪回のために起

こした軍事遠征である。セルジューク朝のアナトリア進出を受け，ビザンツ皇帝が救援を要請したことをきっかけに，ローマ教皇ウルバヌス2世が遠征軍の結成を提唱した。第1次は1096～1099年にかけて行われ，聖地を奪回してエルサレム王国が建設される。その後，1270年の第7回(8回とする説もある)まで行われたが，国王や商人の経済的利益，民衆の巡礼熱などさまざまな要因が複雑に重なり合い，第2回十字軍は，徐々にその大義を失っていった。　(4)　イエズス会は，16世紀に起きた宗教改革に対抗し，カトリックの世界布教を目指す目的で結成された。イエズス会には「イエス＝キリストの伴侶」という意味があり，ローマ教皇への絶対的服従，神と教皇の戦士として，多くの国で伝道に努めることを使命とした。日本では「耶蘇会」と名乗り，フランシスコ＝ザビエルが来日して，日本伝道を行ったことで知られる。18世紀の中頃まで積極的な海外布教を展開し，ヨーロッパでも再カトリック化に成功する。しかし，他の修道会との対立などから，教皇クレメンス14世によって，1773年に解散させられている。　(5)　古い順に並び替えると，Cのクレルモン宗教会議が開催されたのは1095年のこと。Bのアドリアノープルを新たな都としたのは，1366年のこと。Dのイエズス会が結成されたのは，1534年のこと。Aのイギリス東インド会が設立されたのは，1600年のことである。

【8】(1)　ア　　(2)　写実主義　　(3)　太政官制　　(4)　イ・ウ
〈解説〉(1)　史料は，明治～昭和時代に小説家・劇作家として活躍した，坪内逍遥の小説論『小説神髄』の抜粋である。「小説の主脳(主眼)は，人情を描くこと」と主張している。逍遥は『小説神髄』や『当世書生気質』を著し，また「早稲田文学」を発刊した。　(2)　坪内逍遥は，政治的な小説や勧善懲悪的な読本を批判し，「小説とは人情の奥，つまり人間の情欲をありのままに描くもの」として，写実主義を主張した。　(3)　『小説神髄』は，1885年に刊行された。この年には伊藤博文らが中心となり，大日本帝国憲法制定のため，それまでの太政官制を廃止して内閣制度を創設し，伊藤自らが初代首相となった。

(4)　イ　の『夜明け前』は，永井荷風ではなく，同じ自然主義作家と
して活躍した「島崎藤村」の作品である。永井荷風の代表作には，
『地獄の花』や『あめりか物語』などがある。　ウ　『その妹』は，志
賀直哉ではなく，同じ白樺派の「武者小路実篤」の作品である。志賀
直哉の代表作には，『城の崎にて』や『暗夜行路』，『小僧の神様』な
どがある。

【9】(1)　①　考察　　②　選択　　③　説明　　④　議論
(2)　(a)　分布　　(b)　交通・通信　　(c)　自然災害　　(d)　防災
(3)　①　学校図書館　　②　情報通信ネットワーク　　③　情報モラ
ル
〈解説〉(1)　新学習指導要領(平成29年告示)の教科や各科目，各分野の
「目標」は，まず柱書が示され，次に，「知識及び技能」「思考力，判
断力，表現力等」「学びに向かう力，人間性等」という育成を目指す，
資質・能力の3つの柱に沿った(1)～(3)の目標が示される形式となって
いる。本問の目標(2)は，「思考力，判断力，表現力等」についての目
標を示したものである。　①　「多面的・多角的に考察する」とは，学
習対象としている社会的事象自体が，様々な側面をもつ「多面性」，
及び社会的事象を様々な角度から捉える「多角性」を踏まえて考察す
ることを意味している。　②　「選択・判断する力」とは，課題の解決
に向けて，自分の意見や考えをまとめることのできる力を意味してい
る。　③　「思考・判断したことを説明したり」とは，考察，構想(選
択・判断)したことについて，資料等を適切に用いて論理的に示すこと
を意味している。　④　「議論したりする力」とは，自分の意見や考え
方を伝え合い，自分や他者の意見や考え方を発展させ，合意形成に向
かおうとする力のことを示している。　(2)　(a)　この中項目「(2)
日本の地域的特色と地域区分」における「分布」に関わる視点として
は，例えば，地域がもつ共通点だけでなく，その差異から傾向性を見
出し，地域を区分して捉えることなどが考えられる。　(b)　小項目
「④　交通・通信」で身に付けたい「知識」に関わる事項としては，

「国内や日本と世界との交通・通信網の整備状況，これを活用した陸上，海上輸送などの物流や人の往来などを基に，国内各地の結びつきや日本と世界との結びつきの特色を理解すること」が挙げられる。

(c)　この文章の(ア)は，小項目「①　自然環境」で身に付けたい知識について述べている。日本には，東日本大震災などの大規模な地震や毎年全国各地に被害をもたらす台風など，多様な自然災害が発生しやすい地域が多い。　(d)　消防，警察，自衛隊などをはじめとする，国や地方公共団体の諸機関や担当部局，地域の人々やボランティアなどが連携し，地域の人々の生命や安全の確保のために活動していることにも触れることが必要となる。　(3)　①　情報の収集，処理や発表などに当たって，学校図書館や地域の公共施設などを活用することは，学校教育の情報化の進展に対応する観点からも重要となる。

②「情報通信ネットワーク」とは，通信衛星や光ファイバーケーブルなど，様々な通信手段によって張り巡らされた情報のネットワークのこと。インターネットはその代表であり，その適切な活用を指導に生かすことが求められている。　③「情報モラル」とは，情報化社会の中で適切に活動するための倫理のことを指す。特に昨今は，インターネットなどの利用によって，プライバシーの侵害や知的所有権の侵害などの問題が発生しており，道徳上の規範を守ることが重要となっている。

地 理 ・ 歴 史

【1】(1)　(a)　渋野丸山(古墳)　　(b)　エ　　(c)　ア　　(2)　ウ
(3)　骨品(制)　　(4)　府兵(制)　　(5)　大運河建設　　(6)　(a)　ヒジュラ(聖遷)　　(b)　ハラージュ(地租)とジズヤ(人頭税)はともに征服地の先住民にのみ課され，イスラーム教に改宗しても免除されることはなかった。　　(7)　(a)　征服地に都護府を設置し，現地の首長を都督府や州・県の長官に任命して現地の統治を委ね，中央から都護を派遣して全体を監督させる間接統治を行った。(70字)　　(b)　タラス河畔

の戦い　　(c)　＜呼称＞…ネストリウス(派)　　＜記号＞…ア

(d)　シュリーヴィジャヤ(王国)　　(8)　ウ　　(9)　連邦国家

(10)　租は男女に与えられた口分田に課せられ，1段につき稲二束二把を諸国の国府に納入し，地方の財源となった。調は各地の特産品，庸は都での労役にかわる布で，共に男性にのみ課せられ，運脚により都に運ばれ，中央の財源となった。　　(11)　(a)　正長　　(b)　ア

(c)　ウ　　(12)　(a)　太安万侶(安麻呂)　　(b)　聖像禁止令

(13)　世界ジオパーク

〈解説〉(1)　(a)　渋野丸山古墳は，徳島市南部の勝浦川の北岸にある前方後円墳で，墳丘全長が105mと四国で第2の規模を誇る。墳丘の四国最大は，香川県さぬき市富田の茶臼山古墳だが，前方後円墳としては県下最大であり，出土遺物から，5世紀中頃に築造されたと考えられている。　　(b)　エ　ガンダーラ美術は，グプタ朝ではなく「クシャーナ朝」の下で栄えた。これは紀元前後から発達した仏教美術で，ギリシア文化の影響を受け，初めて仏像がつくられた。グプタ朝は，クシャーナ朝衰退後の4世紀前半，チャンドラグプタ1世が起こした王朝である。ここでは，グプタ式仏教美術と呼ばれる純インド風の仏教美術が興隆した。特に，アジャンター石窟寺院などの壁画や浮き彫りが有名で，中国の敦煌や日本の飛鳥時代の仏教美術にも影響を与えている。(c)　ア　6世紀中頃，ビザンツ帝国のユスティニアヌス大帝は，各地に遠征軍を送って地中海世界を再統一し，ローマ帝国を復活させた。その過程で，北アフリカの「ヴァンダル王国」やイタリアの東ゴート王国が滅ぼされ，西ゴート王国はイベリア半島の一部を奪われた。(2)　ウ　602年，百済の観勒が暦本と天文地理書を日本にもたらし，604年に暦法が採用された。これらの知識は国史の編纂を可能にし，推古天皇は観勒を僧正に任じたとされる。　　(3)　骨品制は，朝鮮の新羅時代の身分制度であり，これによって位階や官職だけでなく，衣服や住居，婚姻などが決められた。王族を聖骨・真骨に，非王族(貴族)を六頭品・五頭品・四頭品に分けたため，このように呼ばれている。(4)　府兵制は，均田制に基づき，農民から兵士を徴兵する制度である。

その起源は北朝の西魏とされ，髄から唐へと受け継がれ，中国全土の統一に寄与した。しかし，唐時代の半ばに均田農民が没落すると行き詰まり，兵士を募る募兵制に移行した。　(5)　中国を統一した隋では，首都・長安周辺の人口増を支えるために，大運河の建設が行われた。これは，初代文帝(在位581～604年)の時代に始められ，文帝の子・煬帝(在位604～618年)は，608年に黄河と現在の北京付近を結ぶ永済渠を開いている。しかし，この大規模な土木事業には多数の農民が徴用され，高句麗遠征においても農民たちは疲弊した。このため，全国に反乱が起きて隋は滅亡したとされるが，のちの元や明も運河の整備に力を入れ，現在でもこれらの大運河網は活用されている。　(6)　(a)　西暦622年，メッカの商人たちから迫害を受けたムハンマドは，少数の信者を率いてメディナに移住した。これをヒジュラ(聖遷)といい，イスラーム教が成立した年とされる。その後，第2代カリフのウマルにより，この622年をイスラーム紀元の元年とする，イスラーム暦(ヒジュラ暦)が定められた。　(b)　ハラージュ(地租)とジズヤ(人頭税)は，イスラーム世界において主要な税目となった。当初は，イスラーム教に改宗しない非アラブ人(征服地の先住民)に対して課せられていたが，ウマイヤ朝のもとでは，改宗した非アラブ人にも課せられるようになった。一方，これらの税は，アラブ人には課せられなかった。このため，イスラーム教に改宗した非アラブ人の不満が大きくなり，ウマイヤ朝の末期には平等化をはかるため，アラブ人にも課せられるようになった。　(7)　(a)　唐の初期には，安西・北庭・安北・単于・安東・安南の6都護府が設置された。そして，その下で服属した異民族に自治を認める間接統治を行い，対外戦争にはそれらの異民族を用いた。(b)　「タラス河畔の戦い」は，751年，高仙芝が率いる唐軍とアッバース朝軍により，中央アジアの覇権を巡って行われた。勝利したアッバース朝は，捕虜とした唐の紙すき職人から製紙法を取得し，これが製紙法が西伝するきっかけとなった。　(c)　唐には，西方から「ネストリウス派」キリスト教(景教)やゾロアスター教(祆教)，マニ教(魔尼教)などが伝わった。資料1は，大秦寺(キリスト教会)に建立されたネスト

リウス派の碑を示している。また，公会議とは，教会の代表を集めて行う会議のこと。ネストリウス派は，イエスの神性と人性の分離(二性説)を唱えたため，小アジアのエフェソスで開かれたアの「エフェソス公会議」において，異端として追放された。　(d)「シュリーヴィジャヤ王国」は，7〜14世紀にマラッカ海峡を支配した王国で，中国では室利仏逝と呼ばれている。義浄は旅行記の中で，シュリーヴィジャヤ王国が大乗仏教の盛んな国であることを伝えている。　(8)　ウ「三世一身法」は，奈良時代前期の8世紀(723年)に発布された格で，養老七年の格とも呼ばれる。墾田の奨励のため，開墾者から三世代(または本人一代)までの墾田私有を認めた法令である。なお，アの富本銭の鋳造は683年，イの八色の姓の制定は684年，エの渟足柵の設置は647年，磐舟柵の設置は648年のことであり，これらはすべて7世紀の出来事である。　(9)　連邦国家とは，複数の独自性をもつ州などが，1つの主権のもとに結合して形成される国家のこと。よく知られているものには，アメリカ合衆国のほか，ロシア連邦，アラブ首長国連邦などがある。(10)「租・調・庸」は，中国(唐)の制を参考に大化の改新で定められ，大宝律令によって成立した。このうち租は，与えられた口分田の広さに応じて稲を収め，調はその土地の名産品，庸は 労役の代わりに布を収めた。租は男女に課せられた税で地方の財源となり，調・庸は男性だけに課せられ，中央政府の財源となった。　(11)　(a)　史料1は，「柳生徳政碑文」である。1428年(正長元年)，近江坂本の馬借の蜂起を契機として，正長の土一揆が起きる。このとき，大和国の「神戸四箇郷」の土民たちが領主から徳政を認められ，正長元年より先は「負い目＝借金」が「アルヘカラス(帳消しになる)」という文言が巨石に彫られている。　(b)　江戸時代は，集落の発達や交通の整備に伴い，本田畑以外で四木(桑・楮・漆・茶)，三草(紅花・藍・麻)などの作物栽培が盛んとなり，各地で特産物が生産された。選択肢アの晒は奈良，イの奉書紙(高級紙)は越前，ウの藺草(畳表)は備中，エの紅花は出羽の特産物である。　(c)　昼夜間人口比率は，夜間人口を100とした場合の昼間人口の比率である。ベッドタウンとしての性格が強い地域は，昼

夜間人口比率が低くなり(100％を下回る)，逆に通勤・通学者が集まってくる地域は，昼夜間人口比率が高くなる(100％を上回る)。奈良市は観光業が盛んな一方，工業はそれほど盛んでなく，大阪・京都のベッドタウンでもある。資料2を見ると，選択肢のウは第3次産業の割合が最も高く，第2次産業の割合が最も低い。加えて，昼夜間人口比率が2番目に低い(100％を下回っている)ことから，これには奈良市が該当する。なお，選択肢のアは和歌山市，イは長野市，エは所沢市である。

(12)　(a)　『古事記』は，語部の稗田阿礼が誦習した「帝紀」(天皇の系譜)や「旧辞」(神話・伝承)を太安万侶が筆録し，712年に元明天皇に撰上した。　(b)　726年，ビザンツ帝国の皇帝・レオン3世は「聖像禁止令」を発布し，教会において聖像を礼拝することを禁じた。これによって聖像破壊運動(イコノクラスム)が起き，キリストや聖母マリアなどの聖像が壊されるようになる。この法令はキリスト教世界に大きな混乱をもたらし，東西教会の対立に発展する。その結果，ヨーロッパでは，1054年，ローマ＝カトリック教会とコンスタンティノープル教会(ギリシア正教会)に分裂した。　(13)　ジオパークとは，地球科学的に重要な地質遺産を含む自然公園のこと。2004年，ユネスコの支援によって世界ジオパークネットワークが発足し，ジオパークを審査，認証する仕組みがつくられた。2019年4月現在，ユネスコが認定する世界ジオパークは，世界41カ国，147地域にある。日本国内には，有珠山，アポイ岳，糸魚川，伊豆半島，隠岐，山陰海岸，室戸，島原半島，阿蘇の計9地域がある。

【２】(1)　エ　　(2)　ウ　　(3)　ア→エ→ウ→イ　　(4)　ウ
(5)　(a)　エ　　(b)　イ　　(c)　フセイン・マクマホン(協定)
(d)　ウ　　(6)　近衛文麿　　(7)　イ→ウ→ア→エ　　(8)　日中平和友好(条約)

〈解説〉(1)　エ　クラークは，1876年に開拓使の招きで来日し，札幌農学校教頭に就任して，植物学や英語などを教授した。「Boys, be ambitious！」(少年よ大志を抱け！)の言葉は有名である。　(2)　ベル

264

リン会議は，列強14カ国によるアフリカ分割に関する会議で，ベルリン＝コンゴ会議ともいう。100日間以上にわたって行われたこの会議では，アフリカ分割の原則(先に占領した国が領有できる)を定め，コンゴ川盆地の統治権をベルギーに，ニジェール川河口の統治権をイギリスに認めた。ベルギーのレオポルド2世は，個人領として承認されたこの地域をコンゴ自由国に改称したが，1908年にはベルギー国家の植民地となった。　(3)　古い順に並べると，アの日朝修好条規(江華条約)が結ばれたのは1876年のこと。エの壬午軍乱(壬午事変)が起きたのは，1882年のこと。ウの甲申事変(甲申政変)が起きたのは，1884年のこと。イの甲午農民戦争(東学の乱)が起きたのは，1894年のこと。
(4)　米西戦争に勝利したアメリカ合衆国は，キューバを事実上の保護国とし，また，スペインからフィリピン・プエルトリコ・グアムを獲得した。選択肢ウのハワイ王国は，1810年にカメハメハ朝がハワイ全島を統一する。その後，しばらくするとアメリカ人の入植者が急増し，1893年に親アメリカ派の入植者らによるクーデターが起こる。1898年，アメリカに併合されたのち，1900年に同国の準州となり，第2次大戦後の1959年，アメリカ第50番目の州に昇格した。　(5)　(a)　第一次世界大戦において，日本は連合国側として参戦する。1914年，日本は東アジアにおけるドイツの根拠地，膠州湾の青島を攻略し，ドイツ領の南洋諸島を占領した。　(b)　松江豊寿は，会津藩士の長男として生まれて軍人となり，第一次世界大戦中に徳島県の板東俘虜収容所長を務めた。所長時代には，「捕虜は愛国者であって犯罪者ではない」との考え方から，収容されたドイツ兵を人道的に扱った。そのため，ドイツ人俘虜により，日本で初めてベートーベンの交響曲第9番が演奏されたと伝えられている。　(c)　イギリスは，アラブ人と「フセイン・マクマホン協定」を結ぶ一方，フランス・ロシアとはサイクス・ピコ協定でパレスチナの国際管理を定めた。また，ユダヤ人に対しては，バルフォア宣言で民族的国家の建設を約束した。これらは相互に矛盾する内容であり，結果的にこのようなイギリスの二枚舌外交が，現在まで続くパレスチナ問題の要因となったとされる。　(d)　ロカルノ条

約は，第一次世界大戦後の1925年，ヨーロッパの7カ国が結んだ集団安全保障条約である。ドイツ・フランス・ベルギーの国境地帯(ラインラント)の非武装化などを定め，これにより翌1926年，ドイツは国際連盟に加盟した。この国際協調路線をロカルノ体制という。しかし，1929年の世界恐慌以後，ドイツではこの体制に反対するナチスが台頭し，1936年，ヒトラー政権はロカルノ条約を破棄した。　(6)　名門華族出身の近衛文麿は，軍部を抑える切り札として1937年に組閣した。しかし，組閣1カ月後に日中戦争が勃発し，日本軍は首都・南京を占領して，南京大虐殺事件などを引き起こす。近衛内閣は和平工作を行ったが失敗し，第一次近衛声明といわれる「国民政府を相手とせず」を表明する。これは和平工作の打切りを通告したに等しく，交戦相手を無視することで，自ら和平解決の道を閉ざした。　(7)　古い順に並べると，イのGHQによる五大改革指令は1945年のこと。ウの日本国憲法施行は，1947年のこと。アのサンフランシスコ平和条約調印は，1951年のこと。エの日ソ共同宣言は1956年のこと。　(8)　冷戦体制の中で，米中対立が和解の方向に向かい，1972年にアメリカのニクソン大統領が訪中する。そこで米中の共同声明が出されると，同年9月には日本から田中角栄首相が訪中し，日中共同声明が出されて中国との国交が正常化した。この声明に基づき，1974年から平和友好条約を締結するための交渉行われ，4年後の1978年，福田赳夫首相と副総理だった小平の間で「日中平和友好条約」が締結された。これにより，中国との戦争処理は法的には完了することとなった。

【3】(1)　ア　西経141度　　イ　北緯49度　　ウ　東経141度
(2)　フィヨルド　　(3)　名称…グレードバリアリーフ　　記号…イ
(4)　▲はプレートの境界に位置するが，②と③はホットスポットに位置する。　　(5)　便宜置籍船　　(6)　ウ　　(7)　日本：＜記号＞…エ　＜理由＞…排他的経済水域の設定により1990年代から漁獲量が激少している。　　ペルー：＜記号＞…ウ　　＜理由＞…海流Bはペルー海流であり，寒流である。ペルー海流の流れが弱まるなどの原因

により海水温が上昇するエルニーニョ現象が発生すると漁獲量が激減するため，ペルーは漁獲量の変動が大きい。

(8)　(a)　A：＜名称＞…ミクロネシア　　＜記号＞…ウ　　B：＜名称＞…ポリネシア　　＜記号＞…イ　　C：＜名称＞…メラネシア　＜記号＞…ア　　(b)　ゴミ問題，水問題など　　(9)　経度15度で1時間の時差であるため，両都市間の地図上での時差は　｛(180－135)＋(180－120)｝÷15＝7時間。時間は東に行くほど進んでいるので，午前9時に7時間をプラスして，午後4時(16時)となる。ただし，日付変更線を東に越えているので，日付を丸一日戻す必要があるため，1月31日となる。よって，ロサンゼルスは1月31日の午後4時となる。

(10)　(a)　ウ　　(b)　1609年薩摩藩による侵攻以降，琉球王国は薩摩藩の支配下におかれた。江戸幕府に対しては国王の代替わりには謝恩使が，将軍の代替わりには慶賀使が琉球王国から派遣された。琉球王国から中国への朝貢は継続され日本(薩摩)と中国に両属した。(111字)

(11)　アステカ王国

〈解説〉(1)　人為的国境のうち，経線・緯線に沿って引かれたものを「数理的国境」という。地図中のアは，アメリカのアラスカ州とカナダの境界となっている「西経141度線」。イは，アメリカとカナダの境界となっている「北緯49度線」。ウは，インドネシアとパプアニューギニアの境界となっている「東経141度線」である。なお，このほかの数理的国境には，エジプトとリビアの境界(東経25度線)などもある。(2)　「フィヨルド」は，氷河が山脈を削ってできたU字谷が沈降，または海水面が上昇することによって形成される。地図中aは，カナダ北西部沿岸，bはチリ南部西岸，cはニュージーランド南島西岸のフィヨルドである。　(3)　地図中①の「グレートバリアリーフ」は，オーストラリア大陸北東岸に広がる世界最大の堡礁である。堡礁は，島の周囲を防波堤状に取り巻くサンゴ礁で，小笠原・奄美・沖縄などの島々にも分布している。　(4)　地図中②はハワイ諸島，③はガラパゴス諸島，▲はプレートの境界上に位置する火山である。マグマがプレートを突き抜けて湧き上がる地点(噴出口)を，ホットスポットという。ハ

ワイ諸島のように，ホットスポット上に形成された火山は火山島となり，プレートとともに移動していく。ホットスポットから離れると，マグマの供給が停止するため火山活動は終わる。ハワイ諸島は，火山島がプレートとともに北西方向に移動したため，島々が列状に並んでいる。また，ガラパゴス諸島の島々も，ホットスポットの火山活動によって形成されたといわれている。　(5)　パナマのような便宜置籍国に登録された船舶を便宜置籍船という。便宜置籍船のメリットとしては，船舶にかかる税金が安く，賃金の安い外国の船員を雇用できるため，運行経費を節減できることにある。しかし，実質的な船主国の法規制は適用されないため，乗組員の処遇をめぐって問題も起きている。(6)　ウ　正答。アラスカ海流は，カナダのブリティッシュコロンビア州の海岸からアラスカ半島の沖合を流れる暖流で，日本海流・北太平洋海流の末流にあたる。これに対し，北太平洋海流は黒潮の延長にあたり，太平洋を東に流れる。暖流と偏西風の影響を受けるため，緯度が高いにもかかわらず冬でも暖かくなる。　(7)　日本の漁獲量は，高度経済成長期に遠洋漁業を中心として，飛躍的に伸びた。しかし，1990年代以降は排他的経済水域の設定，石油危機による燃料費の上昇などによって遠洋漁業が衰退，沖合漁業もマイワシの減少などにより減少している。よって，日本の漁獲量は，資料1のエが該当する。一方，ペルー近海には寒流のペルー海流が流れている。この海流は，プランクトンが豊富な漁場となっており，カタクチイワシが大量に獲れる(2018年の漁獲量は605万t)。しかし，貿易風が弱まると暖かい海水が滞留するため，海水温が上昇するエルニーニョ減少が起こる。このため，漁獲量は年によって大きく変動する。よって，ペルーの漁獲量は，資料1のウが該当する。なお，資料1のアは中国，イはインドネシアの漁獲量の推移である。　(8)　(a)　A　ミクロネシアは，大部分が赤道以北，経度180度以西に位置する地域である。マリアナ諸島・マーシャル諸島・カロリン諸島などからなり，ナウル・キリバス・マーシャル諸島・ミクロネシア連邦・パラオの5独立国は，日本の占領や委任統治を経験している。よって，ウの文が該当する。　B　ポリネ

シアは，大部分が経線180度以東に位置する地域である。ハワイ諸島・ラパヌイ(イースター)島・ニュージーランドを結ぶ範囲にあり，ツバル・サモア・トンガ・ニュージーランド・クック諸島の5独立国がある。これらの国の産業は，農業や漁業が中心で，海外で働く人々による送金が国内経済を支えている。よって，イの文が該当する。
C　メラネシアは，大部分が赤道以南で経度180度以西に位置する地域である。ニューギニア島・ビスマルク諸島・ソロモン諸島・ニューカレドニア島などからなり，パプアニューギニア・ソロモン諸島・バヌアツ・フィジーの4独立国がある。パプアニューギニアでは，原油や金・銅などの鉱産資源が産出され，貴重な輸出品となっている。よって，アの文が該当する。　(b)　太平洋の島嶼国では，人口の集中する首都を中心にゴミの処理施設や上下水道施設など，インフラ整備の遅れが生じている。特に近年は，プラスチック製の輸入品が急増しているが，ゴミ処理場やリサイクル処理場が不足しているため，いたる所にプラスチックゴミが捨てられるなど，保健・衛生面での環境改善が急務となっている。　(9)　設問では，ロンドンを中心とした計算方法ではなく，日付変更線を用いて計算することが求められている。まず，このことに注意してから，東京の標準時子午線(東経135度)とロサンゼルス(西経120度)の経度差を求める。東京と日付変更線の経度差は，180度－135度＝45度。ロサンゼルスと日付変更線の経度差は，180度－120度＝60度。経度15度で1時間の時差であるため，両都市間の地図上での時差は，45度÷15＋60度÷15＝7時間となる。時間は東に行くほど進むので，2月1日の午前9時に7時間をプラスすると，同日の午後4時(16時)となる。ただし，東京→ロサンゼルスの飛行では，日付変更線を西から東に越えるため，日付を前の日に戻す必要が生じる。よって，ロサンゼルスはこのとき，1月31日の午後4時となる。
(10)　(a)　日本の15世紀は鎌倉時代から室町時代にあたる。ウの「播磨の土一揆」は，室町時代の1428年から翌年にかけて，播磨国(兵庫県)で起きている。よって，これが正答となる。なお，アの「正中の変」が起きたのは，鎌倉時代後期の1324年。イの「後三年合戦」は，平安

時代後期の1083～1087年のこと。エの「保元の乱」は，平安時代末期1156年の出来事である。　(b)　中国の冊封体制に組み込まれていた琉球王国は，1809年の薩摩藩の侵攻から1879年の琉球処分まで，「日支両属」の状態が続いた。琉球使節には，将軍の代替わりを祝う慶賀使と，琉球国王の代替わりを感謝する謝恩使があり，1634年から1872年までの間に計19回の江戸上りを行っている。　(11)　アステカ王国は1428年頃，メキシコ高原中央部に成立したアステカ人の王国である。チチカカ湖上の島に，首都・テノチティトランを建設したことで知られる。全盛期にはメキシコ中央高原を支配したが，1521年，コルテス率いるスペイン軍によって征服された。

【4】(1)　①　社会的な見方・考え方　　②　追究　　③　解決
④　主体的に生きる　　(2)　①　地理情報システム　　②　理解
③　協力　　④　持続可能　　(3)　①　空間的な傾向性　　②　諸地域の特色　　(4)　①　比較　　②　現在とのつながり　　③　概念
④　構想　　(5)　①　日本の開国　　②　国民国家

〈解説〉(1)　①「社会的な見方・考え方」とは，社会科，地理歴史科，公民科の特質に応じた見方・考え方の総称である。社会的事象等の意味や意義，特色や相互の関連を考察したり，社会に見られる課題を把握し，その解決に向けて構想したりする際の視点や方法(考え方)を表している。　②「追及したりする活動」とは，生徒が社会的事象等から学習課題を見出し，諸資料や調査活動などを通して調べたり，思考，判断，表現したりする活動を指している。　③「解決したりする活動」とは，社会的事象の特色や意味などを理解したり，社会への関心を高めたりする活動などを指している。　④　新学習指導要領は，学校教育が長年にわたってその育成を目指してきた「生きる力」を再定義し，引き続き育成を目指すことを明記している。　(2)　①「地理総合」の導入部分に当たる大項目Aは，現代世界の地域構成を主な学習対象とする。そして，その結び付きを地図やGISを用いて捉える学習などを通して，汎用的な地理的技能を習得することを主なねらいとしている。

② 大項目Bは，2つの中項目からなっている。その1つ目は，「(1) 生活文化の多様性と国際理解」であり，世界の人々の生活文化の多様性や変容，国際理解を図ることの重要性などを理解することが求められている。 ③ 大項目Bの2つ目の中項目は「地球的課題と国際協力」であり，地球的課題の傾向性や課題相互の関連性を大観し，課題解決を目指した各国の取組みや，国際協力の必要性などを理解することが求められている。 ④ 大項目Cは，国内外の防災や生活圏の地理的な課題を主な学習対象としている。地域性を踏まえた学習などを通して，持続可能な地域づくりを展望することが主なねらいとされている。

(3) 「地理総合」全体にわたっての配慮事項を示す(1)には，アからカまで列挙されている。本問のエは，「歴史的背景を踏まえることと，政治的，経済的，生物的，地学的な事象などの扱いについて」示したものである。 (4) 新学習指導要領の目標は，すべてまず柱書が示され，それに続いて(1)～(3)の目標が示されるという形式がとられている。本問の「目標(2)」は，「歴史総合」の学習を通じて育成される資質・能力のうち，「思考力，判断力，表現力等」に関わるねらいを示している。 ① 「比較」のほか，時期や年代，現在とのつながりなどは，歴史的な見方・考え方に沿った視点の例として示されている。

② 「現在とのつながり」については，過去の事例と比較したり，課題を解決したりする活動を通して展開されることが示されている。

③ ここでいう「概念」とは，「生徒が歴史の学習の中から学習した概念」を表している。 ④ ここでいう「構想」とは，「自分の意見や考えをまとめ，課題解決の在り方を問うこと」を示している。

(5) ① 「日本の開国」については，外交政策の転換である開国が大きな国内政治の変化と連動したこと，日本でも産業革命が起こり，アジアの各地域間の貿易もその影響で大きく変容したことなどを扱うことが示されている。 ② この中項目(3)では，政治変革の特徴，「国民国家」の特徴や社会の変容などを考察し，立憲体制と国民国家の形成を理解すること，また，列強の帝国主義政策とアジア諸国の変容を理解することをねらいとしている。

公　民　科

【１】(1)　①　勧告　　②　特別総会　　(2)　国連児童基金
(3)　UNU　　(4)　エ

〈解説〉(1)　①　国連総会の「勧告」については，国連憲章第10条で規定されている。ただし，安全保障理事会が実際に審議中である場合は除かれる(同憲章第12条)。　②　国連の「特別総会」については，同憲章第20条で規定されている。　(2)　UNICEFは「United Nations Children's Fund」の略称で，国連児童基金のこと。1946年に設立され，本部はニューヨークに置かれている。　(3)　UNUは「United Nations University」の略称で，国際連合大学のこと。本部は，東京都渋谷区に置かれている。　(4)　エ　グテーレスはポルトガルの政治家で，同国の首相や国連難民高等弁務官などを歴任後，2017年から第9代国連事務総長を務めている。アのデクエヤル(ペルー)は第5代，イの潘基文(韓国)は第8代，ウのアナン(ガーナ)は第7代の国連事務総長である。

【２】(1)　①　日本国　　②　日本国民統合　　③　日本国民の総意
(2)　広島平和記念都市建設法　　(3)　①　停戦合意　　②　防護
(4)　公の弾劾で罷免を可とされた場合　　(5)　第四の権力
(6)　SOHO　　(7)　韓国，ロシア　　(8)　公の休日にも給与を支払うこと，公務員にもストライキ権を保障すること，中等教育及び高等教育を無償化すること，の3つの事項について留保した。(68字)

〈解説〉(1)　明治憲法下の天皇は，「天皇ハ神聖ニシテ侵スヘカラス」とあるように，神聖にして絶対不可侵の現人神とされた。これに対して日本国憲法では，天皇の地位は神の子孫としての統治者ではなく，「日本国民の総意」に基づく象徴であると規定されている。　(2)　広島平和記念都市建設法は，日本国憲法第95条の規定に基づく特別法として，1949年5月，衆参両院において満場一致で可決された。特別法の制定のためには，住民投票で過半数の同意が必要であるため，同年7月7日に住民投票が行われ，圧倒的多数の賛成を得て，8月6日に公

布・施行された。この結果，広島市を世界平和のシンボルとして建設することが，国家的事業として位置づけられた。(3) 日本の自衛隊がPKO(国連平和維持活動)に参加する場合，武器使用は要員防護等のため，必要最小限のものに限られている。また，停戦合意が破棄された場合には，日本の部隊は業務を中断・撤収することができる。外務省の見解によれば，これはPKO協力法に「参加5原則」という前提が設けられているためであり，これにより日本国憲法第9条が禁じる武力行使を行うことなく，活動を行うことができる。オの武器使用については，2015年の法改正により駆けつけ警護が認められ，その実施においては自己保存型，武器等防護を超える武器使用も可能となった。(4) 裁判官の身分保障については，日本国憲法第78条で規定されている。公の弾劾とは，衆参両議院の議員から選ばれた各7人ずつで構成される弾劾裁判所のことを指す。 (5) 「第四の権力」といわれるマス・メディアには，三権のチェック機関としての役割が求められている。しかし，既存のマス・メディアは，市民でなく権力の側に立っているとの批判もある。その権力が適切に機能するためには，報道の真の自由と国民の知る権利が十分保障されていることが条件となる。(6) SOHO は「Small Office Home Office」の略で，働き方改革が叫ばれる昨今，時間や場所にとらわれない労働形態として注目度が増している。 (7) 6カ国協議は，日本，中国，米国，ロシア，韓国，北朝鮮の6カ国が参加して，北朝鮮の核問題を外交的に解決することを目指す枠組みのこと。2003年8月に北京で第1回会合が開催されたが，その後も北朝鮮は核実験やミサイル発射を繰り返している。 (8) 国際人権規約には，A規約と呼ばれる社会権規約とB規約と呼ばれる自由権規約がある。日本はA規約のうち，労働者の公の休日に対する報酬の支払い(社会権規約第7条)，公務員のストライキ権(同規約第8条)，中等教育・高等教育の無償化(同規約第13条)について留保した。しかし，このうち，中等教育及び高等教育の無償化については，民主党政権下の2012年に留保を撤回している。

【3】(1)　イ　　(2)　エ　　(3)　ア　　(4)　清き明き心　　(5)　中江兆民　　(6)　良心　　(7)　有用　　(8)　現在の世代は将来の世代に責任があり，将来世代に無際限な負担を負わせてはならないという主張。(45字)　　(9)　フェアトレード

〈解説〉(1)　フロイトが定義した防衛機制は，受け入れがたい状況に直面したとき，その不安を軽減しようとして働く心理的メカニズムのことをいう。選択肢イの「昇華」は，より社会的価値のあることに目標を置き換える防衛機制である。アは合理化，ウは代償，エは同一視の例である。　　(2)　エ　ミレトス学派は，紀元前6世紀に誕生した古代ギリシア哲学である。タレス，アナクシマンドロス，アナクシメネスが代表者で，万物の根源を究明する自然哲学を唱えた。一方，ソクラテスは，対話(問答法)を重視した古代ギリシヤの哲学者であり，プラトンが著した『ソクラテスの弁明』で知られる。しかし，若者を堕落させたとして裁判にかけられ，紀元前399年に刑死している。

(3)　ア　孟子によれば，四徳(仁義礼智)の端緒となる4つの感情(惻隠・羞悪・辞譲・是非)は，どのような人にも備わっており，これらを適切に育めば，誰でも有徳な人物になれるとした。これを四端説という。　イ　「忠」は年長者に従順なことではなく，自分を欺かないこと。　ウ　荀子は，法や刑罰ではなく，規範としての礼によって矯正することを重んじた。　エ　「克己復礼」は孔子の言葉であり，孟子は易姓革命の思想を唱えた。　　(4)　清き明き心は邪心がなく，清らかで曇りなき心のことで，これは自然を尊ぶ古代日本人の精神に起因する。特に，古神道(古代の神道)において日本人の美徳とされた。古神道は，儒教・仏教などが伝わる以前から存在した日本独自の思想である。

(5)　中江兆民は，フランスで学んだ経験を生かし，フランス流の自由民権論を唱えて，自由民権運動の理論的指導者となった。藩閥政府の横暴を批判し，保安条例により東京追放処分を受けるが，第1回衆議院議員選挙にも当選している。代表的な著書としては，『民約訳解』のほか，『三酔人経綸問答』や『一年有半』などがある。　　(6)　ミルは，人間には良心があり，その良心にしたがって自分を律することが

できると考えた。この内なる制裁(内的な制裁)は，量的功利主義のベンサムが強調しなかった考え方である。　(7)　ジェームズはプラグマティズム(実用主義)を論じ，真理を有用性に求めたことで知られる。また，思考で得られることには限界があるとし，行動を重視することを主張した。なお，プラグマティズムは日常生活と密接に関わった哲学であり，1870年代のパースからジェームズを経て，デューイによって完成された。　(8)　世代間倫理は，現在の世代が未来世代の生存に対して責任を有することを意味する。未来世代への責任に基づき，環境破壊を批判したハンス＝ヨナスの未来倫理は，世代間倫理の代表的思想といえる。また，この考え方は，地球の有限性と自然の生存権とともに，環境倫理が重視する3つの視点の1つにもなっている。

(9)　フェアトレードは，先進国が途上国の原料や製品を適正価格で継続的に購入し，発展途上国の生産者や労働者が経済的に自立することを目的とする。なお，フェアトレードジャパンによると，2016年における日本の市場規模は113億円まで拡大し，取扱い産品としてはコーヒー，カカオ，コットンが大きく伸びている。

【4】(1)　所有と経営の分離　　(2)　合同会社　　(3)　元金の返済と利息の支払いが増加して財政に占める公債費の割合が高くなり，財政の自由度が低くなること。(49字)　　(4)　エ　　(5)　イ　　(6)　環境アセスメント法　　(7)　ウ

〈解説〉(1)　企業の所有と経営の分離には，どのようなメリットがあるかを理解しておきたい。規模の大きい株式会社では，コーポレートガバナンス(企業統治)の観点から，所有(株主)と経営(経営陣)を分離する。議決権などを持つ株主が長く経営を続けると，客観的な経営の評価ができなくなり，経営者の独断を許す危険性がある。所有と経営を分離すれば，これを防ぐことができる。また，広範な資金調達や優秀な人材の登用も可能となり，多様な事業展開を進めることにもつながる。

(2)　合同会社は，アメリカのLLC(有限責任会社)をモデルに導入された新しい形態の会社で，ベンチャー起業家らを後押しするねらいがあ

る。出資者と経営者が一致する点で，株式会社とは異なる(社員はすべて有限責任)。なお，会社法の制定に伴い，有限会社法は廃止され，有限会社の新規設立はできなくなった。　(3)　公債費(公債金)とは，国債を発行して借りたお金のことをいう。国債は，期日に必ず償還(返済)しなければいけないものであり，デフォルト(債務不履行)となれば，国家財政は破綻する。この国債の償還費などが国家予算の大きな部分を占めるようになると，弾力的な財政運営が困難になる。これを「財政の硬直化」という。なお，一般会計の歳入全体に対する国債依存度は，2019年度時点で3割を超えている。　(4)　エ　高度経済成長期は，1973年の石油ショックまで続いた。特に，1960年代の年平均実質経済成長率はおおむね10％台であり，1950年代や1970年代に比べて極めて高くなっている。それを可能にしたのは，輸出に有利な為替相場(1ドル＝360円の固定相場)が1971年まで続いたことによる。円安が続いたことにより，日本は安くて高品質の製品を世界中に輸出することができた。しかし，変動為替相場制に移行してからは徐々に円高となり，日本経済は現在も低成長を余儀なくされている。　(5)　ア　不当行為の禁止は，労働組合法。　ウ　労働争議の予防・解決は，労働関係調整法。　エ　育児休業の取得は，育児・介護休業法で規定されている。(6)　環境アセスメント法(環境影響評価法)は，事業者が大規模開発を行う際，環境悪化を防止するために制定された。この法律は1997年に立法化されたが，神奈川県川崎市は1976年，国に先駆けて環境アセスメント条例を制定している。なお，アセスメントとは評価や査定のこと。　(7)　ア　各都道府県に設置されているのは，国民生活センターではなく，消費生活センターが正しい。国民生活センターは，消費者庁の所管団体である。　イ　製造物責任(PL)法は，製造物の欠陥によって消費者が被害を受けた際，その欠陥の原因が製造者に故意や過失でなくても，製造者が損害賠償責任を負うことを定めた法律である。したがって，過失責任制ではなく無限責任制を原則としている。エ　消費者基本法は，1968年に制定された消費者保護基本法を全面改正し，2004年に制定された法律である。一方，消費者契約法は2001年

に制定された法律で，消費者が事業者と契約する際，消費者の利益を
守ることを目的とする。

【5】(1)　輸入量制限のように，関税以外の方法で輸入を抑制すること。
(28字)　　(2)　イ　　(3)　発展途上国の中で経済格差が拡大するこ
と。(20字)

〈解説〉(1)　非関税障壁の手段としては，輸入量制限のほか，検査基準
や手続き，認証を厳しくすること，自国輸出企業に対する輸出補助金
などがある。　(2)　イ　政府開発援助は，資金の流れから二国間援助
と多国間援助に分類される。多国間援助とは，国際機関に対する出
資・拠出のこと。また，二国間援助の形態には，贈与と円借款等があ
り，贈与は無償資金協力と技術協力に分類される。　ア　日本のODA
は，資金援助だけではなく，技術協力も行っている。　ウ　日本の
ODAは，金額ベースでは世界の5位以内に入っているが，対GNI比で
はDAC加盟国29カ国中，20位(2016年の暫定値)となっている。
エ　日本のODAは二国間援助が約7割を占めており，国際機関への出
資・拠出(多国間援助)は約3割にとどまっている。　(3)　南北問題は，
先進国と発展途上国間の経済格差，その是正をめぐる問題である。主
に，先進国は北半球に位置するのに対し，南半球には発展途上国が多
く点在することから，このように呼ばれている。近年は，発展途上国
どうしの経済格差が拡大していることから，南南問題がクローズアッ
プされている。

【6】(1)　①　見方・考え方　②　グローバル化　③　有為な形成
者　(2)　①　多面的・多角的　②　在り方生き方　③　協力し
合う　(3)　①　倫理的諸課題　②　論理的　(4)　①　社会科
②　特別の教科である道徳　(5)　適切かつ効果的に調べまとめる技
能

〈解説〉(1)　新学習指導要領における教科，科目，各分野等の目標は，
すべてまず柱書が示され，それに続いて育成を目指す3つの柱に沿っ

た目標が(1)～(3)の形で挙げられるという形式である。本問の文章は，公民科の目標のうち柱書として示された箇所である。　①「社会的な見方・考え方」とは，社会科，地理歴史科，公民科の特質に応じた見方・考え方の総称であり，社会的事象等の意味や意義，特色や相互の関連を考察したり，社会に見られる課題を把握して，その解決に向けて構想する際の「視点や方法(考え方)」であると考えられる。

②　近年は，人や商品だけでなく，情報や技術なども国境を越えて自由に行き来し，企業など国家以外の様々な集合体の役割が増大している。このような「グローバル化」が一層進展する社会においては，国家及び社会の形成者として必要な資質・能力を育成することが極めて大切となる。　③　今回の改訂でも，平和で民主的な国家及び社会の「有為な形成者」には，公民として必要とされる資質・能力を養うことが求められている。　(2)「公共」の「目標　(3)」は，「公共」の学習で育成される資質・能力のうち，「学びに向かう力，人間性等」に関わるねらいを示している。　①「多面的・多角的な考察」とは，学習対象される社会的事象等がもつ「多面性」と，それを様々な角度から捉える「多角性」を踏まえて考察することを意味する。　②「在り方生き方についての自覚」を深めるとは，自分自身の人生観や世界観，価値観を形成することを意味する。　③　地球規模の課題については，国際的な相互依存関係がより深まってきた現状を踏まえ，その解決のためには各国が相互に主権を尊重し，各国民が「協力し合う」ことが重要であることを示している。　(3)「倫理」の「目標　(2)」は，倫理の学習を通して育成される資質・能力のうち，「思考力，判断力，表現力等」に関わるねらいを示している。現代の「倫理的諸課題」については，必ずしも1つの正答があるとは限らないことから，それを解決するために，自らの意見を整理して主体的に考え，発表し，様々な意見をもつ人と対話したり，議論したりする能力が必要であることを述べている。　(4)　①　中学校社会科との関係においては，目標だけでなく，内容の大項目Aの「(2)　国際社会に生きる日本人としての自覚」，大項目Bの「現代の諸課題と倫理」が密接な関係をもっている。

② 「倫理」は，高等学校における道徳教育としてだけではなく，人間の在り方生き方に関する教育としても重要な役割を担っている。よって，ここでの指導においては，中学校の道徳教育を受け継ぎ，その関連を十分図る必要がある。　(5)　諸資料から社会の在り方に関わる情報に対しては，関連のある様々な資料を収集し，その考察に必要な情報を合理的な基準で適切，かつ効果的に調べ，まとめる技能の必要性を示している。

2019年度　実施問題

中 学 社 会

【1】略地図を見て，(1)～(7)の問いに答えなさい。

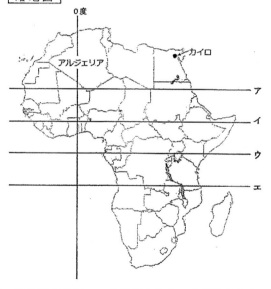

略地図

(1)　略地図中のア～エの緯線のうち，赤道はどれか，記号で書きなさい。

(2)　略地図中の0度の経線を何というか，漢字で書きなさい。

(3)　略地図中のアルジェリアは，産油国の利益を守るために1960年に設立された組織に加盟している。この組織を何というか，アルファベットで書きなさい。

(4)　略地図の北部沿岸地域などでは，乾燥に強いオレンジやぶどうなどを栽培する農業が特徴的である。この農業を何というか，書きな

さい。

(5) 略地図には，経済発展で注目されていたBRICSに含まれる国がある。その国名を書きなさい。

(6) 略地図中の国には，人為的国境がみられる。その理由を歴史的背景をふまえて，「植民地」という語句を使って書きなさい。

(7) 日本時間7月10日午後9時に成田国際空港を出発し，エジプトのカイロの空港まで14時間かけて航空機で移動した。カイロ(東経30度)の現地時間は何月何日の何時になるか。午前，午後の区別をつけて書きなさい。なお，サマータイムのことは考えないものとする。

(☆☆☆◎◎◎)

【2】次の(1)～(5)の問いに答えなさい。

(1) ブラジル高原の南部に広がる玄武岩が風化した，コーヒーの栽培にも適した肥沃な土壌を何というか，書きなさい。

(2) 各国が排他的経済水域を設定する以前，日本の漁船がロシア沿岸やアラスカ沿岸の海でさかんに行っていた漁業を何というか，書きなさい。

(3) 近郊農業とは，どのような農業か，「都市」・「消費者」という2語を使って書きなさい。

(4) 2万5千分の1の地形図で，ある工場の敷地面積を求めることとした。ものさしで測ると，1辺1cmの正方形であった。実際の面積は何m²か，求めなさい。

(5) 県や市町村では，さまざま自然災害による被害の可能性や，災害発生時の避難場所を示した地図を作成している。この地図を何というか，書きなさい。

(☆☆☆◎◎◎)

【３】次の文を読んで，(1)～(5)の問いに答えなさい。

> 　日本の国会は，衆議院と参議院の二院制をとっており，両院は，国民を代表する①選挙された議員で組織される。国会の議決には原則として両院の議決の一致が必要であるが，議決が異なる場合，いくつかの決定について②衆議院の優越が認められている。また，内閣は国会の信任に基づいて成立し，国会に対して連帯して責任を負う(　　)制をとっている。

(1)　文中の(　　)にあてはまる語句を書きなさい。

(2)　文中の下線部①について，現在，衆議院議員選挙は，小選挙区制と比例代表制を組み合わせて行われている。この比例代表制とはどのようなしくみか，「得票数」という語句を使って書きなさい。

(3)　文中の下線部②が定められている理由を書きなさい。

(4)　文中の下線部②に関連した次の日本国憲法第59条第2項の(　ア　)・(　イ　)にあてはまる語句を書きなさい。

> 　衆議院で可決し，参議院でこれと異なつた議決をした法律案は，衆議院で(　ア　)の(　イ　)以上の多数で再び可決したときは，法律となる。

(5)　次の中から，国会の仕事でないものをすべて選び，記号で書きなさい。

　ア　予算案の作成　　　イ　憲法改正の発議　　　ウ　条約の締結
　エ　弾劾裁判所の設置　　オ　国政の調査　　　　カ　政令の制定

(☆◎◎◎)

【４】次の文を読んで，(1)・(2)の問いに答えなさい。

> 　世界では，1948年に世界人権宣言が，1966年には国際人権規約が採択され，①人権を保障する取り組みが行われてきた。また，環境問題においても，1972年に国連人間環境会議が開催され，国際社会で地球規模の②環境問題について協議されるようになった。

(1)　文中の下線部①に関して，1979年に国連で女子差別撤廃条約が採択されたことを受けて，1985年に日本で制定された法律を何というか，法律名を書きなさい。

(2)　文中の下線部②に関して，(a)・(b)に答えなさい。

(a)　1992年の国連環境開発会議で採択された地球の多様な生物とその生育環境の保全，生物資源の持続可能な利用などを定めた条約を何というか，書きなさい。

(b)　環境保護の観点からも太陽光などの安全で持続可能な再生可能エネルギーの開発が進められている。この再生可能エネルギーには，どのようなものがあるか，太陽光以外に2つ書きなさい。

(☆◯◯◯)

【5】次の(1)〜(3)の問いに答えなさい。

(1)　『経済学および課税の原理』を著し，国際分業の利益と，それに基づいておこなわれる国際貿易の意義を説明し，後に比較生産費説とよばれる理論を主張したイギリスの経済学者は誰か，書きなさい。

(2)　ある経済活動が，市場を通さないで第三者に悪影響を及ぼすことを何というか，書きなさい。

(3)　製造物の欠陥により人の生命，身体又は財産に係る被害が生じた場合における製造業者等の損害賠償の責任について定めた法律を何というか，法律名を書きなさい。

(☆☆◯◯◯)

【6】次の文を読んで，(1)〜(4)の問いに答えなさい。

> ①倭は唐・新羅に対し，百済復興を支援するため大軍を派遣したが，唐・新羅連合軍に敗れた。倭では，対馬から大和にかけて古代朝鮮式山城が築かれた。中大兄皇子は都を（　a　）に移し，即位して天智天皇となり，最初の戸籍である庚午年籍を作成した。天智天皇が亡くなると，②大友皇子と大海人皇子とのあいだで皇位継承をめぐる戦いが起きた。戦いの後，（　ア　）が，（　b　）

で即位して天武天皇となった。そして近江朝廷側についた有力
中央豪族は失権し，権力を手にした天武天皇を中心に（　イ　）的
国家体制の形成が進んだ。天武天皇のあとを継いだ皇后の持統
天皇は，飛鳥浄御原令を施行し，（　c　）に都を移した。

(1)　下線部①の戦いを何というか，書きなさい。

(2)　（　a　）～（　c　）には，藤原京，近江大津宮，飛鳥浄御原宮のいず
れかがあてはまる。それぞれにあてはまるものを，書きなさい。

(3)　下線部②の戦いを何というか，書きなさい。また，その戦いに勝
ち天武天皇となった（　ア　）の人物名を書きなさい。

(4)　下線部②の戦いの後即位した天武天皇を中心にどのような国家の
形成が進んだか，（　イ　）にあてはまる最も適切な語句を，漢字4字
で書きなさい。

(☆☆◎◎)

【7】次の資料を読んで，下の(1)～(5)の問いに答えなさい。

> A　ダンテはカトリック的世界観をもとに「神曲」を完成させた。
> 　　　　↓①
> B　ヴァスコ＝ダ＝ガマがインド西岸のカリカットに到達し，
> 　（　a　）を手に入れた。
> 　　　　↓②
> C　デカルトは「方法叙説」を著し，合理主義哲学の方法論を説
> 　いた。
> 　　　　↓③
> D　（　b　）により，蒸気機関車がイギリスで実用化された。
> 　　　　↓④

(1)　Aについて，ダンテの「神曲」は，人間性の自由・解放を求め，
各人の個性を尊重しようとする文化運動の中で登場した。この文化
運動を何というか，書きなさい。

(2) Bについて, (a)はポルトガルの王室に莫大な利益をもたらした。(a)にあてはまる最も適切な語句を, ア〜オから1つ選び, 記号で書きなさい。

ア 香辛料　イ 羅針盤　ウ 火器　エ 綿花　オ 銀

(3) Cについて, デカルトは, 数学的な論証法を用いる合理論をうちたてた。またこの時, 事実の観察を重んじ, 一般法則をみちびく哲学が提唱された。この提唱された哲学を何というか, 書きなさい。

(4) Dについて, (b)にあてはまる人物は誰か, 書きなさい。

(5) 日本において「南北朝の統一」・「関ヶ原の戦い」が起こった時期はいつか, ①〜④から, それぞれ選びなさい。

(☆☆◎◎)

【8】次の資料を読んで, 下の(1)〜(4)の問いに答えなさい。

> 然ル処ニ十一月廿日, 蒙古船ヨリ下リ馬ニ乗リ, 旗ヲ上テ責懸ル。(中略), 甲ハ軽シ馬ニハ能乗ル, 力ハ強シ命ハ惜ハズ, 強盛勇猛ニシテ自在無窮ニ馳行ク。大将軍ハ高キ所ニ居リ上リテ, 引ベキニハ逃鼓ヲ打, 懸ベキニハ責鼓ヲ叩クニ随テ振舞ヒ, 逃ル時ハ鉄放ヲ飛シテ暗ク成シ, 鳴音闇高レバ, 心ヲ迷シ肝ヲ疮シ, 目眩鳴テ, 亡然トシテ東西ヲ弁ヘズ。
>
> (『八幡愚童訓』より)

(1) 資料は, 2度の蒙古の襲来のうち, 最初の襲来の様子を表したものである。この襲来を何というか, 書きなさい。

(2) このころの蒙古の国号と, 蒙古の支配者の名前をそれぞれ書きなさい。

(3) 下線部から読み取れる蒙古軍の戦い方の特徴について, 2つ書きなさい。

(4) 幕府がこの襲来後, 九州北部の要地を守るため, 九州地方の御家人たちに課した軍役を何というか, 書きなさい。

(☆☆☆◎◎)

【9】中学校学習指導要領「第2章　各教科」「第2節　社会」について，次の(1)～(3)の問いに答えなさい。

(1) 次の文は，「第1　目標」の一部である。（　①　）～（　③　）にあてはまる語句を書きなさい。

> （　①　）を働かせ，課題を追究したり解決したりする活動を通して，広い視野に立ち，（　②　）する国際社会に主体的に生きる平和で民主的な国家及び社会の形成者に必要な（　③　）の資質・能力の基礎を次のとおり育成することを目指す。

(2) 次の文は，「第2　各分野の目標及び内容」〔歴史的分野〕「3　内容の取扱い」の一部である。(a)・(b)に答えなさい。

> 3　内容の取扱い
> (2) 内容のAについては，次のとおり取り扱うものとする。
> 　ア　(1)については，中学校の歴史学習の（　①　）として実施することを原則とすること。（　②　）での学習を踏まえ，扱う内容や活動を工夫すること。

(a) 下線部「内容のA」とは何か，書きなさい。

(b) （　①　）・（　②　）にあてはまる語句を書きなさい。

(3) 次の文は，「第3　指導計画の作成と内容の取扱い」の一部である。（　①　）～（　⑤　）にあてはまる語句や数字を書きなさい。

> 1　指導計画の作成に当たっては，次の事項に配慮するものとする。
> 　(1)　（　①　）など内容や時間のまとまりを見通して，その中で育む（　②　）の育成に向けて，生徒の主体的・対話的で深い学びの実現を図るようにすること。その際，（　③　）に応じた見方・考え方を働かせ，社会的事象の意味や意義などを考察し，（　④　）などに関する知識を獲得したり，社会との関わりを意識した課題を追究したり解決したりする活動の充実を図ること。

(3)　各分野の履修については，・・・〔中略〕・・・学習
　　させること。各分野に配当する授業時数は，地理的分野
　　115単位時間，歴史的分野(　⑤　)単位時間，公民的分野
　　100単位時間とすること。

(☆☆☆◎◎◎◎)

地 理・歴 史

【１】次の文章を読んで，(1)〜(15)の問いに答えなさい。

　奈良国立博物館では，毎年秋に「正倉院展」が開かれている。平成
28年の「正倉院展」では漆胡瓶が18年ぶりに出陳されるなど，市民の
関心の高い展覧会の1つである。その_a正倉院宝庫には_b8世紀に在位し
た聖武天皇の遺品を中心とした宝物が納められているが，これらは
_c中国や_d朝鮮からもたらされたものも多く，なかにはデザインや技法
がシルクロードを経て_e西アジアに源流をもつものもある。白瑠璃碗
は_fカスピ海周辺で生産されたもの，螺鈿紫檀五弦琵琶は_gインドに源
流をもつものといわれている。

　聖武天皇の時代には，平城京に_h東大寺が，地方には国分寺・国分
尼寺の建立が進められるなど，_i仏教によって国家の安定が図られた。
また，唐招提寺を開いた_j唐の鑑真が伝えた戒律は，仏教の教理を深め
ることになり，南都六宗を生み出した。その後，_k平安時代初頭には
天台宗・真言宗が生まれ，院政期には浄土教が隆盛となり，_l中世には
いわゆる鎌倉新仏教が誕生した。しかし，江戸時代には_m黄檗宗の伝
来はあったものの，_n新たな宗派の誕生は見られなかった。さらに，
_o明治初期には廃仏毀釈の風潮が強まった。

(1)　下線部aについて，正倉院宝庫と同時期の建築物に法隆寺夢殿が
　　ある。同じ法隆寺境内にある金堂や五重塔が創建時のものか再建さ
　　れたものかという法隆寺再建論争において，再建論の中心となった

徳島県出身の歴史家は誰か，答えなさい。

(2) 下線部bの出来事について，(a)・(b)に答えなさい。

(a) ウマイヤ朝は北アフリカを征服し，イベリア半島にも進出して711年にゲルマン人の王国を滅ぼした。当時イベリア半島にあった王国名を答えなさい。

(b) フランク王国の宮宰カール＝マルテルが，732年にウマイヤ朝を撃退した戦いを何というか，答えなさい。

(3) 下線部cについて，中国の諸制度の説明として正しいものはどれか，ア～エから1つ選びなさい。

ア　秦代には，郡県制と封建制を併用する郡国制が採用された。

イ　漢代には，官吏登用法として九品中正法が始まった。

ウ　隋代には，府兵制にかえて募兵制が採用された。

エ　宋代には，科挙の最終試験として殿試が始まった。

(4) 下線部dについて，朝鮮戦争中，在日アメリカ軍出動後の軍事的空白を埋めるためにGHQの要請で設立され，自衛隊の前身ともなった組織は何か，答えなさい。

(5) 下線部eについて，(a)・(b)に答えなさい。

(a) 3世紀にパルティアを倒して建国したササン朝ペルシアについて述べた次の文のうち，誤っているものはどれか，ア～エから1つ選びなさい。

ア　3世紀に，シャープール1世がローマの軍人皇帝ウァレリアヌスを捕虜とした。

イ　5世紀に，遊牧民ヒクソスの侵入をうけた。

ウ　6世紀に，ホスロー1世がビザンツ帝国のユスティニアヌス帝と抗争した。

エ　ゾロアスター教を国教とした。

(b) 西アジアを起源とする地中海農耕文化を代表する農作物のイラストとして正しいものはどれか，ア～エから1つ選びなさい。

ア	イ	ウ	エ

(6)　下線部fについて，カスピ海は世界最大の湖であるが，成因から
カスピ海を分類したとき，正しいものはどれか，ア〜エから1つ選
びなさい。

　ア　断層湖　　イ　カルデラ湖　　ウ　氷河湖　　エ　海跡湖

(7)　下線部gについて，(a)〜(d)に答えなさい。

　(a)　インダス文明を代表する遺跡の1つで，インダス川下流域のシ
　ンド地方にある遺跡は何か，答えなさい。

　(b)　インド最初の統一王朝であるマウリヤ朝の最盛期を築き，ダル
　マによる統治や仏典の結集を行った王は誰か，答えなさい。

　(c)　資料1は，ムガル帝国の第5代皇帝が妻の死を悼んで建設した
　墓廟である。これを何というか，答えなさい。

資料1

　(d)　17世紀にイギリスがインド経営の拠点とした都市として誤って
　いるものはどれか，ア〜エから1つ選びなさい。

　　ア　カルカッタ　　イ　ゴア　　ウ　マドラス　　エ　ボンベイ

(8)　下線部hについて，東大寺大仏殿は源平の争乱時に焼失した。そ
の再建に努めた僧侶は誰か，答えなさい。

(9)　下線部iについて，仏教によって国家の安定をはかるような思想

を何というか，答えなさい。

(10)　下線部jについて，(a)・(b)に答えなさい。

(a)　唐代の文化について述べた文として正しいものはどれか，ア〜
エから1つ選びなさい。

ア　昭明太子が『文選』を編纂した。

イ　孔穎達らにより『五経正義』がまとめられた。

ウ　司馬光が『資治通鑑』を編纂した。

エ　屈原らにより『楚辞』がまとめられた。

(b)　安史の乱後，宰相楊炎の建議により，財政再建のため租庸調制
にかわる新たな税法が採用された。この税法を何というか，また
どのような徴税法か，30字程度で説明しなさい。

(11)　下線部kについて，蝦夷征討や平安京の造営が民衆を苦しめてい
るとして，これらの中止を桓武天皇に進言したのは誰か，答えなさ
い。

(12)　下線部lについて，(a)〜(g)に答えなさい。

(a)　デンマーク・ノルウェー・スウェーデンの3国は，14世紀末に
デンマーク女王マルグレーテのもと同君連合を成立させた。この
同盟を何というか，答えなさい。

(b)　1492年，スペイン王国はグラナダを陥落させて国土回復運動を
完了した。グラナダを拠点としていたイスラーム最後の王朝は何
か，答えなさい。

(c)　ヨーロッパ中世の美術を代表するものに教会建築がある。この
うち，ケルン大聖堂などに代表される，12世紀頃から西ヨーロッ
パに広がった尖塔とステンドグラスが特徴的な建築様式を何とい
うか，答えなさい。

(d)　鎌倉時代後半，得宗専制政治が展開された。その契機となった
のが霜月騒動であるが，これは安達泰盛が内管領の誰と対立した
事件か，答えなさい。

(e)　室町時代初期，足利尊氏の弟直義と尊氏の重臣高師直の対立か
ら生じた争いを何というか，答えなさい。

 (f) 戦国大名は領国統治のため分国法を制定したが，阿波の三好氏が制定(家臣の篠原長房が策定)した分国法は何か，答えなさい。

 (g) 「カステラ」「パン」「タバコ」などの言葉は，ある国との16世紀に始まる交流により日本にもたらされた外来語である。ある国とはどこか，答えなさい。

(13) 下線部mについて，禅宗の一派である黄檗宗を伝えたのは誰か，答えなさい。

(14) 下線部nについて，江戸時代に新たな宗派の誕生が見られなかったのはなぜか，90字程度で説明しなさい。

(15) 下線部oについて，(a)～(d)に答えなさい。

 (a) 明治初期に起こった次のア～エの出来事を年代の古い順に並べかえなさい。

  ア 板垣退助らが民撰議院設立建白書を左院に提出した。

  イ 徴兵告諭により国民皆兵がめざされた。

  ウ 西郷隆盛を首領とする大規模な士族の反乱が起きた。

  エ 開拓使官有物払下げ事件により世論の政府攻撃が激しくなった。

 (b) 明治初期の外交政策について，次の文章Ⅰ・Ⅱの正誤の組み合わせとして正しいものはどれか，ア～エから1つ選びなさい。

  Ⅰ 台湾での琉球漁民殺害事件を契機に，琉球処分が断行された。

  Ⅱ 樺太・千島交換条約によって，北緯50度以南のサハリン(樺太)が日本領となった。

  ア Ⅰ－正 Ⅱ－正 イ Ⅰ－正 Ⅱ－誤

  ウ Ⅰ－誤 Ⅱ－正 エ Ⅰ－誤 Ⅱ－誤

 (c) 日本で版籍奉還が行われた年と同じ年の出来事として正しいものはどれか，ア～エから1つ選びなさい。

  ア イギリスで第1回選挙法改正が行われた。

  イ ロシアと清の間でネルチンスク条約が結ばれた。

  ウ アメリカ合衆国で最初の大陸横断鉄道が開通した。

エ　フランスでナポレオン1世が帝政を始めた。

(d)　次の地形図のうち，明治期以降に成立した集落の地形図として正しいものはどれか，ア〜エから1つ選びなさい。また，その集落の名称を答えなさい。

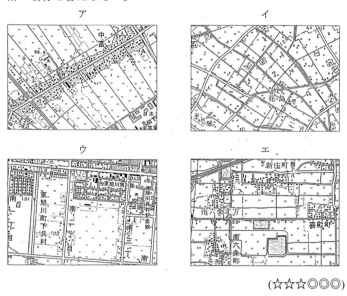

(☆☆☆◎◎◎)

【2】大西洋を中心とした次のメルカトル図法の地図を見て，(1)〜(10)に答えなさい。

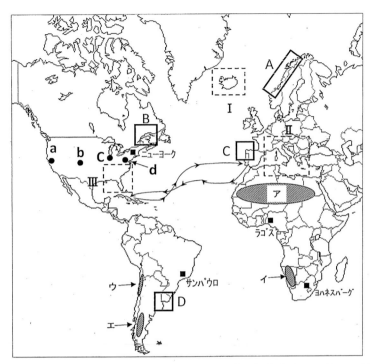

(1) メルカトル図法による地図の特徴を，次の語句をすべて用いて説明しなさい。

　　グリーンランド　　南アメリカ大陸　　経緯線　　直交

(2) 地図中のa〜dはほぼ同緯度に位置する4都市を示している。資料1の雨温図に該当する都市はどれか，a〜dから1つ選びなさい。

資料1

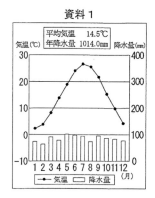

(3) 地図中のア～エはいずれも乾燥地域である。乾燥する理由が共通
している地域はどれか，ア～エから2つ選びなさい。また，その2地
域が乾燥する理由を説明しなさい。

(4) 地図中のA～Dは，特徴のある海岸地形がみられる地域である。
これらの海岸地形は，ある共通の作用によって形成されている。そ
の作用とは何か，答えなさい。

(5) 地図中の■(ニューヨーク・サンパウロ・ラゴス・ヨハネスバー
グ)は，それぞれの国において最大の都市であり，経済の中心であ
るが，いずれも首都ではない。次の文は，これらの都市のうちどの
都市を説明したものか，1つ選びなさい。

> 　この都市は政治・経済の中心であったが，宗教の違いや石
> 油等の利権も絡んだ国内紛争を契機として，国内の民族融和
> を目的に，1991年に首都の機能が内陸の別の都市に移された。

(6) 地図中の矢印(→)は大西洋を渡り，西インド諸島に到達したコ
ロンブスのおおよその航路を示している。往路に利用された風の名
称を風向とともに，答えなさい。

(7) 地図中のⅠ・Ⅱの[＿＿＿]で囲まれた地域について，(a)・(b)に答
えなさい。

　(a)　Ⅰの地域には，大地の裂け目(ギャオ)がみられる。これは，プ

レートの境界が地表に現れたものであるが，そのプレートの境界
の種類を答えなさい。

(b) Ⅱの地域にみられる局地風のうち，もともとは砂塵をともなう
こともある乾燥した風であるが，ヨーロッパの地中海沿岸の諸都
市においては，高温湿潤な風として気候に影響を与えている風の
名称は何か，ア〜エから1つ選びなさい。

ア　ミストラル　　イ　ボラ　　ウ　シロッコ　　エ　フェーン

(8) アメリカ合衆国の工業について，(a)〜(c)に答えなさい。

(a) 地図中のⅢの ___ で囲まれた地域について，資料2は，ピー
ドモント台地と海岸平野の境界線を模式的に示したものである。
この境界線上のローリーやコロンビアなどの都市は，動力として
の水力が豊富で，それを背景とした製粉，繊維工業などが栄え，
初期のアメリカ合衆国の産業を支えた。これらの都市群を何とい
うか，答えなさい。

資料2

(b) アメリカ合衆国の工業は，19世紀以降東部地域から五大湖沿岸
へとその重心が移っていくが，その背景を2つ答えなさい。

(c) 1970年代以降は，五大湖沿岸の工業地域は斜陽化し，新たにメ
キシコ湾岸や太平洋岸など南部地域へとその重心が移動した。一
般に北緯37度以南の工業地域のことを何というか，答えなさい。

(9) 江戸末期における日本と欧米諸国との関係について，(a)・(b)に
答えなさい。

(a) アメリカと日本の通商関係は，1858年の日米修好通商条約締結
に始まる。次の史料は，日米修好通商条約の一部である。空欄に
適する地名の組み合わせとして適切なものはどれか，ア〜エから

1つ選びなさい。

史料

> 第三条　下田，（　1　）港の外，次にいふ所の場所を左の期限
> より開くべし。
> （　2　）…西洋紀元千八百五十九年七月四日
> 長崎　　…同断
> 新潟　　…千八百六十年一月一日
> （　3　）…千八百六十三年一月一日

	1		2		3	
ア	1 大阪	2 兵庫	3 神奈川			
イ	1 箱館	2 神奈川	3 兵庫			
ウ	1 博多	2 兵庫	3 神奈川			
エ	1 箱館	2 博多	3 大阪			

(b)　安政の五カ国条約締結後，日本国内の経済情勢にはどのような変化が生じたか，次の語句を用いて説明しなさい。

　　　金　　生糸　　綿織物

(10)　イギリスの歴史について，(a)～(d)に答えなさい。

(a)　クロムウェルの死後国王となったチャールズ2世の専制的な姿勢に対抗し，議会は1673年に審査法，1679年に人身保護法を制定したが，それぞれどのような法律か，説明しなさい。

(b)　18世紀にジョージ1世が即位し，ハノーヴァ朝が創始されると，内閣は国王にではなく議会に対して責任を負う責任内閣制が形成された。このときのホイッグ党の党首は誰か，答えなさい。

(c)　20世紀初頭，イギリスは日本と同盟関係を結んだ。締結に至った歴史的背景を，両国の立場を踏まえて90字程度で説明しなさい。

(d)　日英同盟は，第一次世界大戦後，1921年から始まったワシントン会議で締結されたある条約により廃棄された。ある条約とは何か，答えなさい。

(☆☆☆◎◎◎)

【3】高等学校学習指導要領について，(1)～(7)の問いに答えなさい。

(1) 第1章　総則「第3款　各教科・科目の履修等」の1の(1)において，「すべての生徒に履修させる各教科・科目」が示されている。この中で，「地理歴史」の履修については，「(①)のうちから1科目並びに(②)のうちから1科目」履修することとなっている。(①)・(②)にあてはまる科目をすべて答えなさい。(順不同)

(2) 次の文は，世界史Aの「2　内容　(1)世界史へのいざない」である。(①)・(②)にあてはまる語句を答えなさい。

> 　(①)と歴史，日本の歴史と世界の歴史のつながりにかかわる適切な主題を設定し考察する活動を通して，世界史学習の(②)に触れさせるとともに，地理と歴史への関心を高め，世界史学習の意義に気付かせる。

(3) 次の文は，世界史Bの「1　目標」である。(①)・(②)にあてはまる語句を答えなさい。

> 　世界の歴史の大きな枠組みと展開を諸資料に基づき地理的条件や日本の歴史と関連付けながら理解させ，文化の(①)と現代世界の特質を広い視野から考察させることによって，(②)を培い，国際社会に主体的に生きる日本国民としての自覚と資質を養う。

(4) 日本史Aの「3　内容の取扱い」の「(3)　イ」において，内容の(2)のウ(近代の追究)及び(3)のウ(現代からの探究)において配慮することとして，資料を活用してどのような技能を高めることとされているか。2つ答えなさい。

(5) 日本史Bの「2　内容」において，次のア～エのうち，「(2)　中世の日本と東アジア」，「(3)　近世の日本と世界」に位置づけられているものはどれか，ア～エからそれぞれ1つずつ選びなさい。
　ア　「歴史の論述」　　　イ　「歴史と資料」　　　ウ　「歴史の解釈」
　エ　「歴史の説明」

(6)　次の文は地理Aの「2　内容」の「(1)　現代世界の特色と諸課題の地理的考察」である。(　①　)・(　②　)にあてはまる語句を答えなさい。

> 　世界諸地域の生活・文化及び地球的課題について，地域性や(　①　)を踏まえて考察し，現代世界の(　②　)を深めるとともに，地理的技能及び地理的な見方や考え方を身に付けさせる。

(7)　地理Bの「2　内容　(3)ア　現代世界の地域区分」に関して，「3　内容の取扱い」において，現代世界がどのような指標によって「様々に堆域区分できることに着目」させるとしているか。4つ挙げられている例のうち2つ答えなさい。

(☆☆☆○○○○)

公　民　科

【1】次の(1)～(9)の問いに答えなさい。

(1)　次の文は，日本国憲法第13条である。(　①　)～(　③　)にあてはまる語句を答えなさい。

　「すべて国民は，(　①　)として尊重される。生命，(　②　)及び幸福追求に対する国民の権利については，(　③　)に反しない限り，立法その他の国政の上で，最大の尊重を必要とする。」

(2)　1948年の国連総会において，「世界人権宣言」が採択されたが，その基調となったアメリカ大統領F．ローズヴェルトが1941年に議会に宛てた教書で用いた「4つの自由」は，「信仰の自由」，「恐怖からの自由」，「欠乏からの自由」ともう一つは何というか，答えなさい。

(3)　1962年，アメリカ大統領ケネディが「消費者の権利保護に関する特別教書」で消費者の「4つの権利」を表明した。その後，フォー

ド大統領が「5つ目の権利」を加えた。その「5つ目の権利」は何と呼ばれるか，答えなさい。

(4) 2010年末から11年にかけて，圧政と政治腐敗からの自由を求める民主化運動が，中東・北アフリカ地域に広がり，長く独裁体制であった国々で新政権が樹立された。この民主化運動は何と呼ばれるか，答えなさい。

(5) 「非核三原則(持たず，作らず，持ち込ませず)」は，1971年に国会で決議されたが，その当時の内閣名を，次のア〜エから1つ選び，記号で答えなさい。

　ア　岸内閣　　　イ　池田内閣　　　ウ　佐藤内閣　　　エ　田中内閣

(6) 次の①・②の国について，裁判そのものに一般市民が参加する制度を何というか。それぞれ漢字で答えなさい。

　　①　アメリカ　　②　ドイツ

(7) 日本国憲法第92条にある「地方自治の本旨」は，大きく分けて2つの原理からなるが，この2つの原理とは何か，漢字で答えなさい。また，それぞれについて簡潔に説明しなさい。

(8) 次の文章は，「政党助成法」について説明したものである。(①)〜(③)にあてはまる数字や語句を答えなさい。

> 　政党助成法では，衆議院または参議院に(①)名以上議席を有するか，直近の国政選挙で(②)の2%以上の得票のあった政党に対し，(③)での助成を行うこととしている。

(9) 比例代表制度の短所について，15字〜30字で答えなさい。

(☆☆☆◎◎◎)

【2】次の(1)〜(3)の問いに答えなさい。

(1) 国際刑事裁判所について，50字〜70字で説明しなさい。

(2) 住民基本台帳ネットワークシステム(住基ネット)について，40字〜60字で説明しなさい。

(3) 次の語句について，(A)・(B)のどちらかを選択し，説明しなさい。

(A)　ユニバーサルデザイン　　(B)　グリーン・コンシューマー

(☆☆☆◎◎◎)

【3】次の(1)～(9)の問いに答えなさい。

(1)　プラトンは，多くの人々は感覚にとらわれ，イデアの影を実在であると思い込んでいるとし，それを比喩で説明している。その比喩を何というか，答えなさい。

(2)　父なる神と子なるキリストと聖霊とは，実体が一つであるというキリスト教の教義を何というか，答えなさい。

(3)　大乗仏教の教説である「一切衆生悉有仏性」について，20字～30字で説明しなさい。

(4)　道元は，坐禅は悟りのための手段ではなく，坐禅そのものが悟りの体得にほかならないと考えた。それを何というか，漢字4文字で答えなさい。

(5)　荻生徂徠は，儒学の目的は個人の修養ではなく，世をおさめ民を救うことであると考えた。それを何というか，漢字4文字で答えなさい。

(6)　ベーコンが唱えた「帰納法」について，30字～50字で説明しなさい。

(7)　ホッブズは，すべての権利が譲渡された国家は，強大な権力を持つ怪物となると述べたが，その著書名を何というか，答えなさい。

(8)　病院，裁判所，監獄，学校などの施設が，公権力や近代的秩序から逸脱することを異常と見なす価値観をひろめ，そのような価値観に無意識のうちに服従する「主体」を生み出す役割を果たしたと指摘したフランスの哲学者は誰か，答えなさい。

(9)　患者が将来，延命治療に関する自分の意向を表明できなくなった時のために，前もって自分の意向を文書により表明したものを何というか，答えなさい。

(☆☆☆◎◎◎)

【4】次の(1)～(8)の問いに答えなさい。

(1) イギリスの経済学者ケインズの考え方と一致するものを，次のア
　～エから1つ選び，記号で答えなさい。

　　ア　有効需要の原理　　イ　マネタリズム　　ウ　計画経済
　　エ　小さな政府

(2) 規模の経済について，20字～30字で説明しなさい。

(3) 寡占市場では，価格支配力のある企業に他社が追随するため，横
　並びの価格が形成されることがあるが，このような価格を何という
　か，答えなさい。

(4) 市場の失敗の一つである外部不経済の説明として適当なものを，
　次のア～エから1つ選び，記号で答えなさい。

　　ア　少数の企業によって市場が支配され，競争が阻害されること。
　　イ　生産活動によって公害等の社会的損失が生まれること。
　　ウ　市場参入する企業がないため，政府が財・サービスを供給しな
　　　ければならないこと。
　　エ　情報の少ない消費者が，割高な商品や粗悪品を購入すること。

(5) 国内総生産(GDP)が，国民生活の豊かさを示す指標として限界が
　ある理由について，50字～70字で説明しなさい。

(6) デフレ-スパイラルについて，20字～30字で説明しなさい。

(7) 消費税と比較したときの所得税の特徴として適当なものを，次の
　ア～エから1つ選び，記号で答えなさい。

　　ア　水平的公平が確保される。
　　イ　税収は景気に左右されにくい。
　　ウ　低所得者ほど重税感が大きい。
　　エ　所得再分配効果が大きい。

(8) 当初預金が100万円，支払準備率が20％のとき，信用創造によっ
　てどれだけの預金通貨を創造しうるか，答えなさい。

(☆☆☆◎◎◎)

【5】次の(1)～(3)の問いに答えなさい。

(1) 日本の農業・食料問題についてあてはまるものを，次のア～エから1つ選び，記号で答えなさい。

ア　現在，農業への株式会社の参入が認められている。

イ　日本のカロリーベースでの食料自給率は50％を超えている。

ウ　GATT交渉の結果，日本の米は関税化が見送られた。

エ　新食糧法では政府米が主流となり，自主流通米は廃止された。

(2) 外国為替市場で円高の要因となるものを，次のア～エから1つ選び，記号で答えなさい。

ア　日本の金利が低下した。

イ　日本の物価が上昇した。

ウ　海外で原油価格が高騰した。

エ　海外から日本への投資が急増した。

(3) 自由貿易協定だけでなく，労働の移動，知的財産権の保護，投資など，より広い分野での経済協力をめざす協定を何というか，答えなさい。

(☆☆☆◎◎◎)

【6】高等学校学習指導要領「公民」について，(1)～(5)の問いに答えなさい。

(1) 次の文は，「第1　現代社会」の「2　内容」の(2)の「ウ　個人の尊重と法の支配」である。(①)～(③)にあてはまる語句を答えなさい。

「個人の尊重を基礎として，国民の権利の保障，法の支配と(①)の意義及び役割，司法制度の在り方について(②)と関連させながら理解を深めさせるとともに，生命の尊重，自由・権利と責任・義務，(③)と平等などについて考察させ，他者と共に生きる倫理について自覚を深めさせる。」

(2) 次の文は，「第2　倫理」の「2　内容　(3)現代と倫理」の一部である。(①)・(②)にあてはまる語句を答えなさい。

302

「現代に生きる人間の倫理的課題について思索を深めさせ，
(①)の確立を促すとともに，よりよい国家・社会を形成し，
(②)に主体的に貢献しようとする人間としての在り方生き方に
ついて自覚を深めさせる。」

(3) 次の文は，「第3款　各科目にわた内容の取扱い」の1　(2)の文で
ある。(①)・(②)にあてはまる語句を答えなさい。
「資料の収集，処理や発表などに当たっては，コンピュータや
(①)などを積極的に活用するとともに，生徒が主体的に情報手
段を活用できるようにすること。その際，(②)の指導にも留意
すること。」

(4) 「第3　政治・経済」の「2　内容　(3)現代社会の諸課題」の目標
の中では「政治や経済などに関する基本的な理解を踏まえ」，どの
ような活動を通して，「望ましい解決の在り方について考察を深め
させる」とあるか，答えなさい。

(5) 「第3　政治・経済」の「3　内容の取扱い」(2)のイにおいては，
「2　内容」の(2)のアの「市場経済の機能と限界」については，どの
ような事項に留意することとされているか，答えなさい。

(☆☆☆○○○○)

解答・解説

中 学 社 会

【1】(1)　ウ　　(2)　本初子午線　　(3)　OPEC　　(4)　地中海式農業
(5)　南アフリカ共和国　　(6)　かつてヨーロッパ諸国の植民地として
分割され，緯線や経線を国境線として利用したため。　　(7)　7月11
日午前4時

〈解説〉(1)　アフリカ大陸において，赤道はビクトリア湖の上を通っている。　(2)　ロンドン郊外にある旧グリニッジ天文台を通る経度0度の経線を，本初子午線という。　(3)　1960年に設立された，産油国の利益を守るための組織とは，石油輸出国機構＝OPEC(Organization of the Petroleum Exporting Countries)のことである。国際石油資本(メジャー)から産油国の利益を守るのが目的である。　(4)　アフリカ大陸の北部沿岸地域は，地中海性気候区に属する。地中海性気候区で行われる，乾燥に強いオレンジ・ぶどうの栽培と小麦栽培，羊やヤギの飼育を組み合わせた農業を，地中海式農業という。　(5)　BRICSとは，ブラジル・ロシア・インド・中国・南アフリカ共和国の5か国をいう。このうち略地図中にあるのは，南アフリカ共和国である。　(6)　人為的国境とは経度・緯度を国境としたもので，エジプトとスーダン，エジプトとリビアの間に見られる。アフリカ諸国は，かつてヨーロッパ諸国の植民地とされ，分割統治されていたため，民族の分布とは関係なく経度・緯度が国境線とされた。それが今日の国境紛争の原因ともなっている。　(7)　7月10日午後9時から14時間の飛行時間での移動なので，カイロ到着は日本時間では，7月11日午前11時である。カイロと日本の経度差は105度であり，経度15度で1時間の時差が生じるので，105÷15＝7となり，時差は7時間である。日本の方が東にあり7時間進んでいるので，カイロ到着は，現地時間で午前4時である。

【２】(1)　テラローシャ　　(2)　北洋漁業　　(3)　都市の消費者向けに，都市から距離の近い地域で行われる農業　　(4)　62500m²　　(5)　ハザードマップ

〈解説〉(1)　テラローシャは，母岩である玄武岩が風化してできた間帯土壌である。肥沃な赤紫色の土で，水はけがよく，コーヒー栽培に適している。　(2)　北洋漁業は，ロシア沿岸・アラスカ沿岸など，ベーリング海・オホーツク海を含む北太平洋で行われた遠洋漁業である。ロシア・アメリカ・カナダが厳しい漁獲制限を設けたため，衰退した。(3)　近郊農業は，大都市の周辺で行われる農業で，都市部の消費者に

供給するための野菜・果実・花卉を栽培する。　(4)　2万5千分の1の地形図上での1cmは，実際には25000cm＝250mである。したがって250m×250m＝62500m²となる。　(5)　過去のデータに基づいて自然災害の被害範囲や危険地域を予測し，地図に表したものがハザードマップである。自然災害が多発する近年，その重要性はさらに増している。

【3】(1)　議員内閣　(2)　政党の名前を書いて投票し，得票数に応じて議席を配分するしくみ　(3)　衆議院は参議院より任期が短く，解散もあるため，選挙による国民の意思を，より強く反映させることができるため。　(4)　ア　出席議員　イ　三分の二　(5)　ア，ウ，カ

〈解説〉(1)　イギリスを中心に発達した制度。議会で首相が選出され，首相が内閣を組織し，議会の信任に基づき内閣がつくられ，内閣は議会に対して責任を負う。　(2)　衆議院議員選挙は拘束名簿式比例代表制だが，参議院議員選挙は非拘束名簿式比例代表制であるという違いにも注目。　(3)　参議院は衆議院よりも任期が長く，解散もないため，長期的な視野に立って審議にかかわる「良識の府」としての役割を期待されている。　(4)　予算の議決と条約の承認について衆議院と参議院が異なる議決をした場合は，両院協議会を開き，それでも意見が一致しない，または参議院が30日以内に議決しなければ，衆議院の議決を国会の議決とすると定められている。日本国憲法第60条第2項および第61条参照。　(5)　ア，ウ，カはすべて内閣の仕事。憲法第73条を確認のこと。

【4】(1)　男女雇用機会均等法　(2)　(a)　生物多様性条約　(b)　風力，波力，水力，地熱，太陽熱，バイオマス(生物資源)　から2つ

〈解説〉(1)　正式名称は「雇用の分野における男女の均等な機会及び待遇の確保等に関する法律」。　(2)　(a)　ワシントン条約やラムサール条約等の既存の条約を補完し，生物の多様性を包括的に保全するための国際的な枠組み。　(b)　いつか枯渇してしまう石油・石炭などの化

石燃料とは異なり，自然界に常に存在するため再利用が可能なエネルギー資源のこと。温室効果ガス排出量の削減にも寄与する。

【5】(1)　リカード　　(2)　外部不経済　　(3)　製造物責任法
〈解説〉(1)　比較生産費説とは，他国に比べて相対的に安価で生産できる財(比較優位を持つ財)を輸出し，そうでない財を輸入するという国際分業により，貿易に参加する国々が互いに利益を得られるという考え方。自由貿易の理論的根拠となった。　　(2)　ある経済活動に伴い，直接関係のない第三者が受ける不利益のことで，環境汚染や公害はその最たる例である。　　(3)　「PL法」ともいう。製造者の過失の有無にかかわらず，製品の欠陥により損害を受けたことが証明できれば製造者に賠償を求めることができる点に注意。

【6】(1)　白村江の戦い　　(2)　a　近江大津宮　　b　飛鳥浄御原宮　　c　藤原京　　(3)　戦い…壬申の乱　　人物…大海人皇子
(4)　中央集権
〈解説〉(1)　白村江の戦いの後，倭では対馬から畿内にかけて朝鮮式山城を築き，大宰府の北方には水城を築いた。　　(2)　a　白村江の戦い後，中大兄皇子は都を近江大津宮に移した。6文目の「近江朝廷側」も解答のヒントになる。　　b　近江朝廷側打倒後，都は飛鳥浄御原宮に移された。　　c　持統天皇は日本で初の条坊制を取り入れた都城である藤原京へ遷都した。現在の奈良県橿原市周辺にあったと思われる。　　(3)　大友皇子は天智天皇の子，大海人皇子は弟にあたる。天智天皇亡き後，皇位をめぐって両者は争い，勝利した大海人皇子が天武天皇となった。　　(4)　天武天皇は天皇を中心とした中央集権的国家体制の形成を目指し，律令の編纂，国史の編纂，都城の建設などに着手した。それらの多くが次の持統天皇の頃に実現されることとなった。

【7】(1)　ルネサンス　　(2)　ア　　(3)　経験論　　(4)　スティーヴンソン　　(5)　南北朝の統一…①　　関ヶ原の戦い…②

〈解説〉(1)　ルネサンスは，14世紀にイタリアから西欧各地に広がった文化運動である。フランス語で「再生」を意味し，ギリシア・ローマの古代古典文化を模範として，ヒューマニズム(人文主義)を追求した。(2)　ポルトガルやスペインが海外への新たな航路開拓に乗り出した背景の一つが，インドや東南アジアの香辛料を安価に確保することであった。インド原産の胡椒，モルッカ諸島原産の丁子やナツメグなどがもたらされて，16世紀にポルトガルのリスボンは世界貿易の中心として繁栄した。　(3)　経験論は，知識の真理性の根拠を経験に求める哲学的立場で，理性的な推理を重視する合理論と対立する。フランシス＝ベーコンにはじまり，ロック，バークリーやヒュームなどのイギリスの哲学者に引き継がれた。　(4)　スティーヴンソンは1825年にストックトンとダーリントンの間で，ロコモーション号によって客車と貨車の牽引に成功して蒸気機関車の実用化を成功させた。　(5)　Aの『神曲』の完成は1321年，Bのヴァスコ＝ダ＝ガマのカリカット到達は1498年，Cの『方法叙説』の刊行は1637年，Dの蒸気機関車の実用化は1825年である。問題の南北朝の統一は1392年，関ヶ原の戦いは1600年である。

【8】(1)　文永の役　　(2)　国号…元　　名前…フビライ・ハン
(3)　・大将軍の指示に応じた集団戦法　　・鉄放という火器の使用
(4)　異国警固番役

〈解説〉(1)　蒙古の最初の襲来は1274年で，「文永の役」と呼ばれる。二度目の襲来は1281年で，「弘安の役」と呼ばれる。　(2)　1271年，フビライ・ハンは中国大陸を制圧し，元を建国した。　(3)　下線部から大将軍の指揮に従った集団戦法であったとわかる。また，「鉄放」に注目。陶器の中に火薬を詰め込んだ火器で，敵陣に投げ込んで使用した。(4)　幕府は元の再来に備え，博多湾沿岸などに九州御家人を配置する異国警固番役を強化した。これは御家人たちの多大な負担となった。

【9】(1)　①　社会的な見方・考え方　　②　グローバル化　　③　公
民として　　(2)　(a)　歴史との対話　　(b)　①　導入　　②　小学
校　　(3)　①　単元　　②　資質・能力　　③　分野の特質
④　概念　　⑤　135

〈解説〉「中学校学習指導要領」(平成29年3月告示)からの出題である。
「第2章　各教科　第2節　社会」の該当箇所を参照してほしい。中学
校学習指導要領は地理分野・歴史分野・公民分野と3分野に分かれて
おり，読み込むべき内容や量，その範囲は幅広い。頻出である用語や
文言の空欄補充の対策として学習指導要領を読み込むことは不可欠で
ある。その中で，本問(3)のような，「指導計画」に関する内容も取り
こぼさないでほしい。学習指導要領は教科・科目の性格を示すもので
あると同時に学校経営の中でその授業がどう展開されるべきかを示す
ものでもある。広い視野で学習指導要領を読み込んでほしい。

地　理　・　歴　史

【1】(1)　喜田貞吉　　(2)　(a)　西ゴート王国　　(b)　トゥール・ポワ
ティエ間の戦い　　(3)　エ　　(4)　警察予備隊　　(5)　(a)　イ
(b)　ウ　　(6)　エ　　(7)　(a)　モエンジョ＝ダーロ　　(b)　アショ
ーカ王　　(c)　タージ＝マハル　　(d)　イ　　(8)　重源　　(9)　鎮
護国家　　(10)　(a)　イ　　(b)　・税法の名称…両税法　　・説明…
現実に所有している土地に応じて，夏・秋2回税を徴収する税法。(30
字)　　(11)　藤原緒嗣　　(12)　(a)　カルマル同盟　　(b)　ナスル朝
(c)　ゴシック様式　　(d)　平頼綱　　(e)　観応の擾乱　　(f)　新加制
式　　(g)　ポルトガル　　(13)　隠元隆琦　　(14)　寺院法度などに
より，寺院勢力を幕府の支配下におくとともに，キリシタン禁圧のた
め，幕府は寺院と檀家を結び付ける寺請制度を創出したため，宗派間
の論争や異説の提唱が困難となったから。(88字)　　(15)　(a)　イ→
ア→ウ→エ　　(b)　エ　　(c)　ウ　　(d)　・記号…ウ　　・名称…

屯田兵村

〈解説〉(1)　喜田貞吉は，法隆寺再建・非再建論争において再建論を主張した人物であり，再建論はのちに正しい学説とされた。

(2)　(a)　西ゴート王国は415年から711年まで続いたイベリア半島の王国であり，711年にウマイヤ朝に滅ぼされた。その後，イベリア半島北部に逃れた王族やキリスト教徒によりアストゥリアス王国が建国された。　(b)　(a)のようなウマイヤ朝の台頭に関し，フランク王国のカール＝マルテルがウマイヤ朝を撃退したのがトゥール・ポワティエ間の戦いである。　(3)　アの郡国制は前漢時代，イの九品中正法は魏の時代，ウの募兵制は唐の時代にそれぞれ制定されている。　(4)　警察予備隊は朝鮮戦争において日本の反共体制を推し進める役割も果たした。　(5)　(a)　ヒクソスは古代エジプトに存在したシリア・パレスチナ地方に起源をもつ人々の集団である。　(b)　地中海農耕文化では小麦，大麦，かぶ，エンドウなどが栽培された。　(6)　海跡湖は，かつて海であった場所が，外海から隔離されてできた湖や沼沢のことを指す。中でもカスピ海は大規模な造陸運動によって生じた。

(7)　(a)　インダス川下流域のシンド地方にあるモエンジョ＝ダーロは，周囲約10kmに及ぶ円形の地域に残された都市遺跡である。

(b)　マウリヤ朝は，前4世紀の末に成立したインド最初の統一王朝であり，前3世紀のアショーカ王による統治が最盛期だったとされる。

(c)　タージ＝マハルは，ムガル帝国第5代皇帝シャー＝ジャハーンが，妃のために建築した白大理石の墓廟で，インド＝イスラーム文化を代表する建築物である。　(d)　インドにおけるゴアは，イギリスがインドに進出した際にもポルトガルがその領有を主張したため，イギリスの拠点とはなっていない。　(8)　重源は鎌倉時代初期の浄土宗の僧で，東大寺大仏焼失に際してその再建を主導した。　(9)　鎮護国家思想は，仏教によって国家を守り安泰にするという思想。　(10)　(a)　昭明太子が活躍したのは六朝時代，司馬光が活躍したのは北宋時代，屈原が活躍したのは中国戦国時代である。　(b)　8世紀頃には租庸調制が破綻し国家財政が危機に瀕したため，代わって両税法が採用された。

(11)　藤原緒嗣が都の造営や蝦夷征討に反対して菅原道真と対立したことは徳政論争と呼ばれる。　(12)　(a)　カルマル同盟は，ナポレオン戦争によりデンマーク・ノルウェーの二大国家がイギリス・スウェーデンの前に屈したため消滅した。　(b)　ナスル朝はイスラームの最後の王朝である。　(c)　ゴシック様式は12世紀頃から16世紀初頭まで続いた壮麗な建築様式。　(d)　平頼綱は霜月騒動で安達泰盛を滅ぼし，幕府の実権を握った。　(e)　観応の擾乱は南北朝の内乱が激化する要因となった。　(f)　新加制式は相論・家臣の所領・年貢に関する規定，結党禁止の規定など，全22条から成る。　(g)　当時の南蛮文化の広まりに際して「カステラ」「パン」などといったポルトガル由来の文化が流入した。　(13)　黄檗宗の開祖である隠元隆琦は中国出身の僧で1654年に来日した。　(14)　江戸時代に新たな宗派の誕生が見られなかった要因としては，寺院法度によって寺院勢力を幕府の支配下に置く，キリスト教弾圧のために寺請制度を設けるなど，幕府による統制が強かったことが挙げられる。　(15)　(a)　アは1874年，イは1872年，ウは1877年，エは1881年の出来事である。　(b)　台湾での琉球漁民殺害事件は台湾出兵の契機になり，樺太・千島交換条約によってサハリン(樺太)はロシア領となった。　(c)　日本で版籍奉還が行われたのは1869年である。　(d)　屯田兵村は，土地が区画ごとに整備され，そこに入植した人々の住居の設置が推定できるように作られている。

【2】(1)　角度を正しく表現するために経緯線が直交するように編集している。そのため，実際には南アメリカ大陸より面積の小さい，グリーンランドが誇張されて表現されているように，高緯度ほど面積が拡大されてしまう欠点がある。　(2)　d　(3)　・地域…イ，ウ・理由…沖合に寒流が流れており，海水温が低く上昇気流が発生しにくいため。　(4)　沈水作用　(5)　ラゴス　(6)　北東貿易風(7)　(a)　広がる境界　(b)　ウ　(8)　(a)　滝線都市　(b)　・五大湖沿岸は，石炭と鉄鉱石が豊富だった。　　・五大湖の水運が利用できた。　(c)　サンベルト　(9)　(a)　イ　(b)　初期の貿易は，

需要の高かった生糸を中心に輸出超過となった。国内では，品不足に加えて，金銀比価の違いから金が大量に流出したこともあり，物価高騰を招くとともに，安価な綿織物の流入により，国内産業に打撃を受けた。 (10) (a) ・審査法…官吏を国教徒に限定する。 ・人身保護法…不当な逮捕・投獄を禁じる。 (b) ウォルポール

(c) ロシアの南下を警戒したイギリスは，南アフリカ戦争中で兵力を東アジアに割くことが出来なかったことから，対ロシア強硬策で朝鮮での権益を強めようとしていた日本との思惑が一致した。(86字)

(d) 四カ国条約

〈解説〉(1) メルカトル図法による地図の特徴は，経緯線が直交するように編集されていること，それによって高緯度ほど面積が拡大して表現されることである。 (2) アメリカ大陸の気候は西側が乾燥しており，東側は雨が多いという特徴がある。また，五大湖の周辺の地域は冬と夏，朝と晩の気温差が激しいのも特徴である。 (3) イとウはともに海岸線沿岸に位置しており，沖合に寒流が流れていること，海水温が低く上昇気流が発生しにくいという特徴がある。 (4) 沈水作用とは，海面の上昇や陸地の沈降などにより，陸地が沈水すること。この作用によって形成された代表的な例がリアス海岸である。 (5) 北部と南部で対立していたラゴスでは，政府機関が新しくできた首都に移るという大移動が起こった。 (6) コロンブスは赤道付近で東西へ吹く風である北東貿易風を利用して航海をした。 (7) (a) 地球上にはプレート同士が狭まる境界，広がる境界，ずれる境界の三種類があり，そのうち広がる境界において大地の裂け目(ギャオ)がみられる。

(b) ヨーロッパの地中海性気候の地域には，地中海の中部から東部の海岸地方に向かって，シロッコと呼ばれる暖かい南または南東風(高湿高温な風)が吹く。 (8) (a) 「滝線都市」と呼ばれる諸都市は，滝線に沿って発達しており，河川交通の終点となっている。また，滝の落差を利用して水力に依存した繊維や製粉などの工業が発達する。

(b) 五大湖周辺にはメサビ鉄山とアパラチア炭田があり，五大湖の水運を利用してこれらの資源を容易に輸送できたため，工業都市が発展

した。　(c)　1970年代以降の工業の変化に伴い，サンベルトと呼ばれる工業地帯が形成された。旧来の農業に加えて，近年，石油・軍事・電子工学・不動産・レジャーなどの産業が進出している。

(9)　(a)　日米修好通商条約では，日米和親条約によって開港された下田，箱館(函館)の他に兵庫，長崎，新潟，神奈川(横浜)が開港された。

(b)　安政の五カ国条約は，アメリカ，イギリス，フランス，ロシア，オランダと結んだ通商条約で，相手国には領事裁判権を認めながら日本の関税自主権は認められないという不平等条約であった。

(10)　(a)　議会は，カトリックを復興させようとした国王チャールズ2世に対抗し，官吏登用はイギリス国教会の信者に限定するという審査法を制定した。人身保護法は，不当な逮捕や投獄を禁ずるものである。

(b)　ホイッグ党の党首であるウォルポールは，1721年に史上初の責任内閣の首相となった。　(c)　日英同盟は，ロシアの南下政策を警戒するイギリスと，対ロシア強硬策を推し進めていた日本とで，利害が一致したことによって締結され，イギリスは日本の軍事力を期待し，日本は朝鮮における権益を強めようと画策した。　(d)　四カ国条約とは太平洋の島嶼に関する条約のこと。この第4条により日英同盟の終了が宣言された。

【3】(1)　①　「世界史A」，「世界史B」　　②　「日本史A」，「日本史B」，「地理A」，「地理B」　　(2)　①　自然環境　　②　基本的技能
(3)　①　多様性・複合性　　②　歴史的思考力　　(4)　・歴史を考察する技能　　・考察した結果を表現する技能　　(5)　(2)　中世の日本と東アジア…ウ　　(3)　近世の日本と世界…エ　　(6)　①　歴史的背景　　②　地理的認識　　(7)　自然，政治，経済，文化　から2つ
〈解説〉学習指導要領関連の問題については，各教科や科目に関する出題が頻出だが，各教科・科目がどのように位置付けられているか広い視野で捉えておく必要がある。また，教科・科目自体の目標や内容についても留意してほしいのが，高等学校学習指導要領の改訂(平成30年3月告示)である。今回の改訂を受けて学習指導要領関連の出題傾向が変

化することが予想される。改訂後の新科目の設置に伴い，新科目の性格や詳細について現行学習指導要領との比較を通じて，より深い理解を目指してほしい。

公 民 科

【1】(1) ① 個人　② 自由　③ 公共の福祉　(2) 言論・表現の自由　(3) 消費者教育を受ける権利　(4) アラブ革命　(5) ウ　(6) ① 陪審制　② 参審制　(7) ・住民自治…地域住民の意思にもとづき，住民によってなされる地方自治体の運営。・団体自治…地方自治体が国から独立をしてその地域の政治を行う。(8) ① 5　② 有効投票総数　③ 公費　(9) 小党乱立による政局不安定を招きやすいこと。(21字)

〈解説〉(1)　プライバシーの権利や自己決定権などの「新しい人権」を認める際の根拠となっている条文でもある。　(2)　「4つの自由」は民主主義の根幹をなすものとして提唱された。　(3)　4つの権利とは「安全である権利」，「知らされる権利」，「選択できる権利」，「意見が反映される権利」のこと。　(4)　「アラブ民主革命」ともいわれる。2010年12月に始まったチュニジアのジャスミン革命を契機にアラブ諸国へ波及した。　(5)　アは1960年の新安保条約調印，イは同年の「所得倍増計画」の決定，エは1972年の日中共同声明に関わった内閣。(6)　①　事件ごとに選任され，有罪か無罪かの決定を行うが，量刑の判断は裁判官が行う制度。　②　任期制で選任され，有罪か無罪かの決定だけではなく量刑の判断も裁判官とともに行う制度。　(7)　「住民自治」は日本国憲法第93条や第95条，「団体自治」は憲法第94条で具体的に規定されている。　(8)　政党助成法第2条および第3条を参照。(9)　長所は，死票が少ないことと，得票数に応じた公平な議席配分が可能になるため，多様な民意を反映しやすい点であることもおさえておきたい。

【2】(1)　ジェノサイド(集団殺害)罪や人道に対する罪，重大な戦争法規違反といった国際法上の犯罪をおかした個人を裁く，常設の国際裁判所。(62字)　　(2)　住民基本台帳をネットワークでむすび，住民コードなどにより，全国共通の本人確認を可能にするシステム。(49字)

(3)　(A)　健常者・障がい者を問わず，すべての人が使いやすいように設計されたデザイン。　　(B)　環境に「やさしい」商品を購入したり，環境保全に配慮している企業かどうかをチェックしたりする消費者のこと。

〈解説〉(1)　国際刑事裁判所は個人の国際犯罪，国際司法裁判所は国家間の紛争を裁く機関である。　　(2)　氏名，住所，生年月日，性別の基本4情報および住民票コード等が保有されている。　　(3)　(A)　高齢者や障がい者などの生活に差し障りになるような障壁を除去する取り組みは「バリアフリー」という。　　(B)　「環境を大切にする消費者」と訳される。

【3】(1)　洞窟の比喩　　(2)　三位一体説　　(3)　あらゆるものには本来的に仏たる本性があるということ。(26字)　　(4)　修証一等

(5)　経世済民　　(6)　観察や実験によって個別的な事実を集め，それらを比較・考察して，一般的な法則や原理を導く方法。(46字)

(7)　リヴァイアサン　　(8)　フーコー　　(9)　リヴィング-ウィル

〈解説〉(1)　洞窟の中で壁に向かって座らされている囚人が，背後の光が目の前の壁に映しだす事物の影を実在と思いこむ状況を想定した比喩。　　(2)　三位一体説は，アウグスティヌスによって確立された教義である。　　(3)　天台宗では，山や川などの国土や草木なども仏性を持つとされている。　　(4)　「修」は座禅の修行，「証」は悟りを意味する。

(5)　中国の古典にみられ，「経済」の基となった用語。　　(6)　一方デカルトは，誰もが疑いようのない確実な真理から理性的な推理を重ねることで，個々の事実を説明する「演繹法」を主張した。　　(7)　『旧約聖書』の「ヨブ記」に登場する巨大な怪物の名。王権を象徴する王冠をかぶり，右手に地上の権力を表す剣，左手に教会権力を表す杖を持

っている。　(8)　『狂気の歴史』，『監獄の誕生』などを著した。

(9)　英語ではliving willで，「生前の意思」という意味を持つ。

【4】(1)　ア　　(2)　生産規模が大きくなると，単位当たりのコストが安くなること。(29字)　　(3)　管理価格　　(4)　イ　　(5)　GDPは市場で取引されている財・サービスの総量を示したものであり，社会全体からみれば，その生活水準の一部を示しているにとどまるため。(66字)　　(6)　物価の下落と不況の進行が悪循環しながら進行する状態。(26字)　　(7)　エ　　(8)　400万円

〈解説〉(1)　イはフリードマンの主張，ウは社会主義経済の根本理念，エは自由主義経済を推し進めることで財政規模を縮小させる政府のこと。　　(2)　「規模の経済」は大規模な工場を持つ大企業がとる方法であり，大企業による資本の集中が進む要因のひとつ。　　(3)　「価格支配力のある企業」のことをプライスリーダーともいう。不況時でも価格が下がりにくくなるなどの要因となる。　　(4)　アは独占や寡占の説明，ウは公共財の特徴，エは逆選択の説明である。　　(5)　国内総生産(GDP)は，国内で一年間に生産され，市場で取引された財・サービスの合計金額から中間生産物を差し引くことで算出されるので，市場で取引されない余暇や家事労働などは反映されず，一方で戦争による軍事支出などは増加要因となる。　　(6)　「スパイラル」とはらせんのこと。　　(7)　所得再分配効果の大きさは，累進課税制度により得られる特徴でもある。　　(8)　信用創造後の預金総額は，「当初預金÷支払準備率」で求められる。本問の場合は100〔万円〕÷0.2＝500〔万円〕となり，ここから当初預金額である100万円を引いた額が創造額となる。

【5】(1)　ア　　(2)　エ　　(3)　経済連携協定

〈解説〉(1)　イ　カロリーベースでの食料自給率は40％を切っている(平成29年度，農林水産省)。　ウ　1995年からミニマムアクセス(最低輸入量)を受け入れる代わりに関税化を免れたが，1999年からは関税化を受け入れた。　エ　旧法では政府米がコメの流通の中心だったが，新

食糧法では自主流通米が中心になった。　(2)　円高になるのは円の需要が上がるとき。アやイは円の価値が下がるため，ウは原油購入用の外貨を得る目的で円を売るため，円需要が下がる要因となる。

(3)　環太平洋経済連携協定(TPP)もそのひとつである。

【6】(1)　①　法や規範　　②　日本国憲法　　③　人間の尊厳
(2)　①　自己の生き方　　②　国際社会　　(3)　①　情報通信ネットワーク　　②　情報モラル　　(4)　持続可能な社会の形成が求められる現代社会の諸課題を探究する活動。　　(5)　公害防止と環境保全，消費者に関する問題も扱うこと。

〈解説〉「高等学校学習指導要領」の「第2章　各学科に共通する各教科　第3節　公民」を参照のこと。学習指導要領に関する出題は，基本的に用語や文言に関する抜粋が頻出である。しかし，本問の(4)や(5)のような記述式の出題例もあるため，ただ文言を暗記するのではなく，文言を理解し，学習指導要領が何を求めているのか，何に注意を促しているかを正確に把握する必要がある。なお，平成30年3月告示の新高等学校学習指導要領では，現行の学習指導要領と比べ内容が大きく改訂されている。今後は新学習指導要領からの出題の可能性が考えられるので，早めに入手し改訂点を中心に確認しておくことが必要であろう。

2018年度 ┃ 実施問題

中 学 社 会

【1】略地図と資料を見て，(1)～(5)の問いに答えなさい。

(1) 略地図中①の緯線が通るA国の国名を書きなさい。また，略地図中①の緯線の緯度に最も近いわが国の半島はどれか，下のア～エから1つ選び，記号で書きなさい。

略地図

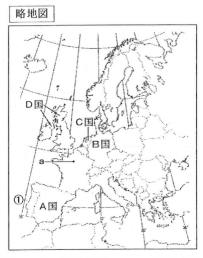

ア　積丹半島　　イ　男鹿半島　　ウ　牡鹿半島　　エ　能登半島

(2) 略地図中B国にヨーロッパ最大の工業地域ができた主な要因は何か，具体的に2つ書きなさい。

(3) 略地図中B国などで行われている混合農業とは，どのようなものか，簡単に説明しなさい。

(4) 略地図中aのパリ盆地などでみられる地形で，地盤の差別侵食により生じ，一方が急崖を，他方が緩斜面をなす非対称の丘陵を何というか，カタカナ3字で書きなさい。

(5) 資料は，2014年におけるX〜Z国の貿易依度とそれぞれの国の輸出・輸入額の上位5か国を示したものである。X〜Zにあてはまる国名をそれぞれ書きなさい。ただし，X〜Zは，略地図中のB〜D国を示している。

資料

国　名	X		Y		Z	
貿易依存度 (%)	輸　出	輸　入	輸　出	輸　入	輸　出	輸　入
	16.0	22.2	65.3	57.8	38.6	31.3
貿易相手先 1 位	Z	Z	Z	Z	フランス	Y
2 位	アメリカ合衆国	中国	ベルギー	中国	X	フランス
3 位	Y	Y	X	ベルギー	Y	中国
4 位	スイス	アメリカ合衆国	フランス	アメリカ合衆国	アメリカ合衆国	ベルギー
5 位	フランス	フランス	イタリア	X	中国	イタリア

※貿易依存度は，ＧＤＰに対する輸出額及び輸入額の割合を示している。　　（「世界国勢図会」2016/17年版より作成）

(☆☆☆◎◎◎)

【2】次の(1)〜(7)の問いに答えなさい。

(1) 木曽川・長良川・揖斐川が合流する濃尾平野では，水害を防ぐために周囲を堤防で囲んだ集落がつくられた。これを何というか，書きなさい。

(2) 大都市の都心部で住宅環境が悪化し，夜間人口が減って近隣関係などが崩れ，行政区の存立が危うくなるような地域が生まれる問題を何というか，書きなさい。

(3) 国家の三要素とは何か，すべて書きなさい。

(4) ケッペンの気候区分におけるサバナ気候(Aw)とステップ気候(BS)にみられる植生の違いについて説明しなさい。

(5) 著書『人口論』において，人口は等比級数的に増加するが，食糧生産は等差級数的にしか増加しないため，過剰人口による食糧不足が発生し，貧困と悪徳が蔓延すると警告したイギリスの経済学者は誰か，書きなさい。

(6) 養殖(養殖業)と栽培漁業の違いについて説明しなさい。

(7) 国土地理院発行の2万5千分の1の地形図において，土地の高低や起伏などを表すために用いられている等高線のうち，計曲線，主曲線はそれぞれ何mごとに引かれているか，書きなさい。

(☆☆☆◎◎◎)

【3】次の文を読んで，(1)～(3)の問いに答えなさい。

A　科学の進歩により，2003年には①人間の遺伝子情報の全体の解読が完了した。

B　大量消費の使い捨て社会を克服するために，②「三つのR」が進められている。

C　③自民族の文化を絶対視して他民族の文化を劣ったものとする考え方が，様々な民族の対立や争いを引き起こす原因の1つになっている。

---

(1)　文中の下線部①は，一般に何とよばれているか，カタカナで書きなさい。

(2)　文中の下線部②にある「三つのR」とは何か，すべてカタカナで書きなさい。

(3)　文中の下線部③は何とよばれているか，カタカナで書きなさい。

(☆☆☆○○○○○)

【4】次の文を読んで，(1)～(4)の問いに答えなさい。

　第二次世界大戦後，我が国では①日本国憲法が成立した。この憲法は，国民主権・②基本的人権の尊重・③平和主義の三つの基本原則から成り立っている。なお，憲法は国民の権利だけでなく，国民の義務についても言及し，④子どもに普通教育を受けさせる義務などの「三大義務」を定めている。

---

(1)　文中の下線部①に関して，日本国憲法が公布された年月日を書きなさい。

(2)　文中の下線部②に関して，(a)・(b)に答えなさい。

(a)　次のア～キのうち，日本国憲法に明確に規定されていないものはどれか，すべて選び記号で書きなさい。

　　ア　普通選挙の保障　　イ　検閲の禁止

　　ウ　幸福追求権　　　　エ　日照権

オ　知る権利　　　　カ　国家賠償請求権

キ　自己決定権

(b)　次の条文は日本国憲法第12条である。(A)〜(C)にあてはまる語句を入れ，文を完成させなさい。

> この憲法が国民に保障する自由及び権利は，国民の(A)によつて，これを保持しなければならない。又，国民は，これを(B)してはならないのであつて，常に(C)のためにこれを利用する責任を負ふ。

(3)　文中の下線部③に関連して，我が国では1971年に衆議院で非核三原則を決議した。非核三原則とは何か，「核兵器を・・・」に続く形で書きなさい。

(4)　文中の下線部④に関して，子どもに普通教育を受けさせる義務以外にどのような義務があるか，すべて書きなさい。

(☆☆☆○○○○○)

【5】次の(1)〜(4)の問いに答えなさい。

(1)　1973年頃，石油危機をきっかけに，日本経済はスタグフレーションに見まわれた。このスタグフレーションとはどのような状況のことか，説明しなさい。

(2)　資本主義を発展させるのはイノベーションであり，それを可能にするのは大胆な企業家精神であると説いた経済学者は誰か，書きなさい。

(3)　財政の持つ三つの機能のうちの一つである「財政が自動的に景気を調節する働き」のことを何というか，カタカナで書きなさい。

(4)　A国の本年度の名目国内総生産は420兆円，前年度の名目国内総生産は400兆円であった。このときの1年間の物価変動率が＋5％であるとするならば，実質経済成長率はいくらになるか，書きなさい。

(☆☆☆○○○○○)

【6】 次の文を読んで，(1)〜(4)の問いに答えなさい。

> 桓武天皇は仏教政治の弊害を改め，天皇権力を強化するために，784年，平城京から長岡京に遷都したが，①794年，平安京に再遷都した。
>
> また，東北地方を朝廷の勢力下におくため，②坂上田村麻呂を中心とした大軍を送り，ついには蝦夷の族長阿弖流為を帰順させた。
>
> さらに，桓武天皇は，積極的に③政治改革を進めるとともに，最澄や空海らの新しい仏教を支持した。
>
> なお，桓武天皇の改革は平城天皇・嵯峨天皇にも引き継がれたが，この間に④藤原氏の北家が天皇家との結びつきを強めて，しだいに勢力をのばした。

(1) 文中の下線部①の頃から9世紀末までに栄えた文化を何というか，書きなさい。

(2) 文中の下線部②に関して，坂上田村麻呂が任命された役職名を何というか，書きなさい。また，802年，坂上田村麻呂によって新たに東北地方に築かれた鎮守府名を何というか，書きなさい。

(3) 文中の下線部③に関して，桓武天皇はそれまでに定められていなかった令外官とよばれる新しい宮職を設けた。その1つである勘解由使の職務内容について説明しなさい。

(4) 文中の下線部④に関して，858年に天皇の外祖父として臣下ではじめて摂政になった人物は誰か，書きなさい。

(☆☆☆◎◎)

【7】 次の史料は日米間で結ばれた条約の一部である。この史料を見て，(1)〜(4)の問いに答えなさい。

第三条　下田、箱館港の外、次にいふ所の場所を左の期限より開くべし。

①神奈川　……　西洋紀元千八百五十九年七月四日

……神奈川港を開く後六ヶ月にして下田港は鎖すべし。

此箇条の内に載たる各地は亜墨利加人に居留を許すべし。

……双方の国人、品物を売買する事総て障りなく、其払方等に付ては日本役人これに立会はず。

第六条　②日本人に対し法を犯せる亜墨利加人は、亜墨利加コンシュル裁断所にて吟味の上、亜墨利加の法度を以て罰すべし。

亜墨利加人へ対し法を犯したる日本人は、日本役人糺の上、日本の法度を以て罰すべし。

（『大日本古文書　幕末外国関係文書』より）

(1)　この条約を結ぶために，アメリカの総領事として来日した人物は誰か，書きなさい。

(2)　史料中の傍線部①に関して，下田，箱館，神奈川県以外に開かれた港をすべて書きなさい。

(3)　この条約をきっかけに貿易が開始されたが，貿易は日本の大幅な輸出超過となり，物価が高騰した。幕府は貿易を統制するために，生糸・水油などについては必ず江戸の問屋を経て輸出するように命じた。このことを何というか，書きなさい。

(4)　日本はこの史料と同じような内容の条約を諸外国とも結んだ。明治維新後，史料中の傍線部②のような不平等な内容を改正することをめざして，外国要人接待の社交場として1883年，東京日比谷に建設された建築物の名称を漢字で書きなさい。

(☆☆☆◎◎◎)

【8】中国に関する次の文を読んで，(1)～(4)の問いに答えなさい。

> A　フビライは①大都に都を定め，南宋を滅ぼし，日本にも遠征
> 軍を送った。
> B　洪武帝は，海禁政策をとって政府の管理する朝貢貿易を推進
> した。日本も朝貢を行い，勘合貿易を始めた。
> C　文帝の子(　②　)の時代，江南と華北を結びつける大運河が
> 建設されたが，農民への負担が大きく，高句麗遠征の失敗を
> きっかけに各地で反乱が起こった。
> D　イギリス，インド，中国の三角貿易によって，大量の銀が国
> 外に流出するようになると，皇帝は林則徐を広州に派遣して
> アヘンの取締りにあたらせた。しかし，これに反発したイギ
> リスは海軍を派遣し，戦争を起こした。
> E　中国を統一した始皇帝は，郡県制を全国に施行し，度量衡や
> 文字の統一を図るとともに③思想統制を行って皇帝権力の絶対
> 化と中央集権化をおしすすめた。

(1)　文中の下線部①は，現在の何という都市のことか，都市名を書き
なさい。

(2)　文中の(　②　)にあてはまる人物は誰か，書きなさい。

(3)　文中の下線部③に関して，「史記」には「医薬・占い・農業関係
以外の書物をすべて焼き，数百人の儒者を穴に埋めて殺害した」と
ある。このことを何というか，書きなさい。

(4)　A～Eの文を年代の古い順に並べかえて，記号で書きなさい。

(☆◎◎◎)

【9】中学校学習指導要領「第2章　各教科」「第2節　社会」の内容につ
いて，次の(1)・(2)の問いに答えなさい。

(1)　次の文は，「第2　各分野の目標及び内容」〔地理的分野〕〔歴史的分
野〕〔公民的分野〕の「1　目標」の一部である。(　①　)～(　⑨　)
にあてはまる語句を書きなさい。

> 〔地理分野〕　1　目標
>
> (3)　大小様々な地域から成り立っている日本や世界の諸地域を比較し（　①　）考察し，それらの地域は相互に関係し合っていることや各地域の特色には（　②　）と（　③　）があること，また，それらは諸条件の変化などに伴って変容していることを理解させる。
>
> 〔歴史的分野〕　1　目標
>
> (4)　（　④　）の歴史や具体的な事象の学習を通して歴史に対する興味・関心を高め，様々な資料を活用して歴史的事象を（　⑤　）・（　⑥　）に考察し公正に判断するとともに適切に表現する能力と態度を育てる。
>
> 〔公民的分野〕　1　目標
>
> (2)　民主政治の意義，国民の生活の向上と（　⑦　）とのかかわり及び現代の社会生活などについて，（　⑧　）とのかかわりを中心に理解を深め，現代社会についての（　⑨　）の基礎を養うとともに，社会の諸問題に着目させ，自ら考えようとする態度を育てる。

(2)　次の文は，「第3　指導計画の作成と内容の取扱い」の「1　指導計画の作成上の配慮事項」の一部である。（　①　）～（　③　）にあてはまる語句を書きなさい。

> (1)　小学校社会科の内容との関連及び各分野相互の（　①　）を図るとともに，地理的分野及び歴史的分野の基礎の上に公民的分野の学習を展開するこの教科の（　②　）に留意して，全体として（　③　）が達成できるようにする必要があること。

(☆☆☆◎◎◎)

地 理 ・ 歴 史

【1】次の文章を読んで，(1)〜(17)の問いに答えなさい。

　大航海時代にいち早く世界貿易に進出したのは，_aスペインと_bポルトガルであったが，17世紀前半には，スペインからの独立をはたした_cオランダが，ジャワ島の（　①　）を拠点にして，モルッカ諸島を中心とする_d東南アジアの香辛料をほぼ独占した。しかし，17世紀後半にイギリスとフランスがそれぞれ重商主義政策をとり，武力による権益の拡大をはかると，オランダの商業覇権は衰退した。

　_eイギリスは，1623年の（　②　）事件以後は_fインド貿易に力を注ぐとともに，北米にも進出した。18世紀になると，イギリスは_gフランスと激しい植民地争いを行ったが，ヨーロッパでの_h七年戦争と並行して，北米で起こったフレンチ＝インディアン戦争とインドで起こった（　③　）において，イギリスの勝利が確定した。

　こうして広大な_i植民地を手に入れたイギリスでは，18世紀後半から世界最初の産業革命が始まった。_j木綿工業の分野で技術革新が進むと，動力においてもワットが蒸気機関を改良したことから_k交通機関の発達も進み，大量の原料や製品，人間の輸送が可能になった。産業革命により，_l都市の人口が急速に増え，工業都市が成立するとともに，_m労働問題も起こるようになると，政府は力で押さえ込む一方で，_n工場法を制定したり，海外植民地に移民を送り出すことで，貧困や犯罪などの社会問題を解決しようとした。

　七年戦争後，イギリスが莫大な戦債を北米の13植民地への課税で賄おうとすると，13植民地はこれに反対し，1775年にはアメリカ独立戦争に発展した。1783年の（　④　）条約によりアメリカの独立が認められると，1787年には合衆国憲法も制定された。さらに_o19世紀初めからは領土の拡大も進み，（　⑤　）との戦争の結果，1848年にカリフォルニアを獲得すると，アメリカ合衆国の領土は_p太平洋岸にまで達した。

(1)　文中の（　①　）〜（　⑤　）にあてはまる語句を答えなさい。

(2)　下線部aについて，16世紀末の日本において，この国のある船の乗組員による発言が，豊臣秀吉による26聖人殉教につながった。何という船か，船名を答えなさい。

(3)　下線部bについて，16世紀中頃，ポルトガル人が日本に伝えたとされる火縄銃は，その伝来地名をとって当時何と呼ばれたか，答えなさい。

(4)　下線部cについて，江戸時代，オランダ商館長は長崎に入港の際，幕府から海外情勢をまとめた報告書の提出を求められていた。この報告書を何というか，答えなさい。

(5)　下線部dについて，江戸時代初期，この地域に数多くの日本町がつくられた。このうち，山田長政が活躍した日本町の名はどれか，ア～エから1つ選びなさい。

ア　アユタヤ　　イ　トンキン　　ウ　ツーラン
エ　プノンペン

(6)　下線部eについて，江戸初期の日本において，この国出身で徳川家康の外交顧問を務めた人物は誰か，答えなさい。なお，解答は日本名，イギリス名のいずれでもよい。

(7)　下線部fについて，明治後期，この国からのある輸入品が徳島の経済に影響を与えた。ある輸入品とは何か，答えなさい。

(8)　下線部gについて，日本の化政期の浮世絵が，この国を中心とする印象派と呼ばれた画家たちに影響を与えたといわれている。化政期の浮世絵として誤っているものはどれか，ア～エから1つ選びなさい。

ア 　イ 　ウ 　エ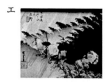

(9)　下線部hについて，オーストリア継承戦争からこの戦争が始まる直前までの経過を，敵対していた主要な2つの国名とそれぞれの君主名，争点となった地域，外交政策の転換なども考慮に入れて，説

326

明しなさい。

(10)　下線部iについて，(a)・(b)に答えなさい。

(a)　かつては列強の植民地において現地人や黒人奴隷を労働力として利用した農業で，植民地から独立した現在でも安価な労働力を用いて行っている，商品作物を単一耕作する農業を何というか，答えなさい。

(b)　東南アジアにおいても，植民地支配されていた宗主国の政策によって商品作物の栽培が進んだ。そのうちマレーシアでは近年，天然ゴムから油ヤシへの転作が進んでいるが，その理由を2つ以上の側面から説明しなさい。

(11)　下線部jについて，(a)〜(c)に答えなさい。

(a)　日本において，木綿(綿布)が大量に輸入されはじめ，以後人々の衣料として普及していくのは何時代か，答えなさい。

(b)　1883年に操業する日本最初の大規模機械制紡績会社の名称を答えなさい。

(c)　木綿工業が成立した産業革命発祥の地とされるイギリスの工業地域の名称と，その中心都市の名称を答えなさい。

(12)　下線部kについて，交通機関の発達はグローバル化をもたらした大きな要因となっている。特に航空交通の発達は時間距離の短縮を実現し，地球を一体化させた。世界各地の都市に路線を持ち，その地域の拠点となる巨大な空港のことを何というか，答えなさい。

(13)　下線部lについて，(a)〜(c)に答えなさい。

(a)　産業革命期の工業都市の多くは原料産地の近くに立地したが，時代とともに立地の優位性は失われ，多くの地域で立地移動が起こっている。次の世界の工業都市のうち，立地移動によって成立した新しい工業都市はどれか，ア〜エから1つ選びなさい。また，その都市の工業立地の型を答えなさい。

ア　エッセン　　イ　メス　　ウ　ボルティモア
エ　ピッツバーグ

(b)　大都市では近年，都心部の渋滞緩和や環境保護の観点から，自

動車交通と鉄道交通を組み合わせた輸送方式が取り入れられてき
ている。これを何というか，答えなさい。

(c)　かつて先進国の大都市でも住環境が劣悪な地域が形成され，人
口の郊外流出が進んだ時期があった。一方近年は，再開発によっ
て活性化・高級化されているところも多い。このような現象を何
というか，答えなさい。

(14)　下線部mについて，明治後期の日本において労働組合を結成し
ようとする動きがあったが，このことに最も関係の深い人物は誰か，
ア～エから1つ選びなさい。

ア　賀川豊彦　　イ　高野房太郎　　ウ　田中正造

エ　小林多喜二

(15)　下線部nについて，日本でも1911年に「工場法」が制定されるが，
この工場法にはどのような問題点があったか，2つ挙げなさい。

(16)　下線部oについて，(a)・(b)に答えなさい。

(a)　この時期にはラテンアメリカで独立運動が相次いだ。このとき
の動きについて述べた次の文のうち，誤っているものはどれか，
ア～エから1つ選びなさい。

ア　オーストリアの外相メッテルニヒは，独立運動に反対した。

イ　イギリスの外相カニングは，市場の開拓を狙って独立を支持
した。

ウ　アメリカの大統領ジェファソンは，相互不干渉を発表した。

エ　独立運動の中心となったのは，現地生まれの白人であるクリ
オーリョであった。

(b)　この時期，エジプトではナポレオンのエジプト遠征後の混乱の
中，ある人物がエジプト総督となり，富国強兵を強力におしすす
めるとともに，シリアの領有権を求めて2度にわたってオスマン
帝国と戦い，勝利をおさめた。ある人物とは誰か，答えなさい。

(17)　下線部pについて，この後アメリカは江戸幕府に開国を迫るよう
になるが，通商を目的とする以外の理由として，代表的なものを2
点挙げなさい。

(☆☆☆◎◎◎◎)

【2】 次の文を読んで，(1)～(14)の問いに答えなさい。

　インド洋周辺は，西はアフリカ大陸から西アジア，南アジア，東南アジアの広大な地域に囲まれており，_a多様な自然環境がみられるとともに，_b鉱産資源も豊かである。この地域は気候の影響もあり，早くから「海の道」として利用されてきた。

　_c1～2世紀には_dローマ帝国と中国の_e後漢との間で，8世紀にはイスラーム帝国と中国の_f唐との間で交易が盛んに行われた。10世紀に北アフリカに(①)朝が成立すると，繁栄の中心がアッバース朝の都(②)から(①)朝の都となったカイロに移り，環インド洋交易圏は_g紅海－カイロを通じて地中海交易圏と一層強く結びついた。一方，中国でも宋代になると商品経済が急速に発展して東アジア交易圏を作り出し，東南アジアをなかだちとしてインド洋交易圏と東アジア交易圏とが一体化していった。13世紀には，モンゴル帝国が太平洋からペルシア湾に及ぶ領域を支配し，_h南宋を征服した_i元はアジアの海域に進出し，ムスリム商人を活用して_j海上ルートの交易を促進させた。当時この海上ルートを利用した人物には，『世界の記述』で知られるマルコ＝ポーロや，『三大陸周遊記』で知られる(③)がいる。_k大航海時代がはじまり，15世紀末にコロンブスやヴァスコ＝ダ＝ガマらによって_l「新大陸」やインド航路が開拓されると，16世紀以降ヨーロッパ勢力も複数の大陸間での貿易に参入するようになり，すべての大陸が_m地球規模での貿易を通して深くつながるようになっていった。

(1)　文中の(①)～(③)にあてはまる語句を答えなさい。

(2)　下線部aについて，(a)・(b)に答えなさい。

　(a)　次の $\boxed{A}$ ～ $\boxed{C}$ の島のうち，インド洋に面し，熱帯気候が見られる島はどれか，記号で答えなさい。また，その島の名称を答えなさい。　注：縮尺は同一ではない

(b)　次の雨温図は，ほぼ同緯度に位置するバンコクとヤンゴンのも
のである。この2都市の降水の季節的変化について，類似点と相
違点を書きなさい。なお，相違点については，そのような違いが
見られる理由も説明すること。

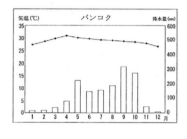
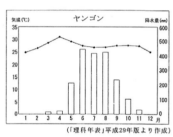

（「理科年表」平成29年版より作成）

(3)　下線部bについて，インドネシアのバンカ島やブリトン島で採掘
され，合金材料としての需用が多い資源は何か，答えなさい。

(4)　下線部cについて，(a)・(b)に答えなさい。

(a)　この時期に西アジアを支配した遊牧イラン人の国で，シルクロ
ードの要所をおさえて中継貿易で繁栄し，中国名で安息と呼ばれ
た国を何というか，答えなさい。

(b)　この時期は日本では弥生時代中・後期にあたる。弥生時代後期
に製作された銅鐸で，徳島県内で発見された中で最も大きいもの
が，徳島市内にある県内最大規模の弥生時代の集落遺跡から出土
した。この徳島市の遺跡の名称を答えなさい。

(5)　下線部dの領土内においてキリスト教が成立し，発展した。4世紀
初めから4世紀末にかけて，キリスト教に対する皇帝の対応がどの
ように変化したか，ユリアヌス帝を除く3人の皇帝名を挙げて，説
明しなさい。

(6)　下線部eについて，この王朝の時代に起こった反乱はどれか，ア
　　～エから1つ選びなさい。

　　ア　陳勝・呉広の乱　　イ　赤眉の乱　　ウ　呉楚七国の乱

　　エ　黄巾の乱

(7)　下線部fに関して，遣唐使について誤っているものをア～エから1
　　つ選びなさい。

　　ア　航路は，新羅との関係悪化が続いたため，北路から南島路，南
　　　　路にかわった。

　　イ　僧玄昉や橘諸兄などのように唐から帰り，政治的に重用された
　　　　人物もいた。

　　ウ　阿倍仲麻呂や藤原清河は帰国できず，唐朝で仕えた。

　　エ　万葉歌人の中には，山上憶良のように入唐した経験を持つ者も
　　　　あった。

(8)　下線部gについて，地中海と紅海を結ぶカイロ近郊の運河の名称
　　を答えなさい。

(9)　下線部hについて，(a)・(b)に答えなさい。

　　(a)　南宗から来日した禅僧で，鎌倉に建長寺を開いた人物は誰か，
　　　　答えなさい。

　　(b)　この時代に朱子(朱熹)が朱子学を体系化したが，江戸初期に日
　　　　本において朱子学を広め，林羅山，松永尺五らの門弟を育てた人
　　　　物は誰か，答えなさい。

(10)　下線部iについて，(a)・(b)に答えなさい。

　　(a)　元代には，銀と兌換が可能な紙幣が発行され，元の主要な通貨
　　　　となった。この紙幣を何というか，答えなさい。

　　(b)　元は東南アジア方面にも遠征軍を送った。当時東南アジアにあ
　　　　った王朝のうち，モンゴル軍を撃退したベトナムの王朝は何か，
　　　　ア～エから1つ選びなさい。

　　　　ア　李朝　　イ　陳朝　　ウ　黎朝　　エ　阮朝

(11)　下線部jについて，東南アジアにおいて海上交通の要衝として発
　　展し，現在でもタンカーなど船舶の通行量が多い国際海峡の名称を

答えなさい。

(12)　下線部kについて，大航海時代には精巧な地図が航海に用いられた。次の世界図を時代の古いものから順に並べたとき，3番目にくるものはどれか，記号で答えなさい。

ア TOマップ
イ メルカトルの世界図
ウ バビロニアの粘土板図
エ プトレマイオスの世界図

(13)　下線部lに関して，15世紀末から16世紀初めにかけて南米を探検し，この大陸がアジアとは別の未知の大陸であることを明らかにしたフィレンツェ生まれの人物は誰か，答えなさい。

(14)　下線部mについて，貿易の推進によって発展してきた国は少なくない。アジアNIEsの1つで，国内市場が小さく資源も少ないが，積極的な外資導入政策によって輸出を推進し，成長を遂げた東南アジアの国はどこか，国名を答えなさい。

(☆☆☆◎◎◎)

【3】高等学校学習指導要領「地理歴史」について，(1)～(7)の問いに答えなさい。

(1)　次の文は，「第1款　目標」である。(　①　)～(　③　)にあてはまる語句を答えなさい。

> 　我が国及び世界の形成の(　①　)と(　②　)の地域的特色についての理解と認識を深め，国際社会に主体的に生き(　③　)国家・社会を形成する日本国民として必要な自覚と資質を養う。

(2)　世界史A「3　内容の取扱い」において「(1)　ア」では，内容の全体にわたって配慮する事項が3つ述べられている。「1の目標に即して基本的な事項・事柄を精選して指導内容を構成する」ことの他にどのようにすることと書かれているか，全て書きなさい。

(3) 次は，世界史Bの「2　内容　(3)諸地域世界の交流と再編」に挙げられている項目名を列挙したものである。(　①　)〜(　③　)にあてはまる語句を答えなさい。

ア　(　①　)世界の形成と拡大

イ　(　②　)世界の形成と展開

ウ　(　③　)の動向と諸地域世界

エ　空間軸からみる諸地域世界

(4) 次の文は，日本史A「2　内容　(2)近代の日本と世界」である。(　①　)〜(　③　)にあてはまる語句を答えなさい。

> 　(　①　)から(　②　)までの政治や経済，国際環境，国民生活や文化の動向について，(　③　)を重視して考察させる。

(5) 日本史Bの「3　内容の取扱い」の「(1)　内容の全体にわたって，次の事項に配慮するものとする。」において，「年表，地図その他の資料を一層活用させる」とともに，何を取り入れるように工夫することとされているか，書きなさい。

(6) 次の文は地理A「3　内容の取扱い」の「(1)　ウ」である。(　　)にあてはまる語句を答えなさい。

> 　地図を有効に活用して事象を説明したり，(　　)を加えて論述したり，討論したりするなどの活動を充実させること。

(7) 次の文は地理Bの「2　内容　(2)現代世界の系統地理的考察」である。(　①　)〜(　③　)にあてはまる語句を答えなさい。

> 　世界の自然環境，資源，産業，(　①　)，生活文化，民族・宗教に関する諸事象の(　②　)やそれらの要因などを系統地理的に考察させるとともに，現代世界の諸課題について(　③　)から理解させる。

(☆☆☆◎◎◎)

公　民　科

【1】次の(1)～(10)の問いに答えなさい。

(1) 次の文は，日本国憲法第16条である。(　①　)～(　③　)にあてはまる語句を答えなさい。

「何人も，損害の救済，公務員の(　①　)，法律，(　②　)又は規則の制定，廃止又は改正その他の事項に関し，平穏に請願する権利を有し，何人も，かかる請願をしたためにいかなる(　③　)も受けない。」

(2) 次の文に該当する人物は誰か，答えなさい。

1985年にソ連共産党書記長となり実権を握ると，ペレストロイカによる一連の政治改革を実施，グラスノスチで言論を活発化させ，冷戦を「新思考外交」で終結させた。1990年に大統領になったが，クーデタにより実権を失い，共産党を解散させた。

(3) 1973年に採択され，絶滅のおそれのある野生動植物の国際取引を規制した条約を何というか，答えなさい。

(4) 人道的な立場から難民を保護し，援助することを任務として，国連総会の決議によって設置された国連の機関を何というか，答えなさい。

(5) 次のできごとを古い順に並べなさい。

ア　日韓基本条約調印　　　イ　日中平和友好条約調印
ウ　沖縄返還協定調印　　　エ　日米相互協力及び安全保障条約調印

(6) 衆議院の優越に関して，衆議院だけに認められている権限を2つ答えなさい。

(7) 政治参加について，日本に関する文として正しいものを1つ選びなさい。

ア　政治資金規正法では，すべての政治献金が禁止されている。
イ　公職選挙法では，レジャーを理由とした期日前投票は認められていない。
ウ　住民は，必要な数の署名をもって，地方議会議員の解職を選挙

管理委員会へ請求することができる。

エ 地方公共団体は，住民の請求を受け法律を制定することができる。

(8) 日本の行政機構については，1999年に中央省庁等改革関連法が成立し，2001年に中央省庁は1府12省庁に再編された。このうち政府内の政策の総合調整をおこなうことを目的に新設された機関は何か，答えなさい。

(9) 多文化主義について，40字～60字で説明しなさい。

(10) 特別国会について，30字～50字で説明しなさい。

(☆☆☆○○○○○)

【2】条約に関して，(A)・(B)のどちらかを選択し，その内容について説明しなさい。

(A) 国連海洋法条約　　(B) 化学兵器禁止条約

(☆☆☆☆○○○○○)

【3】次の(1)～(9)の問いに答えなさい。

(1) ソクラテスは，ただ生きるということではなく，どう生きることが大切だと説いたか，答えなさい。

(2) 刹那的・肉体的な快楽ではなく，永続的・精神的な快楽が魂に煩わしさがないことだとするエピクロス派の理想的境地を何というか，答えなさい。

(3) 親鸞の信仰的立場を示す「自然法爾」について，30字～50字で説明しなさい。

(4) 本居宣長が『源氏物語』を研究する中で着目した「もののあはれ」について，20字～30字で説明しなさい。

(5) 夏目漱石が晩年に理想とした，自我のとらわれを離れ，自然に従って生きようとする境地は何か，答えなさい。

(6) 弁証法の最後の段階で，対立する2つのものを，より高次の次元で統合することを何というか，答えなさい。

(7)　ウィトゲンシュタインは，自著『哲学探究』において，人間の言語活動は生活世界の暗黙のルールに従った活動であるとし，それを何と表現したか，答えなさい。

(8)　自著『孤独な群衆』において，現代の大衆社会では孤立化した人々が，他人の行動を自らの行動基準としていると指摘したアメリカの社会学者は誰か，答えなさい。

(9)　医療の専門家が，職業的な権威によって患者の治療や投薬を一方的に干渉するような態度のことを何というか，答えなさい。

(☆☆☆◎◎◎◎)

【4】次の(1)～(6)の問いに答えなさい。

(1)　日本銀行が外国為替及び外国貿易法の規定に基づき公表している国際収支統計において，海外での子会社や合弁会社の設立など，企業が経営参加を目的として行う海外投資を何というか，答えなさい。

(2)　1976年のIMFの委員会で変動相場制が正式に承認されたが，このときの合意を何というか，答えなさい。

(3)　WTO(世界貿易機関)の協定やGATT(関税と貿易に関する一般協定)の特例として認められているセーフガードについて，50字～70字で説明しなさい。

(4)　可処分所得について，20字～30字で説明しなさい。

(5)　次の図は，ある消費財の市場における需要曲線DDがD'D'に移動したために，均衡価格と均衡数量の組合せを示す点が，AからBに移ったことを示している。このような変化を生じさせる原因の例として適当でないものを，あとのア～エから1つ選び，記号で答えなさい。

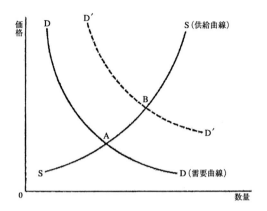

ア　この財をより安く生産できる新技術が導入された。

イ　この財を購入する消費者の所得が増大した。

ウ　この財が健康増進に有益であるという事実が判明して人気が出た。

エ　この財に代替して利用できる製品の価格が上昇した。

(6)　GATT11条国について，20字～30字で説明しなさい。

(☆☆☆☆○○○○○)

【5】次の(1)～(4)の問いに答えなさい。

(1)　大企業と中小企業のように，生産性の高い部門と低い部門が併存している経済の構造を何というか，答えなさい。

(2)　エシカル(倫理的)消費の一つである，地域の伝統的な食文化の継承や，輸送燃料の節約等の目的から，地元で生産されたものを地元で消費しようとする考え方を何というか，答えなさい。

(3)　一人あたりの労働時間を減らして，その分雇用を確保しようとする仕組みを何というか，答えなさい。

(4)　労働組合法では使用者が，団体交渉を拒否したり，労働組合運動を妨害したりすることを禁止しているが，こうした行為を何というか，答えなさい。

(☆☆☆○○○○○)

【6】高等学校学習指導要領「公民」について，(1)～(5)の問いに答えなさい。

(1) 次の文は，「第3　政治・経済」の「1　目標」である。(　①　)～(　③　)にあてはまる語句を答えなさい。

「広い視野に立って，(　①　)の本質に関する理解を深めさせ，現代における政治，経済，国際関係などについて(　②　)的に理解させるとともに，それらに関する諸課題について(　③　)的に考察させ，公正な判断力を養い，良識ある公民として必要な能力と態度を育てる。」

(2) 次の文は，「第1　現代社会」の「2　内容」の(2)の「イ　現代の民主政治と政治参加の意義」である。(　①　)～(　③　)にあてはまる語句を答えなさい。

「基本的人権の保障，国民主権，平和主義と我が国の安全について理解を深めさせ，天皇の地位と役割，(　①　)と権力分立など日本国憲法に定める政治の在り方について(　②　)とのかかわりから認識を深めさせるとともに，民主政治における個人と国家について考察させ，政治参加の重要性と民主社会において自ら生きる(　③　)について自覚を深めさせる。」

(3) 次の文は，「第2　倫理」の「2　内容」の(1)の「現代に生きる自己の課題」である。(　①　)・(　②　)にあてはまる語句を答えなさい。

「自らの体験や悩みを振り返ることを通して，青年期の意義と課題を理解させ，豊かな(　①　)に向けて，他者と共に生きる自己の生き方について考えさせるとともに，自己の生き方が現代の(　②　)と結び付いていることをとらえさせる。」

(4) 「第1　現代社会」の「3　内容の取扱い」(2)のイの(イ)においては，「2　内容」(2)のアの「青年期と自己の形成」について，どのような事項に留意することとされているか，答えなさい。

(5) 「第2　倫理」の「3　内容の取扱い」(2)のイの(イ)においては，「2　内容」(2)のイの「国際社会に生きる日本人としての自覚」につ

いて，どのような事項に留意することとされているか，答えなさい。

(☆☆☆◎◎◎)

解答・解説

中　学　社　会

【1】(1)　国名…スペイン　　記号…イ　　(2)　・ルール炭田から石炭が産出された。　・ライン川の水運に恵まれた。　(3)　農作物の栽培と家畜の飼育を組み合わせた農業。　(4)　ケスタ

(5)　X　イギリス　　Y　オランダ　　Z　ドイツ

〈解説〉(1)　スペイン大陸部は，ユーラシア大陸の南西端にあり，北緯36度0分から北緯43度48分の範囲にある。略地図中の①の緯線は，北緯40度線である。北緯40度の緯線は，スペインのマドリード，トルコのアンカラ，中国の北京を経て，日本では秋田県の男鹿半島を通る。男鹿半島の最北端には，北緯40度のモニュメントが設置されている。なお，アの積丹半島は北緯43度付近，ウの牡鹿半島は北緯38度付近，エの能登半島は北緯37度付近に位置する。　(2)　B国はドイツである。ルール炭田は，ライン川右岸の支流・ルール川流域に広がる大規模な炭田で，面積は約6200km²とされる。そこから産出される豊富な石炭が，ヨーロッパ最大の工業地域の発端となった。また，国際河川であるライン川の水運を，ルール炭田の石炭と鉄鉱石や製品の輸送に利用することができた。これにより，鉄鋼・機械・化学工業が発達した。(3)　混合農業は，ヨーロッパ中緯度地域を中心に行われてきた。これは三圃式農業が発展したもので，小麦・ライ麦などの食用穀物と，大麦・とうもろこしなどの飼料作物を栽培し，牛・豚など肉用家畜を飼育する。農地を区切って輪作・放牧を行い，これにより地力の消耗を

防ぐこともできる。　(4)　ケスタは，傾斜した地層の差別侵食によってできる。構造平野に見られ，代表例はパリ盆地とロンドン盆地である。差別侵食とは，地層が積み重なっている場所で柔らかい地層が風化・浸食を受け，固い地層が残る現象のこと。日本では，宮崎県にある鬼の洗濯岩などが知られている。　(5)　略地図中のB国はドイツ，C国はオランダ，D国はイギリスである。資料中のX国はイギリス，Y国はオランダ，Z国はドイツが該当する。統計によると，イギリスの輸出上位国の比率は，1位ドイツ10.8%，2位アメリカ合衆国10.4%，3位オランダ8.1%となっている。同じく輸入上位国の比率は，1位ドイツ14.9%，2位中国9.0%，3位オランダ7.8%となっている。オランダの輸出上位国の比率は，1位ドイツ25.3%，ベルギー12.9%，イギリス8.9%であり，同じく輸入上位国の比率は，1位ドイツ14.5%，中国12.9%，ベルギー8.4%となっている。ドイツの輸出上位国の比率は，1位フランス9.5%，イギリス7.9%，オランダ6.9%であり，同じく輸入上位国の比率は，1位オランダ13.8%，フランス8.0%，中国6.6%である。

【2】(1)　輪中　　(2)　インナーシティ問題　　(3)　国民・主権・領域　(4)　サバナ気候(Aw)は背丈の高い草原と疎林が広がり，ステップ気候(BS)は背丈の低い草原が広がる。　(5)　マルサス　　(6)　養殖(養殖業)は，魚介類などを人の手で育てて増やす漁業であり，栽培漁業は，魚介類を卵から稚魚になるまで育て，海に放流して，大きくなってから捕獲する漁業。　(7)　計曲線…50m　主曲線…10m

〈解説〉(1)　木曽川・長良川・揖斐川の木曽三川の下流は，しばしば水害に見舞われた。そこで濃尾平野南西部では，輪中堤といわれる堤防を建設し，洪水対策を行ってきた。輪中は，曲輪，輪之内とも呼ばれる。　(2)　インナーシティとは，都市中心部のこと。大都市の中心部では建物の老朽化が進み，住宅環境が悪化。それと共に都心部の人口が減り，コミュニティが崩壊して，地域社会の運営維持が困難になるケースが問題視されている。　(3)　国家が存在するためには，国家の

三要素が必要となる。この場合，国民は国家を構成する人間をいう。主権は，他国の支配・干渉を受けずに独立していることである。また，領域は，領土・領海・領空に分けられる。　(4)　サバナは，アフリカ・スーダン地方で見られた草原と疎林の呼称。草丈の長い草原に，乾燥に強いバオバブやアカシア類などの樹木が，まばらに生える植生である。ステップは，ロシア語で「平らな乾燥した土地」の意味。中央アジアの草原を示すが，現在では草丈の短い草原全般を指す。なお，植生とは，ある地域に生育している植物の集団の状態をいう。

(5)　マルサスは，食糧不足による貧困と悪徳は，一種の自然現象であって資本主義経済の欠陥によるものではないとした。そして，その対策として，結婚年齢の引き上げという道徳的抑制を提言した。

(6)　養殖・栽培漁業は，共に「育てる漁業」であるが，養殖漁業は稚魚などを「いけす」や人工池で大きくなるまで育て，出荷する。栽培漁業は，人工的に育てた稚魚を海に放流し，自然の中で育った魚を大きくなってから漁獲する。なお，栽培漁業において稚魚を育てることを種苗生産，育てた稚魚を海に放すことを種苗放流という。　(7)　計曲線は太い実線，主曲線は細い実線で表される。国土地理院発行の2万5千分の1の地形図では，計曲線は50mおき，主曲線は10mおきに引かれている。なお，5万分の1の地形図では，計曲線は100mおき，主曲線は20mおきに引かれている。

【3】(1)　ヒトゲノム　　(2)　リデュース，リユース，リサイクル
(3)　エスノセントリズム
〈解説〉(1)　ヒトゲノムは，約30億個のDNAの塩基配列に情報として記録されている。ヒトゲノム計画により，ヒトゲノム全体に含まれる遺伝子の数は，約2万から3万個であることが判明した。　(2)　「三つのR」とは，環境の3Rのこと。廃棄物のリデュース＝Reduce(減量)，リユース＝Reuse(再使用)，リサイクル＝Recycle(再資源化)をいう。これに，リフューズ＝Refuse(ゴミの発生を防ぐ)，リペア＝Repair(修理して使うこと)を加えて，環境の5R(五つのR)という場合もある。

(3)　エスノセントリズムは，自民族中心主義を意味し，自民族には肯定的態度を取り，他民族には否定的及び敵対的態度を取る。これが行き過ぎると，ナチスがユダヤ人を迫害したような排外主義に陥る場合がある。

【4】(1)　1946年　11月　3日　　(2)　(a)　エ，オ，キ　　(b)　A　不断の努力　　B　濫用　　C　公共の福祉　　(3)　核兵器をもたず，つくらず，もちこませず　　(4)　勤労の義務，納税の義務

〈解説〉(1)　日本国憲法は，1946年6月25日，改正案が帝国議会に上程されている。4カ月にわたる両議院の審議を経て，10月6日，衆議院において最終的に可決された。日本国憲法の公布は1946年11月3日，施行は1947年5月3日である。なお，11月3日は明治天皇の誕生日(明治節)にあたる。　　(2)　(a)　エの日照権，オの知る権利，キの自己決定権は，新しい人権に含まれる。新しい人権とは，憲法に明確に規定されてはいないが，憲法上の人権として保障されるべき権利である。　　(b)　憲法第12条は，自由権・人権を保持する義務，その濫用の禁止について規定し，第11条・第13条と共に，人権保障の基本原則を定めている条文である。　　(3)　非核三原則は，核兵器を保有することも製造することもせず，もちこむことも許さないとする日本政府の方針である。1967年12月，佐藤栄作首相が国会答弁で述べた。その後，1974年に佐藤首相はノーベル平和賞を受賞したが，受賞理由の1つに日本の非核政策があげられている。　　(4)　国民の三大義務は，日本国憲法で定められている。すなわち，教育の義務(第26条第2項)，勤労の義務(第27条第1項)，納税の義務(第30条)である。

【5】(1)　不況の中で物価が上昇し続けること。　　(2)　シュンペーター　　(3)　ビルト　イン　スタビライザー　　(4)　0%

〈解説〉(1)　持続的な物価上昇をインフレーションと呼ぶが，インフレーションは好況下での現象であることが多い。スタグフレーションは，不況下でのインフレーションを意味する。なお，スタグフレーション

は，スタグネーション(不況)とインフレーションの合成語である。
(2)　シュンペーターの経済理論は，資本主義発展の原動力を，企業家の精神・機能に焦点を当てたところに特色がある。イノベーション(新機軸)の導入が創造的破壊を生み，これが景気循環を生み出す源泉であるとした。　　(3)　ビルト　イン　スタビライザーとは，景気を自動的に安定させるプロセス(装置)のこと。累進課税もその1つで，不況のときには税率が下がって有効需要の減少を抑え，好況のときには税率が上がって景気の過熱を鎮める働きをする。これに対し，政府による景気調整のための財政政策をフィスカルポリシーという。　　(4)　実質経済成長率は，実質国内総生産(GDP)の変化率である。また，実質経済成長率＝名目経済成長率−物価変動率の関係にある。設問の名目経済成長率は，(本年度の名目国内総生産−前年度の名目国内総生産)÷前年度の名目国内総生産×100で算出される。すなわち，(420兆−400兆)÷400兆×100＝5％となる。物価上昇率は＋5％となり，実質経済成長率は5％−5％＝0％となる。

【6】(1)　弘仁・貞観文化　　(2)　役職名…征東大将軍　　鎮守府名…胆沢城　　(3)　国司の交代に際する事務引き継ぎを監督した。
(4)　藤原良房
〈解説〉(1)　弘仁・貞観文化とは，平安前期の約100年間にわたる文化のこと。天平文化と国風(藤原)文化の間で，唐文化の影響を受けながら，日本独自の様式に高めた。特に，密教の興隆を反映し，重厚で神秘的な作風の仏像・仏画が多くつくられた。　　(2)　征夷大将軍は，蝦夷征討のために編成された征討軍の総大将である。後世では，天下の政務を執行する武人出身者に，この称号が与えられた。略して，将軍ともいう。坂上田村麻呂は，平安初期の武将である。蝦夷を征討するにあたり，797年に征夷大将軍となった。その後，802年に胆沢城を造営し，蝦夷地平定に功を残した。京都の清水寺の創建者でもある。　　(3)　勘解由使は平安初期に，地方行政を監査・監督するために設置された。国司交代の際，事務引き継ぎに問題がないとされたとき，信任者が前

任者に与える書類が解由状である。この解由状を提出する際の当否を監督する職として，勘解由使が置かれたのである。国司の不正を防ぐことを目的としたが，鎌倉時代以降は有名無実化した。　(4)　藤原良房は，藤原冬嗣の子である。842年の承和の変で，伴・橘両氏の勢力に打撃を与え，妹順子の産んだ道康親王を即位させて文徳天皇とした。さらに，その妃であった娘明子の産んだ惟仁親王を皇太子とし，857年，人臣最初の太政大臣に就任する。858年，皇太子は即位して清和天皇となる。866年，応天門の変で藤原氏の覇権を確立すると，万機摂行の詔を受け，人臣として初めての摂政となった。

【7】(1)　ハリス　　　(2)　兵庫・長崎・新潟　　　(3)　五品江戸廻送令
(4)　鹿鳴館

〈解説〉　(1)　ハリスはアメリカの外交官で，1854年の和親条約に基づき，1856年に駐日総領事として着任する。1858年，ポーハタン号の艦上で日米修好通商条約の締結に成功し，初代駐日公使となった。

(2)　日米修好通商条約では，兵庫・長崎・新潟が開港となったが，下田は鎖港とされた。このほか，開港場の外国人居留地の設定，江戸・大坂の開市などが認められている。　　(3)　五品江戸廻送令は，1860年に出された貿易統制法令である。幕府は，雑穀，水油，蠟，呉服，生糸の五品は横浜直送を禁じ，江戸問屋経由を命じた。　　(4)　鹿鳴館は，外務卿井上馨の提唱で，旧薩摩藩上屋敷跡に建てられた。風俗習慣を欧化することによって，欧米諸国との条約改正を果たそうというねらいがあった。しかし，卑屈な対外姿勢は世の指弾を受けることになり，1889年に華族会館として払い下げられた。なお，鹿鳴は来客をもてなすことを表す語で，薩摩藩士出身の政治家・中井桜州(弘)が名づけたとされる。

【8】(1)　ペキン　　　(2)　煬帝　　　(3)　焚書坑儒　　　(4)　E→C→A→B→D

〈解説〉(1)　大都は，現在のペキン(北京)である。フビライ＝ハンが1264

年に遷都して，中都から大都と改称した。マルコ＝ポーロの『東方見聞録』などでは，カンバリクと伝えられている。大都は，明の永楽帝によって北京と改称され，明の一時期を除いて，清の滅亡まで中国王朝の都となった。　(2)　煬帝は隋の第2代皇帝で，悪帝として知られる。604年，兄の皇太子楊勇を失脚させて帝位についた。大運河を整備し，吐谷渾や林邑を討伐する。3回の高句麗遠征に失敗し，人民を酷使したため各地で反乱を招き，江都(揚州)で殺害された。なお，日本の厩戸王(聖徳太子)が，遣隋使小野妹子を派遣した相手でもある。

(3)　焚書坑儒は，言論・思想・学問などを弾圧すること。焚は焼く，坑は穴埋め，儒は儒者の意味。始皇帝は，法家による統治を徹底するため，政治に批判的であった儒家の弾圧をはかった。宰相である李斯の献策により，儒家の書籍を焼却し儒家を生き埋めにした。

(4)　Aの南宋の滅亡は，1276年のこと。Bの勘合貿易の開始は，1404年。Cの高句麗遠征の失敗は，614年である。Dのアヘン戦争は，1840年に始まる。Eの焚書坑儒は，前213年の出来事である。なお，Aは元，Bは明，Cは隋，Dは清，Eは秦の時代に起きている。

【9】(1)　①　関連付けて　　②　地方的特殊性　　③　一般的共通性　④　身近な地域　　⑤　多面的　　⑥　多角的　　⑦　経済活動　⑧　個人と社会　　⑨　見方や考え方　　(2)　①　有機的な関連　②　基本的な構造　　③　教科の目標

〈解説〉(1)　〔地理的分野〕の目標(3)は，地域的特色の特質，性格についての考え方を，地理的な見方や考え方を構成する概念と関連付けて示したものである。大小様々な地域については，それぞれの枠組みや規模を踏まえて，適切に取り扱うよう工夫することが大切である。〔歴史的分野〕の目標(4)は，生徒が身に付けるべき望ましい能力と態度について示している。生徒が歴史を主体的に学習し，歴史的事象を多面的かつ多角的に考察すること，公正に判断するとともに適切に表現することの大切さを示している。　〔公民的分野〕の目標(2)は，公民的分野の具体的な学習が，政治に関する学習，経済に関する学習，

社会生活に関する学習であることを示している。個人と社会とのかか
わりについては，社会生活を営む上での基本的な問題として，常にあ
らゆる場で直面せざるを得ない。このため，社会の諸問題に着目させ，
身ら考えようとする態度を育て，公民として必要な基礎的教養を培う
よう指導していく必要がある。　(2)　指導計画の作成においては，他
分野の位置付けや役割に留意し，全体として調和がとれるようにする
必要がある。各分野の有機的な関連を生かすところに社会科の意味が
あるのであり，社会科の基本的な性格をしっかり認識することが大切
となる。

地 理・歴 史

【1】(1)　①　バタヴィア　　②　アンボイナ　　③　プラッシーの戦
い　　④　パリ　　⑤　メキシコ　　(2)　サン＝フェリペ号
(3)　種子島　　(4)　オランダ風説書　　(5)　ア　　(6)　三浦按針(ウ
ィリアム＝アダムズ)　　(7)　藍染料　　(8)　ア　　(9)　オーストリ
ア継承戦争の際プロイセンのフリードリヒ2世がオーストリアからシ
ュレジエンを奪ったため，オーストリアのマリア＝テレジアがシュレ
ジエン奪回を目指し，プロイセンの孤立を目的として長年敵対関係に
あったフランスと同盟した。　　(10)　(a)　プランテーション
(b)　化学合成ゴムの普及にともなう競争の激化と，老木化による生産
性の低下のため。また，油ヤシからとれるパーム油の需要増大のため。
(11)　(a)　室町時代　　(b)　大阪紡績会社　　(c)　工業地域…ランカ
シャー　　中心都市…マンチェスター　　(12)　ハブ空港
(13)　(a)　記号…ウ　　立地型…臨海指向型　　(b)　パークアンドラ
イド　　(c)　ジェントリフィケーション　　(14)　イ　　(15)　・15
名未満の工場は適用外　　・条件つきで14時間労働を認める　　・期限
つきで深夜業を認める　　(16)　(a)　ウ　　(b)　ムハンマド＝アリー
(17)　・捕鯨のための薪水の補給地とするため　　・対中国貿易のた

めの寄港地とするため

〈解説〉(1) ① バタヴィア(現在のジャカルタ)は，オランダ植民地時代の名称である。17世紀初頭に，オランダの東インド会社が商館を置き，アジア進出の拠点とした。その後，オランダ領東インドの首都となった。 ② アンボイナ事件とは，モルッカ諸島のアンボイナ島で起きたイギリスとオランダの紛争である。アンボイナの虐殺ともいう。オランダは，イギリスが日本人傭兵らを利用し，オランダ商館の襲撃を計画しているとの疑いをかけ，イギリス商館員ら20名を殺害した。この中には，日本人9名が含まれている。この事件は，イギリスがインドに拠点を移す契機となった。 ③ プラッシーの戦いとは，イギリス東インド会社軍とフランス・ベンガル地方王侯連合軍との戦いである。イギリスが勝利してフランス勢力をインドから駆逐し，インド支配を確立した。 ④ 1783年のパリ条約は，アメリカ独立戦争の講和条約である。この条約によって，イギリスはアメリカの独立を承認し，ミシシッピ川以東のルイジアナをアメリカに割譲した。 ⑤ アメリカは，アメリカ＝メキシコ戦争の結果，カリフォルニア・アリゾナ方面を獲得し，太平洋から大西洋にまたがる広大な大陸国家を完成させた。 (2) 1596年，スペインのサン＝フェリペ号は，暴風で損傷した船体修理のため土佐の浦戸に漂着する。船荷などの没収を命じた豊臣秀吉は，スペインが日本征服を計画しているとの疑いを抱く。このとき取り調べを受けた水先案内人の「布教は領土獲得の手段」という言葉が，畿内の宣教師・信者26人処刑の契機となったとされる。

(3) 1542年，台風の直撃を受けた南蛮船が種子島に漂着し，乗っていたポルトガル人が領主の種子島時堯に鉄砲を伝えた。時堯は2挺入手し，家臣に使用法と製法を修得させる。これが瞬く間に戦国大名の間で広まり，戦国時代の戦いに大変革をもたらした。 (4) オランダ風説書は，オランダ通詞(通訳)によって訳され，長崎奉行を通じて幕府に差し出された。これは，当時の幕府にとって，唯一の公の海外情報源であり，幕末には書き写されて各藩に広まった。 (5) 日本町は，朱印船貿易の発展に伴い，多くの日本人が集団で住んだ居留地である。

アユタヤは，現在のタイの中部，バンコク郊外に位置する。最盛期には，山田長政以下1500人の日本人がいたとされるが，江戸幕府の鎖国政策後，次第に衰退した。山田長政はアユタヤの日本町の代表として活躍し，シャム王女と結婚したが後に毒殺される。　(6)　ウィリアム＝アダムズ(後の三浦按針)は，オランダ船の航海士でアジア渡航に参加。1600年，現在の豊後付近に漂着し，大坂に送られて徳川家康に謁見する。その後，同僚のヤン＝ヨーステンと共に外交顧問となり，オランダ・イギリスとの貿易や商館設置などを仲介する。　(7)　江戸時代，徳島で行われた藍染めは，徳島藩の保護奨励策によって隆盛し，阿波藍は日本の藍染市場で大きな位置を占めるまでに成長した。その後，明治後期に安価なインド藍や化学染料が大量に輸入される。これによって藍作が急速に衰退し，徳島経済は大きな影響を受ける。阿波藍に代わり，養蚕が広い範囲で行われるようになった。　(8)　アは江戸中期，元禄期の菱川師宣の肉筆浮世絵「見返り美人図」である。浮世絵は，文化文政時代に入ると，鈴木晴信が創始した錦絵(多色刷りの浮世絵版画)として隆盛した。イ〜エがそれにあたり，イは葛飾北斎の「富嶽三十六景」，ウは喜多川歌麿の「ポッピンを吹く女」，エは歌川広重の「東海道五十三次」である。　(9)　オーストリア継承戦争は，1740〜1748年にかけ，オーストリアの支配権継承をめぐって争われた。七年戦争は，1756年8月から1763年2月まで，プロイセンとオーストリアとの間で続けられた戦争である。この2つの戦争で，フリードリヒ2世はオーストリアからシュレジエンを奪う。この結果，プロイセンはドイツの中心国家となり，ポーランド分割にも参加して領土を拡げた。一方，オーストリア継承戦争で，フリードリヒ2世に敗れたマリア＝テレジアは，外交革命によってフランスと結び，再度七年戦争で戦う。事実上の女帝として，多民族国家のオーストリアを統治した。

(10)　(a)　プランテーション形成の背景には，産業革命後のヨーロッパで，工業原料や嗜好品となる熱帯・亜熱帯農産物の需要が高まったことがある。主なプランテーション作物には，コーヒー・茶・カカオ・バナナ・油ヤシ・さとうきび・天然ゴムなどがある。　(b)　天然

ゴムは，石油からつくる化学合成ゴムとの競合などで，収益が低下した。また，老木化も深刻である。油ヤシの実は油脂の原料で，果肉からパーム油，種子の胚乳からパーム核油がとれる。パーム油は，食用油として使われるほか，石けんなどの原料として需要が増している。

(11) (a) 室町時代には，勘合貿易(日明貿易)だけでなく，日朝貿易も行われている。朝鮮から多くの綿布(木綿)が輸入され，綿布の輸入は人々の生活に大きな影響を与えた。 (b) 大阪紡績会社は，渋沢栄一らの後押しにより，藤田伝三郎を頭取として設立された。当時の紡績業は政府の保護下にあったが，同社は純民間資本による設立である。(c) ランカシャー工業地域は，イングランド中西部に位置する工業都市で，産業革命期の綿工業の中心地である。近くにランカシャー炭田があり，急速な発展を遂げた。中心都市は，マンチェスターのほかにリバプールがある。 (12) 自転車のハブは車輪の主軸受けで，この部分の機能が拠点空港に相当することから，このように呼ばれている。なお，車輪のスポーク部分は航空路に相当する。ハブ空港は，放射状に航空路をもつ拠点空港で，シンガポールのチャンギ国際空港，韓国のインチョン国際空港が有名。 (13) (a) ボルティモアは，メリーランド州北部の港湾都市である。かつて，アメリカの鉄鋼業は，メサビ鉄山などが近くにある五大湖沿岸で最も盛んだった。しかし，近年は輸入鉄鉱石を利用する，大西洋岸のボルティモアなどの臨海部で盛んになってきている。また，ボルティモアの工業立地は，輸入原料に依存する臨海指向型である。 (b) パークアンドライドは，インターモーダルの1つとして，注目されている。インターモーダルとは，人の流れによって生まれる環境負荷を，交通システム全体として軽減していくことを目標とする。具体的には，自動車や鉄道などの各輸送手段(モーダル)を，それぞれの利点を生かしながら，組み合わせる輸送方式である。市街地への車の乗り入れを禁止し，公共交通機関に乗り換えることで，環境負荷の軽減が実現できる。 (c) ジェントリフィケーションにより，活性化・高級化された地域には，富裕層が流入する。アメリカ・ニューヨークのソーホー地区が好例である。都市部の

再開発によって，高級マンションや一流店などが増え，高所得の若年層を中心に人口移動現象が起きている。　(14)　高野房太郎は1886年に渡米し，社会運動に関心を抱く。片山潜らと職工義友会，労働組合期成会を結成し，労働者の消費組合を設立する。日本における労働運動の先駆者である。　(15)　工場法は，日本最初の労働者保護法で，第2次桂内閣の下で成立した。12歳未満の者の就業・深夜業を禁止し，少年・女子の就業時間を1日12時間以内とした。しかし，製糸業では時間延長，紡績業では期限つきながら深夜業が認められるなど問題点があった。　(16)　(a)　ウは，ジェファソンではなくモンローである。1823年，第5代米大統領モンローは，モンロー教書(モンロー宣言)を発表し，ヨーロッパ諸国とアメリカ大陸との相互不干渉を強く主張した。ジェファソンは第3代米大統領で，「アメリカ独立宣言」の起草者として知られる。　(b)　ムハンマド＝アリーは，ナポレオンのエジプト遠征の混乱時に台頭し，1805年にエジプト総督(パシャ)となる。1831年からエジプト＝トルコ戦争を戦い，1841年にムハンマド＝アリー朝の始祖となる。　(17)　当時のアメリカは，北太平洋で捕鯨を行っていた。これは産業革命が起こり，アメリカ国内では機械やランプなどに使う鯨の油を，大量に必要としていたためである。また，アメリカは太平洋航路を開拓し，中国を中心とする東アジア貿易の拡大をねらっていた。そのための寄港地としての役割を日本に求めた。1854年に結ばれた日米和親条約では，第2条に下田と箱館を開港し，アメリカは食料や燃料などの供給を受けることができるとされている。

【2】(1)　①　ファーティマ　②　バグダード　③　イブン＝バットゥータ　(2)　(a)　記号…A　島名…マダガスカル島　(b)　類似点…いずれの都市も雨季と乾季がみられ，乾季は低日季である。相違点…雨季の降水量はヤンゴンの方が多い。これは，ヤンゴンの方がよりインド洋に近く，南西モンスーンとサイクロンの影響を受けやすいためであると考えられる。　(3)　すず(錫)　(4)　(a)　パルティア　(b)　矢野遺跡　(5)　4世紀初めのディオクレティアヌス帝

までは迫害を行った。しかし帝国内でのキリスト教の拡大を無視できなくなったため，コンスタンティヌス帝は313年にミラノ勅令を出してキリスト教を公認し，また教義の統一をはかるため，325年にはニケーア公会議を開いた。392年にはテオドシウス帝がキリスト教を国教とし，他の宗教を禁じるにいたった。　(6)　エ　(7)　イ

(8)　スエズ運河　(9)　(a)　蘭溪道隆　(b)　藤原惺窩

(10)　(a)　交鈔　(b)　イ　(11)　マラッカ海峡　(12)　ア

(13)　アメリゴ＝ヴェスプッチ　(14)　シンガポール

〈解説〉(1)　①　ファーティマ朝は，北アフリカとエジプトを支配したイスラーム王朝である。歴代カリフが，予言者ムハンマドの娘ファーティマの子孫と称したことからこの名がついた。　②　バグダードは，アッバース朝第2代カリフのマンスールによって新都に定められた。③　イブン＝バットゥータはアラブ人の旅行家・地理学者で，三大陸を踏査し記録した。22歳のときから約30年間にわたる旅行の体験を，モロッコに帰国後，口述筆記によって旅行記にまとめている。この旅行記は，1356年に完成した。　(2)　(a)　熱帯気候は，1年中高温多湿の気候で，ケッペンの気候区分では，最寒月の気温が18度以上の気候となっている。Aのマダガスカル島は，アフリカ大陸とモザンビーク海峡によって隔てられたおり，典型的な熱帯気候の島である。なお，Bはニュージーランド南島で太平洋にあり，Cはアイスランド島で大西洋にある。　(b)　ミャンマーのヤンゴン，タイのバンコクともにサバナ気候(Aw)に属する。雨の多い雨季と乾燥した乾季の差がはっきりしている。熱帯収束帯の影響を受ける夏が雨季であり，亜熱帯高圧帯の影響を受ける冬が乾季である。雨温図を見ると，ヤンゴンの方が雨季の降水量が明らかに多い。バンコクは，マレー半島にさえぎられる形になっているが，ヤンゴンはインド洋により近い。夏季の南西のモンスーンとハリケーンの影響をより受けやすいため，夏季の降水量が多くなっていると考えられる。　(3)　インドネシアのすずの生産は，中国に次いで世界第2位(2014年)であり，その大部分がバンカ島・ブリトン島で採掘されている。　(4)　(a)　パルティアは，古代イランの王

国である。紀元前247年頃，アルケサスによって建国されたが，226年にササン朝ペルシアに滅ぼされた。　(b)　矢野遺跡は，徳島市国府町矢野にある。1992年からの徳島南環状道路建設に伴う発掘調査で銅鐸が発見され，竪穴住居跡も約100棟近く見つかっている。　(5)　ディオクレティアヌス帝は，284〜305年に在位した古代ローマ皇帝。専制国家体制の確立に努め，303〜305年までキリスト教徒に大迫害を行った。コンスタンティヌス帝は，310〜337年に在位した。ローマ帝国を再統一したことから，大帝と称される。なお，ミラノ勅令は，キリスト教を公認する勅令。ニケーア公会議は，キリスト教協会の全体意志を決定する重要会議である。イエスの神性を否定するアリウス派と，それを認めるアタナシウス派の両派が激しい論争を展開した。テオドシウス帝の在位は，379〜395年。キリスト教をローマの国教に定めたが，死後にローマ帝国は再度東西に分裂する。　(6)　エの黄巾の乱は，後漢末の時代に起きた農民の反乱である。農民たちが，黄巾と呼ばれる黄色い頭巾を頭にかぶったため，こう呼ばれた。なお，アの陳勝・呉広の乱は秦代，イの赤眉の乱は新代，ウの呉楚七国の乱は前漢の時代の反乱である。　(7)　イの橘諸兄は，遣唐使ではなく奈良時代の皇族で，大納言・右大臣などを務めた。学問僧の玄昉や留学生の吉備真備は，遣唐使として唐に行き，中央集権国家の統治体系を学ぶ。帰国後，彼らは聖武天皇の寵愛を受け，橘諸兄に重用される。　(8)　スエズ運河は，ヨーロッパとインド大陸，西太平洋の諸国を結ぶ最短海路。全長約160kmの世界最大の運河であり，1859年に着工，1869年に開通した。　(9)　(a)　蘭溪道隆は，南宋の禅僧で，1246年に渡来した。北条時頼の帰依を受け，建長寺を開く。鎌倉禅宗の基礎を築き，後世に大きな影響を与えた。　(b)　藤原惺窩は，安土桃山・江戸前期の儒者。朱子学を学び，京学派を形成した。惺窩は，近世朱子学の祖であり，徳川家康に林羅山を推薦した人物である。　(10)　(a)　交鈔は，金・元・明代に使用された紙幣である。元では交鈔を唯一の法定通貨としたが，のちに乱発され経済の混乱を招いた。　(b)　イの陳朝は元の時代の王朝で，3度侵入したモンゴル軍を打ち破った。なお，アの李朝

は11〜13世紀，宋の時代の王朝。ウの黎朝は15〜16世紀の明代の王朝。エの阮朝は，18〜19世紀の清代の王朝である。　(11)　マラッカ海峡は，マレー半島とスマトラ島の間にある海峡で，海上交通上の要衝となっている。長さは約800km，幅は65〜480km。南端には，中継貿易港のシンガポールがある。　(12)　アのTOマップは中世ヨーロッパの地図，イのメルカトルの世界図は1569年のもの。ウのバビロニアの粘土板図は，紀元前600年頃のもので世界最古の世界地図とされる。エのプトレマイオスの世界図は，150年頃のもの。年代の古い順に並べると，ウ→エ→ア→イとなる。　(13)　アメリゴ＝ヴェスプッチは，4回にわたる探検で，南アメリカがアジア大陸とは別の新大陸であることを確信した。彼の功績をたたえ，その名前から新大陸は，アメリカと呼ばれるようになった。　(14)　アジアNIEsとは新興工業経済地域のことで，韓国・台湾・香港・シンガポールを指す。シンガポールは，東京都区部より一回り大きい程度の都市国家であるが，建国以来50年の間に大きな経済成長を遂げた。

【3】(1)　①　歴史的過程　　②　生活・文化　　③　平和で民主的な (2)　・各時代において世界と日本を関連付けて扱うこと　　・地理的条件とも関連付けるようにすること　　(3)　①　イスラーム ②　ヨーロッパ　③　内陸アジア　　(4)　①　開国前後　　②　第二次世界大戦終結　　③　相互の関連　　(5)　地域の文化遺産，博物館や資料館の調査・見学など　　(6)　自分の解釈　　(7)　①　人口，都市・村落　　②　空間的な規則性，傾向性　　③　地球的視野

〈解説〉(1)　①　「我が国の形成の歴史的過程」については，世界史的視野に立って，我が国を取り巻く国際環境との関連で理解させることが求められている。「世界の形成の歴史的過程」については，諸地域世界の歴史と相互の交流・結合の歴史を通じて，大きな流れを理解させることが求められている。これには，我が国の歴史との結びつきを考えさせ，これらを通して歴史的思考力を培おうとするねらいがある。②　「生活・文化の地域的特色についての理解と認識を深め」の部分

は，主として地理の学習内容を示したものである。世界の人々の生活・文化に関する地域的特色について理解させ，それらを通して地理的な見方や考え方を培おうとするものである。　③　「平和で民主的」とは，国家・社会が維持・発展させるべき価値を示しており，そうした国家・社会を構成すると同時に，自らが責任と自覚をもって，その形成に主体的にかかわる存在であることが求められている。　(2)　解答の2つは，指導内容を構成するにあたって，日本史・地理との関連性に配慮することの重要性について示している。その観点から，各時代の歴史を日本の歴史や地理的条件と関連付けて扱うように配慮し，その際，「日本史A」「日本史B」「地理A」「地理B」で扱われる学習内容との関連に留意することが必要である。　(3)　①　アの内容は，アラブ人とイスラーム帝国の発展，トルコ系民族の活動，アフリカ・南アジアのイスラーム化に触れ，イスラーム世界の形成と拡大の過程を把握させるというものである。　②　イの内容は，ビザンツ帝国と東ヨーロッパの動向，西ヨーロッパの封建社会の成立と変動に触れ，キリスト教やヨーロッパ世界の過程を把握させるというものである。③　ウの内容は，内陸アジア諸民族と宋の抗争，モンゴル帝国の興亡とユーラシアの諸地域世界や日本の変動に触れ，内陸アジア諸民族が諸地域世界の交流と，再編に果たした役割を把握させるというものである。　(4)　①　内容の(2)は，ア～ウの項目で構成されている。その中の「ア　近代国家の形成と国際関係の推移」の(ア)が，開国前後から近代国家の基礎が形成されるまでの我が国の動向を，政治的な視点を重視して考察させる内容である。　②　内容(2)の「イ　近代産業の発展と両大戦をめぐる国際情勢」の(イ)が，二つの世界大戦とその間の内外情勢の変化について考察させる内容となっている。③　「(2)　近代の日本と世界」の大項目は，政治・経済・国際環境・国民生活・文化の動向を相互に関連させて考察させることをねらいとしており，諸事象を国民生活に関わらせて考えさせることを重視している。　(5)　指導に当たっては，「地図や年表を読みかつ作成する」ことを重視する必要がある。また，「地域の文化遺産，博物館や資料

館の調査・見学などを取り入れる」ことで，実物や複製品などの資料と接して知識・理解の一層の定着を図ったり，さらに具体的で多様な情報を得て歴史の考察を深めさせたりすることができる。　(6)　地理の科目においては，言語活動を充実させる観点に立って，地図を有効に活用して事象を説明したり，自分の解釈を加えて論述したり，意見交換したりするなどの学習活動を充実させることとしている。

(7)　①　「(2)　現代世界の系統地理的考察」の大項目は，「ア　自然環境」，「イ　資源，産業」，「ウ　人口，都市・村落」，「生活文化，民族・宗教」の4つの中項目から構成されている。　②　「空間的な規則性，傾向性やそれらの要因など」とは，現代世界の諸事象を系統地理的に考察する際の視点を例示したものである。　③　「地球的視野から理解させる」とは，現代世界の諸課題について，持続可能な社会を実現するために人々が国や地域を越えて協力し，その解決に取り組んでいる姿を認識させることを意味している。

公　民　科

【1】(1)　①　罷免　　②　命令　　③　差別待遇　　(2)　ゴルバチョフ　　(3)　ワシントン条約　　(4)　国連難民高等弁務官事務所　　(5)　エ→ア→ウ→イ　　(6)　予算の先議権，内閣不信任決議権　　(7)　ウ　　(8)　内閣府　　(9)　一つの国家，社会の中に，複数の人種，民族が持つ言語，文化の共存を認め，そのための政策を積極的に進める考え方。(54字)　　(10)　衆議院の解散による総選挙後30日以内に召集される国会で，内閣総理大臣の指名などが行われる。(44字)

〈解説〉(1)　憲法第16条は，国民の請願権を保障している。請願権とは，国や地方公共団体などの公権力に対して，希望・苦情・要請を申し出る権利のことであり，間接民主制の欠点を補う権利である。

(2)　ペレストロイカは改革，グラスノスチは情報公開を意味する語句。1989年，ゴルバチョフ共産党書記長は，ブッシュ大統領とマルタ会談

で米ソ首脳会談を行い，冷戦を終結させた。　(3)　ワシントン条約の規制には，生物だけでなく剥製や加工品，毛皮・牙なども含まれる。危機に瀕している度合いにより，付属書Ⅰ・Ⅱ・Ⅲと分けられている。付属書Ⅰの動植物については，商業目的の取引が全面禁止されている。なお，日本は1980年に批准した。　(4)　国連難民高等弁務官事務所は，1951年から活動を開始している。本部はジュネーブ。2016年末現在，現地事務所は128カ国に480事務所ある。緒方貞子氏は，日本人として初めて国民難民高等弁務官となり，1991年から200年まで10年間任期を務めた。　(5)　アは1965年，イは1978年，ウは1971年，エは1960年のできごとである。　(6)　衆議院議員の任期は4年だが，任期途中での解散もある。これに対し，参議院議員の任期は6年。3年ごとに定数の半数を改選するが，解散はない。よって，衆議院のほうが民意を反映させやすいと考えられることから，衆議院の優越が認められている。なお，衆議院の議決が優先されるものには，①予算の議決，②条約の承認，③内閣総理大臣の指名，④法律案の議決がある。①〜③については，衆議院の議決が国会の議決となり，④については，衆議院が出席議員の3分の2以上で再可決したときに法律となる。　(7)　ア　企業・団体の政治家個人への献金は禁止されているが，全ての政治献金が禁止されているわけではない。　イ　期日前投票は，当日，やむを得ない理由で選挙区を不在にする人が，事前に投票を行う制度である。レジャーだけでなく，仕事・旅行・冠婚葬祭・ボランティア・レクリエーションなども認められている。　エ　地方自治団体が制定できるのは，法律ではなく条例である。　(8)　2001年の中央省庁再編までは，1府22省庁だった。再編の目的は，縦割り行政による弊害の解消，内閣機能の強化，事務および事業の減量，効率化などであった。なお，内閣府の特別な機能には，特命担当大臣と重要政策に関する会議がある。　(9)　多文化主義は，文化の多様性の尊重こそが，国家の成長と繁栄につながるとする考え方である。エスノセントリズム(自民族中心主義)と対極にあるといえる。オーストラリアでは，白豪主義の反省から，多文化主義を取り入れた。　(10)　特別国会は，内閣総理大臣の

指名を第一の目的として召集され，会期の冒頭に指名選挙が行われる。日本国憲法第54条では，衆議院解散・特別国会・参議院の緊急集会について規定している。

【2】(A)　1982年に第3回国連海洋法会議で採択された各国の海洋利用に関する条約。公海自由の原則をもとにしながら，領海12海里，200海里の排他的経済水域などを定めた。　(B)　1992年に採択され，1997年に発効した化学兵器の開発，生産，貯蔵及び使用禁止，並びに廃棄に関する条約。化学薬品を用いた毒ガスを散布して，兵員や市民を殺傷することを禁止した。

〈解説〉(A)　国連海洋法条約は，海の法秩序の確立を目的としたもので，「海の憲法」とも呼ばれる。沿岸国に対しては，公海などでの自由の確保や海洋の環境保全，資源の適正利用などの義務を課している。2017年3月時点で，168の国と地域，EU(欧州連合)が加盟している。日本は1996年6月に批准し，7月20日の海の日から発効となった。

(B)　化学兵器禁止条約は，化学兵器の開発・生産のみならず，貯蔵・使用・廃棄に関わる条約であることに留意する。また，大きな特徴としては，違反の疑いのある施設・工場に対し，抜き打ち査察を可能としていることがある。条約の実施にあたる国際機関として，オランダのハーグに化学兵器禁止機関が設置されている。日本は1995年に批准した。

【3】(1)　善く生きること　　(2)　アタラクシア　　(3)　この世の一切は，すべて阿弥陀のはからいによる自ずからなる働きにほかならないということ。(43字)　　(4)　人間が外界の事物に触れて生じるしみじみとした感情。(25字)　　(5)　則天去私　　(6)　止揚　　(7)　言語ゲーム　　(8)　リースマン　　(9)　パターナリズム

〈解説〉(1)　ソクラテスが追求したテーマは，人間として善く生きることであり，それはアレテー(徳)と言い換えることができる。人間のアレテーは魂をより善くすることであり，善く生きるためには，アレテ

一の修得によってもたらされるとした。また，ソクラテスは，自らの無知を自覚することが真の認識に至る道であるとし，無知の知の大切さを唱えた。　(2)　アタラクシアは，精神的な心の安らぎを意味する。エピクロスは，この理想的境地が哲学の目的であると説いた。快楽主義のエピクロス派に対し，禁欲主義の立場をとるストア派の理想的境地が，アパテイアである。ストア派は，情念に左右されない努力(アパテイア)を徹底させることが，幸福につながると主張した。　(3)　自然法爾は，念仏を唱える行為も含め，一切が阿弥陀仏のはからいによるものだという考え方である。親鸞は，自己のはからいを打ち捨て，阿弥陀仏のはからいによって生きることを唱えた。　(4)　本居宣長は，儒教の教えなどを漢意として批判し，日本人が古来から持つしみじみとした感情を重んじた。「あはれ」とは「ものに感じること」で，『源氏物語』は「もののあはれ」を表現した最高傑作とされる。　(5)　夏目漱石は，高い次元の個人主義を求め，「自己本位」の立場を説いた。しかし，自己の確立を追求すればするほど，自己内部のエゴイズムとのたたかいとなる。この苦悩の中で自己を越えるものを求め，たどりついた境地が「則天去私」である。なお，この言葉は漱石の造語。
(6)　ヘーゲルが用いた止揚(アウフヘーベン)には，否定する，保存する，高めるという意味がある。ヘーゲルは，正(テーゼ)と反(アンチテーゼ)による止揚は繰り返されるとし，これを発展ととらえた。
(7)　ウィトゲンシュタインは，分析哲学の代表的な哲学者。彼は，言語活動を一定の規則に従った話し手と聞き手の相互行為と見て，その様子をゲームにたとえた。　(8)　リースマンは，1950年に発表した『孤独な群衆』の中で，現代人の社会的性格を他人指向型として描き出した。他人指向型の人間は，常に他人がどう行動しているかに関心をもち，自分の行動規準を他人に求める。そして，彼らを統制するものは，自身の内なる不安であるとした。　(9)　パターナリズムは，本来，父と子の間のような保護・支配の関係をいう。医療現場におけるパターナリズムは，患者の自律性を制限するという意味で問題視されている。なお，この対極にインフォームドコンセントがある。これは，

医療の専門家が病状や治療方針を分かりやすく説明し，患者の同意を得ることをいう。

【4】(1) 直接投資　(2) キングストン合意　(3) ある国から特定の輸入品が急増したことにより国内産業に重大な損害が発生するおそれがあるとき，輸入制限や関税引き上げをすること。(62字)

(4) 個人の所得から税や社会保険料を差し引いた後の所得。(25字)

(5) ア　(6) 国際収支の赤字を理由とする輸出入量の制限が認められない国(28字)

〈解説〉(1) 直接投資は，海外における生産・販売拠点の設立，海外現地法人や合弁会社の設立だけでなく，経営参加を目的とした株式の購入なども含まれる。これに対し，利子や配当の取得を目的とした海外の株式などへの投資を間接投資という。　(2) キングストン合意は，IMF(国際通貨基金)の暫定委員会がジャマイカのキングストンで開催されたため，このように呼ばれている。主要先進国は，1973年に変動相場制へ移行していたが，この合意によって変動相場制が正式承認された。　(3) WTOは，原則として貿易上の制限を実施することを禁止しているが，例外的に農産物に対する緊急輸入制限措置を実施することができる。セーフガードには，全品目を対象とする「一般セーフガード」と，関税化が行われた品目を対象とする「特別セーフガード」がある。　(4) 可処分所得は，「家計もしくは個人が，自由に処分できる(使える)所得」という意味。実収入から，税金・社会保険料などの非消費支出を差し引いた手取りの収入である。(5) グラフを見ると供給曲線は動かず，需要曲線だけが右上にシフトしている。これは需要だけが増え，均衡点(市場価格)がAからBに上昇していることを示す。よって，アの「安く生産できる」は誤り。なお，需要曲線は，財の価格と需要量との関係を示す曲線。供給曲線は，財の価格と供給量との関係を示す曲線である。需要曲線と供給曲線の交点を均衡点といい，これは需要と供給が一致した市場価格を表す。　(6) 日本は，1955年にGATT12条国に加盟し，1963年にGATT 11条国へ移行した。国際収

支の赤字を理由に，輸入制限が認められている国をGATT12条国，認められていない国をGATT11条国という。

【5】(1)　経済の二重構造　　(2)　地産地消　　(3)　ワークシェアリング　(4)　不当労働行為

〈解説〉(1)　経済の二重構造は，生産性の格差だけではなく，賃金格差も存在する。高度経済成長以降，これらの格差は徐々に改善される傾向にあったが，現在でも大企業と中小零細企業の体質格差は，依然として解消されていない。　(2)　地産地消には，地元産品の消費拡大という面だけでなく，安全・安心な食生活の実現など，生産者と消費者両者にとって多くのメリットがある。　(3)　ワークシェアリングは，一人あたりの労働時間を減らすことで，社会全体の雇用者数を増やそうとする考え方である。1980年代にEU圏の一部で試験的に始まり，オランダで本格的に導入された。日本でも，働き方改革の一つとして注目を集めている。　(4)　日本国憲法第28条は，労働者の地位を使用者と対等立場に置くため，労働者が団結する権利・団体交渉をする権利・団体行動する権利を保障している。これを労働三権という。不当労働行為として禁止される行為については，労働組合法第7条に定めがある。

【6】(1)　①　民主主義　　②　客観　　③　主体　　(2)　①　議会制民主主義　　②　国民生活　　③　倫理　　(3)　①　自己形成　②　倫理的課題　　(4)　「生涯における青年期の意義」と「自己形成の課題」については，生涯にわたる学習の意義についても考察させること。また，男女が共同して社会に参画することの重要性にも触れること。　(5)　古来の日本人の考え方や代表的な日本の先哲の思想を手掛かりにして，自己の課題として学習させること。

〈解説〉(1)　①　「民主主義の本質に関する理解を深めさせ」とは，民主主義の基本となる考え方を踏まえ，民主主義について理論的，体系的に理解させることを意味している。　②　「現代における政治，経済，

国際関係などについて客観的に理解させる」とは，これらの本質や動向を把握し，客観的に理解させることを通して，政治や経済の基本的な見方や考え方を身に付けさせることを示唆している。　③「諸課題について主体的に考察させ，公正な判断力を養い」とは，現実の諸課題をとらえ，望ましい解決の在り方について主体的に考察させ，公正に判断する能力や健全な批判力を養うことを意味している。

(2)　①「議会制民主主義と権力分立」については，議会制民主主義の意義，多数決の原理とその運用の在り方，国会と内閣の関係について理解させたい。それとともに，民主政治における権力分立の意義について，法の支配や基本的人権と関連付けて理解を深めさせることが重要である。　②「国民生活とのかかわりから認識を深めさせる」については，我が国の政治機構について，その現状と課題を理解させるとともに，現実の生活の中から現代の民主政治と政治参加について考察させる。　③「政治参加の重要性と民主社会において自ら生きる倫理について自覚を深めさせる」については，民主政治の下では，国家の行為に対して，最終的には国民自らが責任をもつことになることを理解させたい。(3)　①「豊かな自己形成に向けて」については，自立して生きることのできる主体の形成が，自己の課題となる。そのためには，自らの倫理的価値観をもつことが必要であることを理解させ，豊かな自己を形成できるようにすることを目指している。

②「自己の生き方が現代の倫理的課題と結び付いていることをとらえさせる」については，高校生である自分の生き方にとって身近な問題が，現代の倫理的課題にかかわってくることに気付かせたい。

(4)「青年期と自己の形成」については，現代社会に生きる青年として，青年期の意義を理解させることが重要となる。それとともに，自己形成の課題を考察させ，青年としていかに生きるかを考察することの大切さについて自覚させることを主なねらいとしている。

(5)「国際社会に生きる日本人としての自覚」については，①グローバル化が進展している中で，これまでの日本人の心情やものの見方・考え方を理解させること，②生徒が国際社会に生きる日本人としての

自覚を深め，人格の形成に努める実践的意欲を高めること，③主体性のある日本人としての在り方・生き方について，自覚を深めることをねらいとしている。

●書籍内容の訂正等について

　弊社では教員採用試験対策シリーズ（参考書，過去問，全国まるごと過去問題集），公務員試験対策シリーズ，公立幼稚園・保育士試験対策シリーズ，会社別就職試験対策シリーズについて，正誤表をホームページ（https://www.kyodo-s.jp）に掲載いたします。内容に訂正等，疑問点がございましたら，まずホームページをご確認ください。もし，正誤表に掲載されていない訂正等，疑問点がございましたら，下記項目をご記入の上，以下の送付先までお送りいただくようお願いいたします。

> ① **書籍名，都道府県（学校）名，年度**
>   （例：教員採用試験過去問シリーズ　小学校教諭 過去問　2025年度版）
> ② **ページ数**（書籍に記載されているページ数をご記入ください。）
> ③ **訂正等，疑問点**（内容は具体的にご記入ください。）
>   （例：問題文では"ア〜オの中から選べ"とあるが，選択肢はエまでしかない）

〔ご注意〕

○ 電話での質問や相談等につきましては，受付けておりません。ご注意ください。

○ 正誤表の更新は適宜行います。

○ いただいた疑問点につきましては，当社編集制作部で検討の上，正誤表への反映を決定させていただきます（個別回答は，原則行いませんのであしからずご了承ください）。

●情報提供のお願い

　協同教育研究会では，これから教員採用試験を受験される方々に，より正確な問題を，より多くご提供できるよう情報の収集を行っております。つきましては，教員採用試験に関する次の項目の情報を，以下の送付先までお送りいただけますと幸いでございます。お送りいただきました方には謝礼を差し上げます。

（情報量があまりに少ない場合は，謝礼をご用意できかねる場合があります）。

◆あなたの受験された面接試験，論作文試験の実施方法や質問内容

◆教員採用試験の受験体験記

- -

送付先	○電子メール：edit@kyodo-s.jp
	○FAX：03-3233-1233（協同出版株式会社　編集制作部 行）
	○郵送：〒101-0054　東京都千代田区神田錦町2-5
	協同出版株式会社　編集制作部 行
	○HP：https://kyodo-s.jp/provision（右記のQRコードからもアクセスできます）

※謝礼をお送りする関係から，いずれの方法でお送りいただく際にも，「お名前」「ご住所」は，必ず明記いただきますよう，よろしくお願い申し上げます。

教員採用試験「過去問」シリーズ

徳島県の
社会科 過去問

編　集　Ⓒ 協同教育研究会
発　行　令和6年2月25日
発行者　小貫　輝雄
発行所　協同出版株式会社
　　　　〒101-0054　東京都千代田区神田錦町2‐5
　　　　電話　03－3295－1341
　　　　振替　東京00190－4－94061
印刷所　協同出版・POD工場

落丁・乱丁はお取り替えいたします。